111 GRÜNDE, BORUSSIA DORTMUND ZU LIEBEN

»Doing well in football is like childbirth –
it doesn't happen overnight.«
BRIAN CLOUGH

»Später werde ich über
das alles Genaueres schreiben.«
RAINALD GOETZ, »LOSLABERN«

Daniel-C. Schmidt

111 GRÜNDE, BORUSSIA DORTMUND ZU LIEBEN

Eine Liebeserklärung an den großartigsten Fußballverein der Welt

Aktualisierte und erweiterte Neuausgabe mit elf Bonusgründen

WIR SIND DER ZWÖLFTE MANN, FUSSBALL IST UNSERE LIEBE!

INHALT

AUFWÄRMEN: VORWORT ZUR ERWEITERTEN NEUAUSGABE 9

1. SPIELE, SPIELER, TRIUMPHE: SAGENHAFTER BVB 11
Weil Andreas Möller keine Ahnung von Geografie hat und deshalb wohl auf Schalke gelandet sein muss · Weil Schalker in Dortmund manchmal doch zum Anbeißen sind · Weil Dortmund Emmerich und Held, Chapuisat und Riedle hatte · Weil Gott meinte, er müsse für die Niederkunft auf Erden Fußballschuhe schnüren und sich die Gestalt von Jürgen Kohler aussuchen · Weil Kohler teuflischerweise in seinem letzten Profispiel mit einer roten Karte verabschiedet wurde · Weil Matthias Sammer mit klaffender Platzwunde spielte · Weil Dortmund beim unfairsten Ligaspiel noch nicht einmal die unfairste Mannschaft war · Weil Jens Lehmann in Dortmund immer Köpfchen bewies · Weil Lars Ricken das schönste, tollste, unfassbarste Jokertor überhaupt geschossen hat · Weil man in Dortmund keine 76 Minuten braucht, um ein Tor aufzustellen · Weil Dortmund immer an Dedê geglaubt hat · Weil Frank Mill ein Pfosten ist · Weil Dortmunds erfolgreichster Torschütze sogar das Zeug zum Football-Profi hatte · Weil man in Dortmund nur drei Spiele braucht, um nicht abzusteigen · Weil Norbert Dickel im Knieumdrehen das Pokalfinale gewonnen hat · Weil das Management im Verein die Michaels machen, nur bitte niemals der Preetz

2. ROTE ERDE, GELBE WAND: DAS STADION UND DIE FANS 49
Weil die Stimmung im Westfalenstadion einmalig, sagenumwoben, ja geradezu magisch ist · Weil allein die Südtribüne größer ist als das gesamte Stadion des SC Freiburg, der BVB aber weiß, dass im Breisgau echtes Format steckt · Weil der Signal Iduna Park (dieser Name, herrjemine) das viertgrößte Vereinsstadion in Europa ist · Weil die Kumpel einst mit

schwarzem Hals und gelben Zähnen auf der Südtribüne standen · Weil kein Verein mehr Dauerkarten verkauft · Weil kein Verein einen höheren Zuschauerschnitt hat, und das in ganz Europa · Weil bei Borussia Dortmund die Stadionwurst »knackig, fest, gut durch« ist und nicht auf der Bank sitzt · Weil Clemens Tönnies dachte, er könnte den BVB-Fans seine Würstchen andrehen, ohne dass es einer merkt

3. OBERLIGA, POKAL, EUROPAPOKAL: 50ER- & 60ER-JAHRE 65
Weil Borussia letzter Meister vor Gründung der Bundesliga war · Weil die Bundesliga in Dortmund gegründet wurde · Weil Borussia Dortmund die erste »Mannschaft des Jahres« war · Weil der BVB die drei Alfredos hatte · Weil das erste Tor der neuen Bundesliga ein Borusse geschossen hat ... · ... in der ersten Minute · Weil Borussia Dortmund als erster deutscher Verein einen Europapokal gewonnen hat

4. KALAUER, KANZLERIN, KURIOSES: DIES UND DAS 79
Weil Möller uns schon immer vom Feeling her ein gutes Gefühl gab · Weil der BVB sogar die Kanzlerin jubeln ließ · Weil Schwarz-Gelb, also bitte!, sehr viel mehr ist als Merkels und Röslers Zweckbund · Weil sich die BVB-Aktie hartnäckig am Preis einer Schalker Stadionwurst orientiert · Weil sich Europas Elite (vergeblich) immer wieder daran macht, sich mit BVB-Entdeckungen zu schmücken · Weil Heintje, Motzki und Schnitzel alle mal im Dortmunder Mittelfeld gespielt haben · Weil Susi ein ganzer Kerl ist · Weil beim BVB mal so unterschiedliche Trainer wie Michael Skibbe, Bernd Krauss und Udo Lattek auf der Gehaltsliste standen ... und das in einer Saison · Weil man schwarz-gelbe Trikots sogar im Opernhaus trägt · Weil Schalke im direkten Vergleich möglicherweise vorne liegt, in der ewigen Tabelle aber dahinter · Weil »Meister der Herzen« herzlich egal ist · Weil die BVB-Fahne sogar über der Schalke-Arena weht · Weil Dortmund keinen Transrapid, aber einen Footbonauten hat · Weil Scott Booth und Jan Derek Sørensen schon auch okay waren · Weil der BVB sich nicht ganz ergeben hat · Weil Norbert Dickel in den Hitparaden statt im Strafraum stürmt · Weil Dickel fast mal vom DFB

gesperrt worden wäre, als Kommentator · *Weil nur der BVB Uli Hoeneß regelmäßig zur Weißglut brachte* · *Weil die Schutzschwalbe leider nie die Friedenstaube abgelöst hat*

5. CHAMPIONS LEAGUE, BÖRSE, FINANZCHAOS: NIEBAUMS VERMÄCHTNIS 115

Weil der BVB Ottmar Hitzfeld gemacht hat · *Weil die Borussia der erste und bis dato einzige börsennotierte Verein der Liga ist* · *Weil man als Dortmunder nun mal kein Uefa-Cup-Finale gewinnt, sondern Champions-League-Finale* · *Weil der BVB zuerst zwei Finalspiele gegen Turin verlieren musste* · *Weil Otto Addo auch mit Kreuzbandriss das Tor noch trifft* · *Weil Kung-Fu-Kahn nicht auf Stéphane Chapuisat flog ... · ... dafür Heiko Herrlich aber auf die Wange küsste* · *Weil der BVB der erste deutsche Verein war, der die Champions League nicht in der Elfmeter-Lotterie gewonnen hat. Oder verloren* · *Weil Borussia weiß, wie man die CL in München gewinnt* · *Weil Márcio Amoroso mit nur 18 Treffern Torschützenkönig geworden ist* · *Und überhaupt, »keiner spielt so schön wie Amoroso«* · *Weil Jan Koller nicht nur ins Tor traf, sondern auch drin stand* · *Weil die Idee für goool.de nicht halb so beknackt war wie der Name* · *Weil man erst mal Schulden machen muss, um sie erfolgreich abbauen zu können* · *Weil »nur noch« 40 Millionen Euro Verbindlichkeiten schon als Erfolg gewertet werden*

6. HÖHER, JÜNGER, WEITER: SCHWARZ-GELBE BESTMARKEN ... 143

Weil die A-Jugend fünfmal hintereinander Deutscher Meister geworden ist · *Weil Dortmund immer noch den jüngsten Bundesligaspieler stellt* · *Weil vier der sechs jüngsten Liga-Torschützen Borussen waren* · *Weil Hans Tilkowski als erster Torwart »Fußballer des Jahres« war* · *Weil der höchste Saisonsieg auf das Konto der Borussia geht* · *Weil Matthias Sammer als einziger Borusse und letzter Deutscher Europas Fußballer des Jahres war* · *Weil Sammer jüngster Meistertrainer der Bundesliga ist* · *Weil der noch mal was bei den Bayern machte?!* · *Weil: wenn schon absteigen, dann mit einem Schalker*

7. PRESSING, »GRANDIOS SAISON«, DOUBLE: WESTFÄLISCHE RENAISSANCE 159

Weil das Team zwar nicht Rekordmeister ist. Aber mal kurz Rekord-Meister war · Weil Kevin Großkreutz kein Großkotz war · Weil er sich beim Gewinn der Meisterschaft eine Mönchsglatze hat rasieren lassen · Weil er sich die Skyline von Dortmund auf die Wade hat tätowieren lassen. Noch mal: die Skyline! · Weil Marco Reus Borusse geblieben ist ... · ... und man ihm dafür sogar seine Frisur verzeiht · Weil der ehemalige Jugendspieler für 17 Millionen Euro wieder eingekauft wurde. Und das noch ein guter Preis war · Weil in Dortmund Mario super geworden ist · Weil Mario Götze uns den Kaugummi-Trick schenkte · Weil »Pummelfee« so ein schönes Wort ist · Weil Kaiser Franz wusste, dass Dortmund das »stärkste Fußball-Paar der Welt« hat · Weil Shinji Kagawa nur 350.000 Euro gekostet hat und anschließend für 15 Millionen Euro weiterverkauft wurde · Weil Borussia Dortmund nichts von Todesgruppen hält · Weil die Mannschaft aus dem Nichts als Geheimfavorit in der Champions League gehandelt wurde · Weil Borussia Dortmund 2011 erst einen Titel gewonnen hat ... · ... in der Saison darauf zwei ... · ... und dann drei Teams in der Champions League rausgeworfen hat · ... because they have a grandios Saison gespielt · Weil Rubbeldikatz am Borsigplatz · Weil die Meisterfeiern nicht weniger Vollgas als auf dem Platz waren · Weil man erst mal 5:2 in einem Finale gegen die Bayern gewinnen muss · Weil Marcel Schmelzer nicht weniger als Deutschlands Linksverteidiger war · Weil Thomas Tuchel Marcel Schmelzer in ein russisches Männermodel verwandelt hat · Weil Marco Reus für den BVB sogar den teuersten Führerschein der Welt aufschob · Weil Klopps junges Team nur noch abgeklärter und so noch besser werden konnte · Weil Borussia auch Polonia Dortmund war · Weil selbst ein unglückliches 4:4 gegen Stuttgart noch ein Spektakel ist · Weil man Mats Hummels in München gewogen und für zu leicht befunden hatte · Weil der BVB Vorbild für Europa sein müsste · Weil Dortmund sage und schreibe Europas »hottest club« war · Weil der BVB mal ein paar Tage lang ein Patentamt führte

8. STARARCHITEKT, OPELIANER, GEHEIMRAT: PHÄNOMEN JÜRGEN KLOPP 219

Weil Jürgen Klopp für Champions-League-Spiele Anzug mit 12-Tage-Bart kombinierte · Weil seit Jürgen Klopp Pressekonferenzen ein bisschen erträglicher sind · Weil der vierte Offizielle ohne Klopp sogar noch unbedeutender wäre · Weil Klopp auch nur ein Mensch ist. Die Autos aus Bochum muss ein anderer retten · Weil Jürgen Klopp etwas mit Übertrainer José Mourinho gemeinsam hat. Und mit Überschauspieler Christoph Waltz sowieso · Weil das Ergebnis ganz cool geworden ist

9. NACHSPIELZEIT – DIE BONUSGRÜNDE 235

Weil der BVB sich auch mal mit der zweithöchsten Transfersumme zufrieden gibt · Weil der Verein einen Stachel im eigenen Fleisch willkommen heißt · Weil Lewandowski in wichtigen Spielen eben doch nur in Schwarz-Gelb traf · Weil Schalke, selbst wenn der BVB dem Verein mal den Vortritt lässt, nichts reißt · Weil der BVB sich auch mal vier Pokalfinale hintereinander Spielpraxis holt · Weil man in Dortmund mit 13 schon beinah ein altes Eisen ist · Weil Pierre-Emerick Aubameyang seine Rechnungen begleicht · Weil Batshuayi auch kein schlechter Batman-Ersatz war · Weil Mario Götze für den BVB sogar seine Hochzeit verschiebt · Weil Marco Reus für den einzigen schönen WM-Moment 2018 gesorgt hat · ERMÜDUNGSBECKEN: Der Anschlag

AUFWÄRMEN

Vorwort zur erweiterten Neuausgabe

Den schier endlosen Sommer 2018, das heiße Flimmern, das irgendwann im April angefangen hatte und den Mai überdauerte, brachte ausgerechnet ein Tor an sein abruptes Ende. Irgendwo, es waren nur ein paar Schritte, vorm gegnerischen Sechzehner verlor Sami Khedira in der 35. Minute den Ball. Er blieb am Boden liegen, sah der Kugel noch hinterher, wie sie ein-, zwei-, drei-, viermal weitergereicht wurde, bis der junge Hirving Lozano auf links erst nach innen und dann abzog. 1:0 für Mexiko.

Fünf Schlaumeierworte reichten vollkommen aus. Die hatte jeder parat an diesem 17. Juni: Ein »Was war das denn bitte?« kann man immer mal von sich geben. Die WM in Russland hatte aus deutscher Sicht gerade erst begonnen – und war doch vorüber nach dem Mexiko-Spiel. »Noch drei Wochen Weltmeister«, titelte ZEIT Online am Abend der Niederlage, die den Verlauf des Turniers für die Nationalmannschaft vorwegnahm.

In Dortmund hatte man nach der Saison 2017/18 auch drei Kreuze gemacht. Endlich vorbei. Die Dembélé-Posse, unzählige liegen gelassene Punkte, haarsträubende Fehler im sonst so sicheren Spielaufbau, eine Champions-League-Saison zum Vergessen, und zuletzt *on top* ein unansehnlicher Unentschiedenfußball. Ganz zu schweigen vom Anschlag auf den Mannschaftsbus im April 2017, der auch in die Saison 2017/18 hineinwirkte.

Was war das denn bitte? Diese Frage galt nach der abgelaufenen Spielzeit auch für den BVB. 2017 war das erste Jahr mit drei verschiedenen Trainern seit den dunklen Tagen Mitte der 2000er unter van Marwijk, Röber und Doll. Nach der Trennung von Thomas Tuchel, dem missverständlichen Experiment Peter Bosz und der seltsamen Notlösung Peter Stöger hatte man sich als BVB-Fan nach dem zähen Saisonende im Mai auf die WM und den damit verbundenen sogenannten *guten Fußball* gefreut.

Und jetzt sitzen alle da im Sommer 2018 und kratzen sich am Kopf: Was nun, DFB? Was nun, BVB? Die zwei Fälle lassen sich nur bedingt vergleichen, da die Fehlerquellen unterschiedlich sind. Aber bei beiden ist klar: Jeder weiß, dass das Mist war – jetzt wird etwas passieren müssen.

Wie anstrengend-langweilig Dauererfolg ist, weiß man vielleicht nur an der Säbener Straße. Beim DFB und beim BVB hingegen waren in jüngster Vergangenheit die besten Jahre doch immer die, in denen die Erwartungen eher kleingehalten wurden und man die Jungen mal machen ließ. (Dass eine Barca-Ausleihe wie Paco Alcácer Erwartungen schürt und Axel Witsel nicht mehr ganz so jung für einen Fußballer ist, sind wieder andere Geschichten.)

Wie das ausgeht? Bald mehr an gewohnter Stelle. Nämlich hier. Bis dahin: ein Blick zurück in dieser aktualisierten Auflage auf die alten Tage, mit Reus, Rekorden und Rückspielglück, Höhen und Tiefen und einem Extraschuss Aubameyang.

Viel Spaß beim Lesen.

Daniel-C. Schmidt

1. KAPITEL

SPIELE, SPIELER, TRIUMPHE: SAGENHAFTER BVB

1. GRUND

Weil Andreas Möller keine Ahnung von Geografie hat und deshalb wohl auf Schalke gelandet sein muss.

Für Fans liegt das Ersatzreligiöse im Fußball so nah. *Der Herr ist mein Kapitän, mir wird nichts mangeln,* lautet eins dieser samstäglichen Stoßgebete der Verzweiflung.

Diese Ausnahmefigur dennoch als verlorenen Sohn der Stadt zu bezeichnen würde wohl allen bibeltreuen Fußballfans das Weihwasser in der Trinkflasche gefrieren lassen. »Lost«, also englisch für »abhandengekommen« oder »verloren gegangen sein«, das vielleicht schon. Andreas Möller ist Hesse, geboren und aufgewachsen am Main in Frankfurt. So viel ist geografisch verankert in der Geschichte dieses bemerkenswerten Fußballers. Denn nach seinen Jugendjahren in den Frankfurter Nachwuchsmannschaften beginnt eine überschaubare, wie manch Schlaufuchs mit *Diercke Weltatlas* unterm Arm unkt, Irrfahrt durch die malerischsten Städte Europas.

Also, los geht's: Der kleine Andy, nicht ganz 18 Jahre alt, rückt bei Eintracht Frankfurt in den Profikader, muss sich allerdings etwas gedulden bis zu seinem ersten Bundesligaeinsatz im April 1986. Anderthalb Jahre später verlässt er zur Winterpause als neuer Spielmacher den Verein Richtung BVB, gewinnt dort 1989 den DFB-Pokal, sein bis dato größter Erfolg. Und dann? Möller dreht sich auf seinem bestollten Hacken und geht zurück zu – Eintracht Frankfurt. Gut, kein Problem, da kommt er her. Die Heimat weckt in vielen Menschen starke Gefühle.

24 Monate gehen ins Land, und jetzt wird es bizarr. Möller hat Wechselabsichten. Wo will er hin? Er selbst wird diese Worte viel später bestreiten, in der Fußball-Folklore sind sie wie folgt überliefert: »Mailand oder Madrid, Hauptsache Italien.« Schlussendlich zieht es Möller nach Nordspanien, zu Juventus Turin. Dort

hebt er 1993 den UEFA-Cup in den Abendhimmel. Er hat einen Treffer zum 3:0-Finalrückspiel beigesteuert, kann sich verdient über die Trophäe freuen. Der gegnerischen Mannschaft (ausgerechnet der BVB) bleibt das lange Gesicht über den zweiten Platz. Obgleich man anscheinend wieder Gefallen aneinander findet. Denn, *quelle surprise!*, Möller verabschiedet sich nach zwei Jahren Turin und heuert abermals bei Borussia Dortmund an. Also die Rückkehr des verlorenen Sohnes? Wenn man von einem derart eifrigen Handlungsreisenden wie Möller spricht, ist wohl noch viel Luft nach oben, bevor man sich in biblischen Gleichnissen verstricken sollte.

Und ob der begnadete Spielmacher anschließend, nach sechs erfolgreichen Jahren mit dem BVB, inklusive Gewinn zweier Meisterschaften und der Champions League, tatsächlich eine Todsünde begangen hat, ist eine Frage der theologischen Auslegung. Versuchen wir es: Wer irgendwo sechs Jahre weilt, so lang wie nirgendwo sonst zuvor, muss sich in irgendeiner Art und Weise wohlfühlen. Niemand hält ihn dort fest. Wenn es ihm nicht gefallen hat, packt er sein Säcklein und zieht weiter, in den meisten Fällen zurück in den Schoß seiner Heimat oder, in Borussias Fall, zurück zu altbekannter Wirkungsstätte, der zweiten Heimat sozusagen. Und plötzlich, ganz plötzlich zieht es Andreas Möller aus Dortmund woandershin. Nach Gelsenkirchen, zu Schalke 04. Klingt nach Hochverrat. Was, unter uns Pastorentöchtern, keine der sieben Todsünden ist. Es kann sich, ist ihm denn kein biblisches Vergehen nachzuweisen, nur um die Auflösung der Möller'schen Irrfahrt handeln: Die Schalker Episode ist lediglich ein großes Missverständnis seinerseits; der Mann hat keine Ahnung von Geografie. Im Anschluss wechselt er nämlich zurück zu Eintracht Frankfurt und beendet elf Spiele später seine Spielerkarriere.

Die Wege des Herrn, sie bleiben unergründlich.

2. GRUND

Weil Schalker in Dortmund manchmal doch zum Anbeißen sind.

Schalker sind unbeliebt in Dortmund, weiß jedes Kind. Hin und wieder gibt es Momente, wo man sie dann doch zum Fressen gern hat. Der 6. September 1969 ist so ein Tag. Revierderby, Schalke zu Gast in Dortmund, der BVB damals noch zu Hause in der Kampfbahn Rote Erde. Das Stadion ausverkauft, die Zuschauer stehen bis an den Rand des Feldes. Am 4. Spieltag, die Saison ist noch jung, die erst 1963 gegründete Bundesliga sowieso, geht es um nicht viel. Prestige, Ehre, Anerkennung, Revierderby eben.

Als in der 37. Minute Hans Pirkner die Führung für Schalke schießt, sind die Auswärtsfans nicht zu halten, rennen jubelnd aufs Spielfeld. Was im Anschluss passiert, gewährt dem Protagonisten auf Lebzeit freien Eintritt ins Kuriositätenkabinett der Bundesliga-Historie: Auf dem Rasen bildet sich ein Getümmel aus Spielern, Fans und Dortmunder Ordnern, die vergeblich versuchen, das Durcheinander zu trennen. Schalkes Abwehrspieler Friedel Rausch steht auch auf dem Platz. Die Szene beschrieb er so: »Ich wusste gar nicht, wie mir geschah. Plötzlich rief einer: ›Vorsicht!‹« – Da war es schon zu spät. Der treue Gefährte, der beste Freund eines Dortmunder Ordners, ein Schäferhundrüde, hatte die losgelösten Fans zur Räson bringen sollen. Hunde sind bekanntlich instinktiv geschult. Der Hund handelte, wie jeder verantwortungsvolle Dortmunder es getan hätte. Er versuchte nicht, die Schalker Fans, sondern Spieler zu beruhigen. Sein beherzter Biss durch Rauschs knappe Buxe in dessen Hintern fiel dann doch etwas übereifrig aus.[1]

Man spricht halt nicht dieselbe Sprache.

3. GRUND

Weil Dortmund Emmerich und Held, Chapuisat und Riedle hatte.

Das Hollywood-Kino kennt viele, viele einsame Helden. Charaktere, gebrochen, auf sich allein gestellt, mit dem Rücken zur Wand. Man denke nur an die heroischen Comicfiguren Batman und Spiderman, an all die von John Wayne und Henry Fonda verkörperten Revolverhelden oder an die großen Humanisten Dirty Harry und John Rambo. Sie alle sind auf sich allein gestellt, um für Recht und Ordnung zu sorgen.

Andererseits ist auch die Buddy-Komödie tief verwurzelt in den Traditionen der Filmindustrie. Der Grund, warum nicht nur Einzelkämpfer gefragt sind, liegt auf der Hand: Den feinen Drama-Stoff, den das Buddy-Duo liefert, ist schier unermesslich. Wer vermag schon das Repertoire der Gegensätzlichkeit für Heldengeschichten ausschöpfen? Zwei Männer, irgendwie unterschiedlich, am Ende des Tages aber immer auf die gleiche Sache aus. Die Konflikte, die dabei entstehen! Die herrlichen Verwechselungsmomente, die sich bieten!

Auch hier Beispiele zuhauf: Arnold Schwarzenegger und Danny DeVito als die ungleichen Zwillinge, die ihre Mutter suchen und so zueinanderfinden. Chewbacca und Han Solo als die schlitzohrigen Schmuggler aus dem Weltall mit dem Herzen am rechten Fleck und einer liebenswürdigen Abneigung gegen Ewoks. Starsky und Hutch, die netten Cops, die Gesetze auch mal locker auslegen, damit die Gerechtigkeit siegt. Und dann gibt es Buddy-Exemplare, denen man das Unterhaltungspotenzial ganz ohne Erklärungsbedarf sofort ansieht – alles von Terence Hill und Bud Spencer, Old Shatterhand und Winnetou, Dick und Doof.

Ganz unbestritten weiß Hollywood immer noch, die herzergreifendsten Emotionen auf die Leinwand zu tupfen. Aber seien wir ehrlich und kümmern uns nicht darum, dass es eine Binse sein mag: Aber die schönsten Geschichten schreibt nun einmal das Leben. Und diese Geschichten entspringen daher nicht der Fiktion, sie liegen buchstäblich auf – ganz genau – dem Fußballrasen.

Hierbei kann man sich streiten, ob das fußballerische Pendant zum ungleichen Film-Duo eher in der Innenverteidigung liegt oder doch in der Sturmspitze. Selbstredend gibt es Defensiv-Partnerschaften wie Baresi und Costacurta oder Santos und Santos, deren Können viel Ehr verdient. Weil wir uns jedoch lieber an die geschossenen als an die verhinderten Tore erinnern, widmen wir uns hier nun den Sturmduos.

Lässt man den Blick durch die nationalen und internationalen Geschichtsbücher streifen, bleibt man bei Namen hängen ähnlich klangvoll wie bei einem Bankett am Königshofe. Puskás und Di Stéfano, Müller und Hoeneß, Ronaldo und Rivaldo, Henry und Bergkamp, van Basten und Gullit, Kirsten und Neuville, um nur einige zu nennen. Auch der BVB ist nicht arm an bemerkenswerten Sturmduos, wobei besonders zwei Paare hervorzuheben wären. Gerd Müller ist und bleibt Deutschlands größter Stürmer. Rekordtorjäger, siebenmaliger Bundesligatorschützenkönig, das 2:1 gegen Holland. Legende. Ungeachtet dessen gab es in der Anfangszeit von Müllers Karriere tatsächlich ein paar Männer, die ihm noch den Schneid abkaufen konnten. Lothar Emmerich zum Beispiel. Der Dortmunder Jung', Spitzname Emma, Jahrgang 1941, war so etwas wie der Borussen-Bomber: Seine Rekordmarke von 14 Toren in der Saison 1965/66 im Europapokal der Pokalsieger wurde bis Ende des Wettbewerbs 1999 nie geknackt, 1966 (31 Tore) und 1967 (21 Tore) gewann Emmerich in der Bundesliga die Torjäger-Kanone. Nur zwei Stürmer müllerten öfter ins Netz in einer einzigen Spielzeit – Gerd Müller (40 bzw. 36 Tore) und Namensvetter Dieter Müller (34 Tore).

Ohne Frage profitierte Emmerich, 126 Tore für den BVB in 215 Spielen, von seinem Sturmpartner, dem brillanten Vorbereiter Sigfried »Siggi« Held. International handelten sich die beiden für ihr Zusammenspiel den Spitznamen »terrible twins« ein. Zwei Dortmunder Originale, gefürchtet europaweit – da ist er doch, der Hollywood-Stoff. Ihr größter Triumph war der Gewinn des Europapokals der Pokalsieger 1966. Held selbst traf gar nicht so oft für den BVB, 44 Tore in 230 Spielen, in vielen Fällen legte der Dribbler für Emmerich auf. Oftmals reicht ja ein wichtiges Tor, um sich im kollektiven Gedächtnis festzusetzen. Im Finale des Europapokals im Glasgower Hampden Park beim 2:1 n.V. über den FC Liverpool erzielte Held in der 62. Minute das 1:0. Wichtig genug.

Ähnlich wie Held erging es Karl-Heinz Riedle beim BVB. In seiner ersten Saison hatte Ottmar Hitzfeld gleich den Stürmer Stéphane Chapuisat von Absteiger Bayer Uerdingen verpflichtet. Er kannte und schätzte den Schweizer Chapuisat aus seiner Zeit als Trainer bei den Eidgenossen – und enttäuschte nicht mit seiner Wahl. Chapuisat erzielte auf Anhieb 20 Tore. In der ewigen Liste der besten Bundesligatorjäger ist er der vierterfolgreichste ausländische Stürmer mit 106 Toren in 228 Spielen (4 in 11 davon für Bayer Uerdingen). Aufgrund seiner Ballbehandlung und Spielstärke galt er schnell als gesetzt in der Startelf der Borussen. Neben ihm spielten weiterhin Michael Rummenigge und/oder der Däne Flemming Povlsen. Dann kam der hochdekorierte Legionär Karl-Heinz Riedle von Lazio Rom zu den Westfalen. Riedle hatte 1988 bereits mit Werder Bremen die Deutsche Meisterschaft und zwei Jahre später mit der Nationalelf die WM gewonnen.

Trotzdem musste der Allgäuer neben Publikumsliebling Chapuisat erst einmal den unschönen Beinamen, der sich aus den zwei Wörtern »Fehl« und »Kauf« zusammensetzt, abschütteln. Ähnlich wie Sigfried Held war Riedle nicht der treffsicherste Stürmer, bildete mit seinem Sturmpartner Chapuisat später aber ein geachtetes Duo. Und ähnlich wie Held kann Riedle zwei ganz wichtige Treffer für sich verbuchen – das 1:0 und das 2:0 innerhalb von fünf Minuten im Champions-League-Finale 1997.

Inzwischen sind Sturmduos so gut wie ausgestorben. Die moderne Spielweise bevorzugt wieder den einsamen Cowboy am Sechzehner. Das soll die Leistung der beiden BVB-Partnerschaften keineswegs schmälern. Obwohl sie in der langen Bundesliga-Geschichte vielleicht gar nicht die jeweils dramatischste Paarung darstellt. Die allerschönste Buddy-Komödie im deutschen Fußball? Es dürfte sich um »Großes Karo, kleiner Erfolg – Die Erich-Ribbeck-und-Uli-Stielike-Story« handeln.

4. GRUND

Weil Gott meinte, er müsse für die Niederkunft auf Erden Fußballschuhe schnüren und sich die Gestalt von Jürgen Kohler aussuchen.

Einen schönen Spezi, den gönnt sich jeder Verein. Entweder ist es der sympathische Kettenraucher (Ansgar Brinkmann) oder der etwas divenhafte Ausnahmekünstler (Werders und Wolfsburgs Diego). Gern auch die Mischung aus beidem (Mario Basler). Viel seltener im Fußball ist allerdings die überirdische Gattung, die mit dem simplen Suffix »Gott« auskommt. In Dortmund nannten sie Jürgen Kohler Fußballgott.

Fußballgott – kein Presse-Wortspiel für die lockere Schlagzeile, sondern ein Titel, den man sich unter den Fans in den Stadionrängen verdienen muss. Diese drei Silben klingen aus diesem Grunde so schön, weil in ihnen alles mitschwingt, was die Liebe zum Fußball ausmacht: das Sagenhafte, das Quasireligiöse, das Einzigartige, die Ehrfurcht vorm übermenschlichen Gegner, das bedingungslose Überhöhen der eigenen Mannschaft, alles für den Glauben an diesen einen Auswärtssieg.

Wenn man sich dann allerdings Bilder von Jürgen Kohler aus der Zeit, knapp 40 Jahre nach Toni Turek, anschaut, sieht man erst mal:

keine göttliche Gestalt. Groß und schlank war er, fast 1,90 Meter, aber das Haar bereits leicht schütter. Der dunkle Schnauzbart verriet gleich, dass er wohl doch nur einen deutschen Pass besitzen würde und keine himmlische Adresse hatte. Nein, der David Beckham seiner Zeit war Kohlers Jürgen gewiss nicht. Beim Blättern durch die Panini-Hefte der 90er-Jahre findet man lauter Typen wie den Pfälzer Verteidiger: durchschnittlich, deutsch, vollkommen unscheinbare Erscheinung.

Maradona, die Hand Gottes und auch sonst recht weltabgewandt in allem abseits des Platzes, war auch kein Modellathlet, dafür aber ein Fußballkönner ohnegleichen, ein erkennbarer Typ. Kohler hingegen verdiente sich den Titel Fußballgott als Manndecker der Nation, als Mister Zuverlässig. In fast 400 Bundesligaspielen, 191 davon für Borussia Dortmund, verkörperte er eine inzwischen verloren gegangene (und von vielen schmerzlich vermisste) deutsche Fußballtugend – das kompromisslose, schnörkellose Verteidigen. Ausputzen nannte man das früher. Volles Risiko, den Kopf hinhalten für die Fehler der Vorderleute. Das konnte Jürgen Kohler wie kaum ein anderer seiner Generation. Gedankt hat es ihm der Fußballgott-Gott mit so ziemlichen allen Titeln im Profisport: Weltmeister 1990, Europameister 1996, Meister mit Bayern München, Juventus Turin, mit denen er zusätzlich den UEFA-Cup gewann, und Borussia Dortmund. 1995 wechselte der Halbwaise, deren Vater früh verstorben war, aus Italien ins Ruhrgebiet. Es dauerte nicht lange, bevor die Südtribüne »Jürgen Kohler, Fußballgott« rief. Bedingt durch sein stilles, zurückhaltendes Auftreten und natürlich vor allem aufgrund des maßgeblichen Anteils am Champions-League-Triumph 1997. Zwei Jahre später machte er sich in einem *SPIEGEL*-Interview für das spätere Erfolgsmodell des BVB in der Nationalmannschaft stark: »Wir Deutschen sollten nicht so hohe Ansprüche stellen und einer jungen Mannschaft die Chance geben, sich richtig zu entwickeln. Wollen wir wirklich mal wieder ein attraktiv spielendes Team sehen, müssen wir diese Geduld aufbringen.«[2]

Was Kohler so beliebt machte, war, dass er kein *show act* war. Er stand für die Sache. Bescheidene Art, kämpferisch auf dem Platz. Die Dortmunder Fans dankten es ihm mit dem neuen Spitznamen. Kohler konzentrierte sich nach der katastrophalen WM 1998 (Babbel und Rehmer würden es schon richten, dachte wohl Sir Erich) ganz auf den BVB und gewann 2002 in seinem letzten Profijahr noch einmal die Deutsche Meisterschaft, bevor er sich tränenreich und unter tragischen Umständen im UEFA-Cup-Finale verabschieden musste.

5. GRUND

Weil Kohler teuflischerweise in seinem letzten Profispiel mit einer roten Karte verabschiedet wurde.

Abschied fällt uns Menschen traditionellerweise schwer. Entscheidend dabei ist der Zeitpunkt sowie die Art und Weise, wie wir abtreten. Je nachdem fällt der Abschied leichter – oder wird dadurch noch bitterer.

Bei Sportlern, die ihre Rente planen, ist der Abgang meist besonders heikel. Sportler messen sich in Erfolgen. Wählt man einen Moment des Triumphs, um von dannen zu gehen, bleibt immer im Hinterkopf, dass vielleicht noch ein Erfolg mehr drin gewesen wäre. Tritt man ab im Augenblick der Mittelmäßigkeit, nach einer Niederlage beispielsweise, gilt man schnell als unvollendet. Bestes Beispiel aus jüngster Zeit: Himmelsstürmer Joe Ratzinger von der Männersportgruppe Vatikanstadt e. V.

Ein Wagnis, als letztes Profispiel ein UEFA-Cup-Finale zu bestreiten und mit einer Niederlage abzutreten, das Jürgen Kohler natürlich am Anfang der Saison nicht vorhersehen hatte können. Vier Tage vor dem Finale am 8. Mai 2002 hatte er sich heulend von der Südtribüne mit der Meisterschale in der Hand verabschiedet. »So offen hat schon lange kein Profi mehr auf dem Feld geschluchzt«, schrieb die *FAZ* über Kohlers Ehrenrunde im Westfalenstadion. Ein schmerzlicher, aber nahezu perfekter Abgang.

Und dann das Endspiel mit dem BVB in Rotterdam gegen Feyenoord: Kohlers 50/50-Chance, mit gesenktem Haupt beziehungsweise breiter Brust für immer Adieu zu sagen. Zum Glück hat Jürgen Kohler den UEFA Cup gewonnen. Mit Juventus Turin. Denn der Abend in Rotterdam hätte nicht schlimmer kommen können für den »Fußballgott«. Kohler fing sich zwei Niederlagen in einer ein. Dortmund verlor das Spiel, knapp, unnötigerweise. Noch schlimmer allerdings Kohlers Abgang, im wahrsten Sinne des Wortes.

31. Minute im Rotterdamer »De Kuip«-Stadion. Es steht noch 0:0, die Partie ist ausgeglichen. Nach einer viertel Stunde des Abtastens wird das Spiel interessanter, die ersten Torschüsse fallen, Pierre van Hooijdonk setzt einen Freistoß an den rechten Pfosten, auf der anderen Seite verfehlt Evanilson knapp die Latte. Und dann eben die 31. Minute, der Ball rollt außerhalb des Sechzehners Richtung Kohler. Rotterdams Jon Dahl Tomasson rennt dem Ball hinterher, auf Kohler zu. Der wiederum hat den Ball schon am Fuß. Um an dem Stürmer vorbeizukommen, legt er ihn nach rechts, ein Stück zu weit, Tomasson überläuft Kohler in der schnellen Vorwärtsbewegung, dem Verteidiger bleibt nur ein Mittel: Seine letzte Grätsche verfehlt den Ball, er reißt Tomasson im Strafraum um. Schiedsrichter Vitor Melo Pereira bleibt wenig Raum für Sentimentalitäten. Notbremse, Elfmeter – und die Rote Karte für Jürgen Kohler. Das ist er also, der letzte Vorhang für einen großen Fußballer, im Moment des Misserfolgs.

»Ich glaube, dass er sich beschissen fühlt, und ich glaube, dass er einen besseren Abschied verdient hätte«, sagte Matthias Sammer, damals Trainer in Dortmund, nach Abpfiff über den 36-Jährigen, der bei ihm schon seit einigen Monaten nicht mehr erste Wahl war. Er wollte lieber Nachwuchsspieler Christoph Metzelder als neuen

Innenverteidiger aufbauen, der im Finale gelbgesperrt aussetzen musste. Kohler selbst nahm das Spiel auf seine Kappe: »Die Rote Karte ist absolut in Ordnung. Für die Mannschaft und die Fans tut es mir leid. Ich habe jetzt einen kleinen schwarzen Fleck auf meiner weißen Weste. Damit muss man als Fußballer leben.«[3]

Auch Fußballgötter sind manchmal nur Menschen.

6. GRUND

Weil Matthias Sammer mit klaffender Platzwunde spielte.

Unter den Kontaktsportarten hat Fußball nicht den Ruf härtester Gangart. Da zückt doch bei jeder Grätsche, bei jedem kleinen Schubser sofort der Schiedsrichter die Pfeife, höhnt der Rugbyspieler und schnallt seine Narrenkappe fest. Halbwegs anderer Meinung, was die Fallsucht bei Fußballern angeht, dürften Kicker wie Ewald Lienen sein, dessen rechter Oberschenkel mal aussah wie der Grand Canyon, nachdem ihn ein scharfkantiger Eisenstollen seines Gegenspielers, nun ja, kontaktierte.

Auch Matthias Sammer wird bei derart despektierlichen Bemerkungen über den Härtegrad von Fußballern womöglich und verächtlich eine Augenbraue heben. Bökelbergstadion, November 1994. Ein grau-düsterer Winternachmittag, die Borussia muss gegen ein starkes Gladbacher Team um Effenberg, Dahlin und Herrlich antreten. Dortmund glückt ein schneller Start, nach zehn Minuten schießt Zorc das 1:0. Der Ausgleich neun Minuten später gibt Gladbach nur kurz Luft zum Durchatmen, Chapuisat trifft gleich zweimal für den BVB noch vor dem Pausenpfiff.

In der zweiten Halbzeit gerät die Dortmunder Ordnung durcheinander, Gladbach macht Druck. So viel Druck, dass eigentlich ein Tor fallen muss. Bei einem Kopfballduell rasseln Heiko Herrlich und Matthias Sammers Schädel zusammen. Über Sammers rechtem Auge strömt Blut aus. Die Braue des BVB-Regisseurs ist geplatzt, er wird am Spielfeldrand versorgt. Die Wunde ist zu groß für ein einfaches Klammerpflaster. Statt sich auswechseln und die klaffende Augenbraue in Ruhe säubern und nähen zu lassen, macht er das Naheliegende, liebe Rugbygemeinde: Sammer entscheidet sich, die Augenbraue da und dann ohne Betäubung mit Metallklammern tackern zu lassen, um sofort weiterspielen zu können. Er habe dort gestanden und den Mannschaftsarzt machen lassen, schrieb DER SPIEGEL später über den gebürtigen Dresdner, als sei sein Kopf ein Parkettboden, der noch eben verlegt werden müsse.

Als Spieler war Sammer tatsächlich eine Art Eichenparkett. Massiv, widerstandsfähig, mit Glanz und auch schön anzuschauen, aber nicht ohne Macken. Anfang der 90er-Jahre, als er zum BVB kam, war Dortmund noch lang nicht das Starensemble, das man sich ein paar Jahre später zusammenkaufte. In diesem Mannschaftsgefüge aus Malochern war er herausragender Spieler und Persönlichkeit. Die Arbeitsbienen riss er mit, den laxen Stars machte er Beine – alles für den unbedingten Erfolg. Sammer verlangte von sich selbst und seinen Mitspielern körperliche Aufopferung, seine Verachtung für Selbstzufriedenheit nahm dabei zuweilen manische Züge an. Denn selbst mit der geklammerten Wunde auf dem Platz konnte er am Ende das 3:3 der Gladbacher nicht mehr verhindern.

7. GRUND

Weil Dortmund beim unfairsten Ligaspiel noch nicht einmal die unfairste Mannschaft war.

Wenn die Bazis zu den Saupreißn fahren, ist immer gut Stimmung. Egal, wie die Tabelle aussieht, gegen München will man sich nicht die Blöße geben. Nie. Weil das so ist, wollen wir uns in der Saison

2000/01 lieber auf das Rückspiel als auf das Hinspiel in München konzentrieren. Das ging nämlich 2:6 verloren. Mehr mag man gar nicht dazu notieren.

Und statt den Bayern richtig einen einzuschenken, gab's am 7. April 2001 Fußball zum Abgewöhnen in diesem, ja doch: Schlagabtausch. Nach 94 Minuten waren nicht schwarz und gelb die Farben des Abends, vielmehr rot und gelb. Aber der Reihe nach.

Trotz der blamablen Niederlage in München sah es vor diesem 28. Spieltag immer noch passabel aus für den BVB: In der Tabelle auf dem zweiten Platz, einen Punkt hinter den Bayern. Dahinter vier Teams mit jeweils zwei Punkten Abstand zur Borussia. Der Gewinner in Dortmund war demnach mit guten Chancen, die Meisterschaft ein Stück weit zu entscheiden. Nur statt eines klassischen Spitzenspiels gab es kaum erwähnenswerten Fußball, höchstens Rudelbildung, Tarzangehabe und Frustfouls. Kurzer Spielbericht:

Blitzstart Bayern nach schönem Solo von Bixente Lizarazu am Sechzehner der Dortmunder, kurzer Pass von der Torauslinie zurück in den Fünfer, wo Roque Santa Cruz nur einschieben muss, 6. Minute, 1:0 für die Bayern. Die angekündigte Revanche nach dem 2:6 schon fast mit Schadensbegrenzungscharakter aus Dortmunder Sicht. Anschließend kaum noch Spielszenen, mehr Biegen und Brechen, Kampf und Krampf: Gelbe Karte für Bayerns Sammy Kuffour wegen Foulspiels (16. Minute); Gelbe Karte für Bixente Lizarazu wegen Handspiels (22. Minute); in der 31. Minute Handgemenge im Strafraum, Gelbe Karten für Bayerns Giovanne Elber und Dortmunds Otto Addo; Lizarazu hält Tomáš Rosický fest, Gelb-Rote Karte (35. Minute); Gelbe Karte für Jens Jeremies nach Foul an Rosický (36. Minute); Dortmunds Sunday Oliseh bekommt Geld für ein Foul (38. Minute); Thomas Linke rennt von hinten in Rosický, Gelbe Karte (42. Minute); Halbzeit. Die Borussia kann ihre Überzahl aus der 35. Minute nicht richtig nutzen, weil sich die Bayern-Spieler geschickt verlagern und kaum Räume für die Dortmunder aufmachen. In der 52. Minute gleicht Bobic nach einem sehenswerten Konter und Steilvorlage durch Lars Ricken endlich aus. Das bleibt eine rare spielerische Ausnahme, sonst fallen mehr Männer als Tore: Hasan Salihamidžić foult auf Bayerns Seite, Gelbe Karte (54. Minute); eine Minute später rempelt Stefan Effenberg Evanilson um, Rote Karte für den Bayern-Kapitän wegen groben Foulspiels; Mehmet Scholl haut absichtlich den Ball weg nach Schiedsrichterpfiff in der 76. Minute, bekommt Gelb; Oliver Kahn fängt sich in Minute 82 Gelb für Zeitspiel ein; Willy Sagnol für Meckern (89. Minute); kurz vor Spielende darf Dortmund noch einmal ran, Evanilson sieht Rot, weil er Paulo Sergio von hinten umtritt (93. Minute). 94 Minuten lässt sich der teils überforderte, teils voreilige Schiedsrichter Hartmut Strampe Zeit bis zum Abpfiff. Er hatte gerade das Spiel mit den bis heute meisten Karten geleitet: Insgesamt elf Gelbe Karten, eine Gelb-Rote, zwei Rote Karten.

»Ab einem gewissen Zeitpunkt spürte ich, dass die Spieler auf die Karten nicht mehr reagierten«, sagte Strampe. »Der einzige Spieler, den ich in der Partie noch normal ansprechen konnte, war Mehmet Scholl. An den Rest kam ich nicht mehr heran.«[4]

Aus dem Spiel heraus gab es nur eine weitere nennenswerte Szene, die exemplarisch war für die glücklosen Dortmunder gegen die kämpferischen Bayern in Unterzahl: Rosický schlenzt einen anbetungswürdig tollen Freistoß von links über die Mauer, Oliver Kahn steht wie angewurzelt am langen Pfosten und kann nur zusehen, wie der Ball vom Torwinkel abprallt – und wie in Zeitlupe direkt vor seine Füße plumpst. Kahn geht in die Knie, nimmt kurz vor der Linie den Ball auf. Triumphierend ballt er, obwohl er fast gar nichts getan, sondern nur viel Schwein hatte, die Faust Richtung Fans.

So entscheidet man Meisterschaften: Bayern, 65 Minuten in Unterzahl, taumelt, schlängelt sich durch, ist giftiger, kämpferischer, hungriger. Die Dortmunder, vor allem der meist nur durch Fouls zu stoppende Rosický, rackern, versuchen, bleiben aber glücklos. Es fehlt der letzte Zug, vielleicht eine Sammer-Figur auf dem Platz, wie Bayern sie mit Effenberg, Jeremies und Kahn zuhauf hatte.

SPIEGEL ONLINE sprach am nächsten Tag von einem »Gladiatorenkampf«, die *FAZ* sah das ruppig-überhitzte Spiel »phasenweise am Rande der Eskalation«, Uli Hoeneß giftete feuermelderrot im Gesicht, er habe noch nie eine Partie gesehen, wo ein Schiedsrichter so viele Fehler gemacht hätte. Oliver Kahn fasste diesen historisch unfairen Bayern-Dortmund-Klassiker mit seiner gewohnten Badenser Schläue zusammen: »Ich glaube, es war Werbung für Emotion, weniger für Fußball.«

8. GRUND

Weil Jens Lehmann in Dortmund immer Köpfchen bewies.

Seine Bilanz als Kopfballungetüm, das aus dem Nichts auftaucht und einschlägt wie ein Blitz, ist erst mal ziemlich dürftig – zwei Tore auf mehr als 200 Spiele verteilt? Mickrig, äußert mickrig. Für jemanden, der primär mit der Abwehr beschäftigt ist, auch nicht spektakulär gut, aber akzeptabel. Na ja, und in diesem Fall, also für einen Torwart, dann schon fast wieder herausragend gut. Vor allem bedenkt man mal, wie Jens Lehmann eines dieser zwei Tore gemacht hat – und ausgerechnet gegen wen.

Wo genau soll man einen wie Lehmann hinstecken? Womöglich zählt er nicht zu den beliebtesten Köpfen, die in rund 50 Jahren Bundesliga-Geschichte ihr Geld auf dem Rasen verdient haben. Als Fußballer kann man aus einem üppigen Strauß an Verfehlungen wählen, um bei Freund und Feind sämtliche Sympathien zu verspielen. Als Fußballer lässt sich Liebesentzug der Fans jederzeit abholen, zum Beispiel durch haarsträubende Fehler, leichtfertig verantwortete Gegentore, indem man die Klappe aufreißt, persönlich wird, sich dadurch unangenehme Gegner schafft, oder zum falschen Verein wechselt.

Jens Lehmann scheint es irgendwie hinbekommen zu haben, all diese Dinge auf gewisse Art und Weise in seiner Karriere verzapft zu haben: Immer wieder legt er sich mit Gegenspielern an, maßregelt seine eigenen Teamkollegen, kassiert Gelbe Karten für Vögelchen, die er Richtung Schiedsrichter zeigt, nach 18 Minuten die Rote im Champions-League-Finale mit Arsenal, pinkelt mitten im Spiel gegen eine Werbebande, klaut einem Fan die Brille nach dem Spiel, während Uli Hoeneß Lehmann für eine Passage seiner Autobiografie bescheinigt, »nicht alle Tassen im Schrank zu haben«.[5]

Doch in mehr als 20 Jahren als Profi hat sich Jens Lehmann manch tollkühnen Lapsus erlaubt. Er ist ein streitbarer Typ, ehrgeizig bis besessen, impulsiv auf dem Platz, meinungsstark außerhalb, definitiv kein Abnicker ohne Rückgrat. Da ist man mit sich selbst im Reinen, gefällt nicht jedem Gegenüber. Obwohl er nie den Eindruck machte, allen gefallen zu wollen. Trotzdem wären die oben genannten Beispiele Grund genug, bei Fans und anderen Kollegen mächtig Antipathie zu schüren.

Um die Dortmunder Fans ein bisschen mehr zu triezen als nötig, hatte sich Lehmann im Dezember 1997 einen denkwürdigen Abend im Westfalenstadion ausgesucht – *derby time*, Dortmund vs. Schalke. Lehmann, gebürtig aus Essen, kommt in der Jugend von Schwarz-Weiß Essen zu Schalke 04, bis 1998 steht er zehn Jahre lang im Profikader der Gelsenkirchener. Ein mehrmonatiges Bankdrücker-Intermezzo beim AC Milan bringt ihn anschließend nach Dortmund, wo er fünf Jahre bleibt.

Das weiß er natürlich an diesem Abend des 20. Spieltages noch nicht. Aber Lehmann ist ausreichend fußballverrückt und lange genug Schalker, als dass er um die Bedeutung eines Derby-Sieges in Dortmund weiß. Mit einer 1:2-Niederlage möchte er ungern in die Nacht gehen. Also wetzt *Mad Jens*, wie ihn die Engländer später während seiner Zeit bei Arsenal taufen, für eine Schalker Ecke in der 90. Minute nach vorne, stiehlt sich in seinem orangefarbenen Trikot links auf Höhe des langen Pfostens in den Dortmunder

Fünfer. Der Ball fliegt zeitgleich von der Eckfahne auf den kurzen Pfosten zu, wird unfreiwillig verlängert, am Elfmeterpunkt trifft ihn ein Blau-Weißer unsauber, er flattert über die Dortmunder Abwehr beziehungsweise den Schalker Sturm hinweg, direkt zu – ganz genau: dem freistehenden Jens Lehmann, der nur den Kopf hinhalten muss. Aus der Distanz nichts zu machen für Borussen-Keeper Stefan Klos. Lehmann köpft das 2:2 in der 90., schöner Wahnsinn.

»Irgendwie kam der Ball dann da hin«, sagte Lehmann nach dem Spiel über die Szene, »und dann stand ich da und dann war's auch nicht mehr schwer.« Diese Aktion hat ihm natürlich kaum ein BVB-Fan vergeben beim Wechsel aus Mailand nach Dortmund knapp ein Jahr später. Trotz all seiner wunderlichen, teils befremdlichen Aktionen darf man nicht vergessen, dass der Jenser auch einer der besten seiner Zunft war – und deshalb komplett richtig in Dortmund aufgehoben war.

9. GRUND

Weil Lars Ricken das schönste, tollste, unfassbarste Jokertor überhaupt geschossen hat.

Auf dem unendlichen Zeitstrahl der Weltgeschichte hat sich Andy Warhols Diktum, dass jeder seine 15 Minuten Ruhm bekommt, für Lars Ricken einen ziemlich einzigartigen Moment herausgepickt.

Mit 17 nach drei Jahren in den Jugendmannschaften beim BVB von Ottmar Hitzfeld zu den Profis geholt, ist Ricken Mitte der Neunziger eins von diesen, genau: vielversprechenden Talenten, nach denen sich Fußballdeutschland sehnt.

»Jugend forscht«, so viel wird schon in der Schule beigebracht. Den Spruch hatte man lange, lange Zeit explizit für Naturwissenschaften reserviert: ein bisschen nach dem Unterricht in der Petrischale stochern oder – fernab vom Klassenzimmer – das Experimentierfeld ausweiten und mal bei irgendeiner Petra untern Pulli fassen. Auch das ist ein Fall von »Jugend forscht«.

Im Fußball nahm man das Modell lange nicht sonderlich ernst. Der Nachwuchs, der froh sein durfte, überhaupt auf der Bank zu sitzen, wurde jahrelang eher fürs Warten auf der Bank als fürs Kicken auf dem Platz bezahlt. Auf der Spielwiese Bundesliga grasten die alten Krieger, gerade wenn es hart auf hart kam, in den sogenannten Schlüsselspielen. Das junge Gemüse war nur zum Einwechseln da. Es ging ja schließlich um Meister-, nicht um Petrischalen.

Auf internationaler Ebene herrschte über Jahrzehnte kein anderes Bild, zu groß der Erfolgsdruck. Junge Spieler in der Startelf waren die Ausnahme, nicht die Regel. Auch Ottmar Hitzfeld hatte Lars Ricken am 28. Mai 1997 nur einen Platz auf der Bank zugewiesen. Im Champions-League-Finale verlässt man sich lieber auf Routine.

Besonders da mit Juventus Turin ein Endspielgegner auf Dortmund wartete, der zu diesem Zeitpunkt nicht nur aktueller Titelverteidiger war, sondern mit Leuten wie Zidane, Deschamps, Vieri und Del Piero als spielstärkste Mannschaft Europas galt.

Und natürlich spielt Juve überlegen an jenem Finalabend im Münchner Olympiastadion. Die Norditaliener sind deutlich besser, der klare Außenseiter aus Westfalen dagegen: effektiver. Die Abtastphase ist vorbei, Karl-Heinz Riedle kommt irgendwie an den Ball nach einer längst geklärten Ecke des BVB, Juves Abwehr träumt, Riedle hellwach, drückt das Leder über die Linie, Tor. Fünf Minuten später Möller-Ecke von links, *Air Riedle* steigt hoch, 2:0, 34. Minute.

Alles klar? Lange nicht. Turin kommt zurück, erst Zidane an den Pfosten kurz vor der Pause, Vieri an die Latte nach dem Wechsel, dann Del Piero mit der Hacke ins lange Eck, nur noch 2:1. Noch 25 Minuten zu spielen.

Herausragende Trainer haben bei entscheidenden Partien immer eine Nase für das Team mit der richtigen Aufstellung. Heikel: Die Befindlichkeiten der Spieler mit persönlicher Formkurve, Taktik des Gegners und Anlass der Spiels abwägen, um die bestmögliche Formation zu finden. Eine Kunst für sich. Vielleicht war es bei Ottmar Hitzfeld bloßer Instinkt, beim bis dato größten Spiel seiner Laufbahn den Mann in der Hinterhand zu behalten, der im Viertel- und im Halbfinale jeweils das Dortmunder Tor zum Weiterkommen geschossen hatte.

Fürs Mannschaftsgefüge um die Altstars Sammer, Möller und Reuter kein schlechter Plan: zu wissen, dass dort noch ein 20 Jahre junger Ricken auf der Bank sitzt, der brennt und die wichtigen Tore schießen kann, sollte es nach hinten raus knapp werden oder in die kraftraubende Verlängerung gehen. Vor dem Spiel hatte Jürgen Kohler gesagt, falls jemand den zwingenden Treffer macht, »dann ist es Lars«.

25 Minuten. Hitzfeld reagiert auf den Anschlusstreffer der Italiener, bringt Heiko Herrlich für Riedle, drei Minuten später klatscht Stéphane Chapuisat an der Außenlinie den Mann mit der Nummer 18 ab. Die Uhr läuft. Ricken steht sechs, sieben, acht Sekunden auf dem Platz, als Möller knapp vor der Mittellinie einen genialen Steilpass auf Rechtsaußen schickt. Ricken zieht zum Spurt an, er jagt dem Ball hinterher, drei Verteidiger in den blauen Turiner Auswärtstrikots nebenher, noch hat Ricken den Ball gar nicht berührt.

Nicht nur große Trainer, auch herausragende Spieler entwickeln im Augenblick der Wahrheit diesen einmaligen Riecher.

Dann sitzt alles. Kann nicht nur Zufall sein, denkt man sich.

15 Sekunden auf dem Platz, Ricken schaut kurz hoch zum Torwart, er hat den Ball direkt vorm Fuß, er legt ihn nicht einmal vor, sein allererster Ballkontakt ist – wie cool kann man sein – ein Lupfer aus 30 Metern Torentfernung. Eigentlich eine absurde Schussposition. Mit wuchtiger Sorglosigkeit, wie sie wohl nur ein halbstarker Jüngling hinbekommen kann, segelt der Ball über Keeper Peruzzi hinweg und kracht ins Netz. Tooooooor! Ein Wahnsinnstreffer. Ricken, dieser freche Knopf.

Die Bilder von seinem dreisten Kunstschuss gehen am nächsten Tag um die Welt. 15 Minuten Weltruhm in 15 Sekunden. Das Spiel des Lebens mit 20 Jahren – und 18 Minuten später Champions-League-Sieger.

In der jüngeren Fußballgeschichte der Beweis schlechthin, dass der Nachwuchs immer eine Chance verdient. Zwischen all den Routiniers, Europa- und Weltmeistern hatte Lars Ricken null Komma nix zu verlieren – und hielt deswegen einfach mal voll drauf.
Jugend: forsch.

10. GRUND

Weil man in Dortmund keine 76 Minuten braucht, um ein Tor aufzustellen.

Dass die Jungs vom weißen Schönwetterballett keinen besonderen Sinn fürs einfache Handwerk haben, geschenkt, seit Jahrzehnten bekannt. Dass es am 1. April 1998 Real Madrid allerdings nicht gelingen würde, für ein Tor zu sorgen, diese Überraschung konnte sich so recht niemand ausmalen.

Der Torfall von Madrid. Irgendwas zwischen Dorfclub erlaubt sich Aprilscherz und Provinztheater auf der Weltbühne.

Ein noch etwas frischer Frühlingsabend in der spanischen Hauptstadt, Champions-League-Halbfinale der Saison 1997/98. Die Teams haben sich bereits aufgewärmt, ein paar der Spieler mit so klangvollen Namen wie Seedorf, Raúl, Morientes, Karembeu und Binz tragen Langarmtrikots. Nur noch wenige Minuten, dann kann das Spiel zwischen Borussia Dortmund und der königlichen Truppe von Real Madrid im Estadio Santiago Bernabéu angepfiffen werden vom niederländischen Schiedsrichter Mario van der Ende. Dass das erst der Anfang eines beinah schon sagenumwobenen Fußballabends werden würde, ahnte um 20:44 Uhr niemand.

Unmögliche David-gegen-Goliath-Siege, spektakuläre Aufholjagden, dramatische Elfmeterschießen, Bayerns sicher geglaubter

Triumph 1999 – im Europapokal gibt es, rein spielerisch, jede Menge Möglichkeiten für Legendenbildung. Real Madrid machte es sich an diesem Abend wesentlich einfacher, einen Vermerk in den Fußballgeschichtsbüchern zu erhaschen.

Womöglich beseelt vom Besuch des amtierenden Champions-League-Gewinners im heimischen Stadion rüttelten die Real-Fans so stark am Sicherheitszaun zwischen Tribüne und Spielfeld, dass das auf der anderen Seite befestigte Tor: einfach umknickte. Anstatt fix ein Ersatzexemplar aufzubauen, entspann sich eine fast anderthalbstündige Odyssee. Aufgeschreckte Ordner, ratlose UEFA-Offizielle, Real-Angestellte, die nicht wussten, wo oder wie ein neues Tor herkommen sollte, selbst Männer in stahlblauen Ghostbusters-Overalls, bewaffnet mit Gartenschaufel und Hammer, durften alle auf ihre Art und Weise versuchen, das Missgeschick auszubügeln.

Während die Spieler längst wieder in der Kabine saßen, war es an den RTL-Kommentatoren Günther Jauch und Marcel Reif, die Situation für die Zuschauer vor den heimischen Fernsehern zu überbrücken. Für einige dieser Perlen (»Für alle die, die nicht rechtzeitig eingeschaltet haben, […] das erste Tor ist schon gefallen!«) erhielten die beiden später den Bayerischen Filmpreis. Nachdem ein Tor mithilfe der Real-Fans vom Trainingsgelände ins Stadion gebracht worden war, pfiff Schiedsrichter van der Ende die Partie mit 76 Minuten Verspätung an. Madrid gewann unter Trainer Jupp Heynkes und mit Torwart Bodo Illgner den wenig berauschenden Kick 2:0, besiegte einen Monat später im Finale Juventus Turin mit 1:0.

Einziger Trost des geschlagenen Titelverteidigers: Für das Halbfinalrückspiel am 15. April in Dortmund machte man die Probe aufs Exempel. Ein Anruf beim Platzwart, der die Schlüssel für die Ersatztore im Stadion am Gürtel trug – keine zehn Minuten stand der neue Kasten.

11. GRUND

Weil Dortmund immer an Dedê geglaubt hat.

Zu jedem Schönwetter-Brasilianer, der gern mal den Heimaturlaub um ein paar Tage verlängert, weil er, huch, »seinen Pass nicht finden konnte«, gibt es ein preußisch anmutendes Pendant.

So einer war dieser Leonardo de Deus Santos, kurz Dedê. Ein Musterprofi, pünktlich, diszipliniert, mannschaftsdienlich. Ein grunddeutscher Fritz, wenn man so will. Die tugendhafte Selbstbeherrschung hat er sich in der Kindheit antrainieren müssen. Dedês Familie lebte verarmt in den Favelas der brasilianischen Großstadt Belo Horizonte. Im Armenviertel blieb dem achtjährigen Dedê nichts anderes übrig, als mit kleinsten Nebenjobs zum Familienauskommen beizusteuern.

Mit 20 Jahren kam der linke Außenverteidiger von Atlético Mineiro 1998 unter Trainer Skibbe zum BVB. Trotz UEFA-Cup-Finale und Meistertitel 2002 wahrlich keine glanzvollen Dortmunder Zeiten, in die der preußische Brasilianer hineingeboren wurde.

320 Spiele später sagte er: »Als ich als 20-Jähriger kam, dachte ich: Hier bleibst du nur drei Jahre, Deutschland ist nichts für dich. Doch nach einiger Zeit habe ich den BVB lieben gelernt.«

Im Grunde ist Dedê sein eigenes Museum für Moderne Vereinsgeschichte. Er hat so ziemlich alles mitgemacht beim BVB: den fortgeschrittenen Expansionskurs unter Niebaum und Meier, den tiefen Fall im Fast-Pleite-Jahr 2005, inklusive ausgeschlagenem Italien-Angebot und Gehaltsverzicht um 50 Prozent, den Neuaufbau unter Klopp sowie die erste Meisterschaft der Jungspunde um Götze, Kagawa & Co. Im Mai 2011 lief Dedês Vertrag nach 13 Jahren aus.

Zu dieser Zeit war er schon kein Stammspieler mehr, kämpfte mit langwierigen Verletzungen, lief kurzzeitig für die 2. Mannschaft auf. Trotzdem kaum wegzudenken nach mehr als zehn Jahren im

Verein. Dedê lebte Schwarz-Gelb, Dortmund nahm ihn auf: Finanzchaos im Verein, Formkrisen, Verletzungen, alles egal – man hielt sich gegenseitig die Treue.

Fans, Spieler, Trainerstab, sie liebten den lustigen Brasilianer, der so schöne Geschichten aus der »Samba-WG« erzählen konnte. Bei ihm in der Wohnung trafen sich die Ruhrgebietsbrasilianer, um beim Singen, Zocken, Tanzen und Was-wissen-wir-schon ein bisschen Heimweh abzuschütteln.

Dann schlug es Frühjahr 2011. Dedê bekam keinen neuen Vertrag, Klopp plante nicht mehr mit ihm, dem 33-Jährigen. Hinten links spielte fortan der zehn Jahre jüngere Marcel Schmelzer.

Für seine Geburtsurkunde kann Schmelzer nichts. So, dachte man sich in dem Moment, sieht eben die unschöne Seite der Jugend Maienblüte beim BVB aus. Ein alter, verdienter Recke muss Platz machen für den Nachwuchs. Kein Ränkespiel, einfach guter alter darwinistischer Selektionsprozess.

Das kränkt einen stolzen Südamerikaner, der übrigens seit 2007 auch einen deutschen Pass besitzt, natürlich immens, mag er noch so preußisch sozialisiert sein.

Er habe immer gehofft, seine Karriere beim BVB beenden zu können, sagte er. Manager Zorc brachte ihm die Nachricht übers Vertragsende bei. »Ich habe geweint. Auch Zorc stand das Wasser in den Augen«, sagte Dedê der BILD-Zeitung. »Nach unserem Gespräch bin ich ins leere Stadion gefahren und bin eine Stunde heulend über den Rasen spaziert. Die Enttäuschung musste raus.«[6]

Dedê hätte gern noch zwei, drei Jahre mitgemacht. Er bekam ja mit, dass der Verein wieder da war und die Mannschaft unter Klopp aufblühte. Aber Dedê durfte dabei nur zusehen: »Jahrelang haben wir hier nur Knochen genagt. Und jetzt, wo es wieder Steaks gibt, muss ich weg. Das tut weh.«

Es war Dedês Flanke, die sein Landsmann Ewerthon 2002 im letzten Spiel gegen Bremen über die Linie zum 2:1 drückte und damit die Meisterschaft sicherte. Bei seiner Verabschiedung heulte

Dedê Rotz und Wasser, die Familie nach 13 Jahren verlassen zu müssen. Die Südtribüne verneigte sich noch einmal im Moment seiner letzten Einwechselung mit Applaus und einem Chor aus 25.000 Stimmen.

Die 17, Dedês Rückennummer, wurde im darauffolgenden Jahr vom Verein nicht mehr vergeben.

12. GRUND

Weil Frank Mill ein Pfosten ist.

Die Erinnerung kann gnadenlos ungerecht sein. Aber wo soll man auch anfangen, wenn man die Vergangenheit für die Ewigkeit aufbereitet? Irgendwas muss ja hängen bleiben, und irgendwas zwangsläufig wegfallen. Bei Frank Mill war das, was unterm Strich hängen geblieben ist, derart göttlich anzuschauen, kein Wunder, dass der Rest meist unerwähnt bleibt. Vor seinem Wechsel zur Borussia hatte der Essener bereits 145 Tore in 273 Spielen für Rot-Weiß Essen und Mönchengladbach geschossen. Alles andere als ein unerfahrener Stürmer also.

Danach sah er auch null aus an jenem Nachmittag im Münchner Olympiastadion. Dortmund ist zum Saisonauftakt zu Gast bei den Bayern. Anfang August, das Wetter ist herrlich münchnerisch, die Sonne strahlt am blauen Himmel. Auf der Bayern-Bank hat Udo Lattek schon den dritten Hemdknopf aufgemacht. Die Reporter, die drum herum Platz genommen haben, trugen damals noch große Sonnenbrillen und breite Schnauzbärte. Wir schreiben die 80er-Jahre – 1986 genaugenommen.

Mill selbst sah zum Niederknien aus: Das Haar im Nacken modisch wellig, sein Trikot hing aus der Hose. Die wiederum war so kurz, dass das Trikot eher wie ein gelbes Sommerkleidchen wirkte, nur ganz knapp den Hintern bedeckend, dagegen die trainierten

Beine voll zur Schau stellend. Mill trug wie üblich keine Schienbeinschoner. An diesem Nachmittag absolviert er sein allererstes Spiel für Schwarz-Gelb.

Mieser Einstand, gleich in der ersten Minute trifft Roland Wohlfarth für die Bayern. Dortmund muss Druck machen, schnell den Anschluss schaffen, um nicht voll in München unterzugehen. Ein Fall für die BVB-Stürmer, klaro. Gute Gelegenheit für Mill, sofort das Preisschild »Fehleinkauf« abzuschütteln. Und was macht er? Er lässt den Instinkt spielen.

Bayerns Abwehr um Libero Augenthaler spekuliert auf Abseitsfalle beim Pass aus dem BVB-Mittelfeld. Mill pennt als Einziger nicht und jagt dem Ball hinterher, kein Gegenspieler in Sicht, nur der weit vorne stehende Torwart Jean-Marie Pfaff. Den umkurvt Mill mit einer einfachen Körpertäuschung deutlich vor dem Sechzehner. Mill hat alle Zeit der Welt, sieben, sechs, fünf Meter bis zur Torlinie. Er schaut auf das Tor, vielleicht noch drei Meter, er blickt auf den Ball, steigt mit dem Fuß über das Leder. Just in der Sekunde sieht er von hinten Pfaff anrauschen und schießt – gegen den Pfosten. Auf ein leeres Tor, aus drei Metern Entfernung. Der Ball springt raus, Bayerns Karl-Heinz Rummenigge vor die Füße, während Pfaff noch im Toraus pflügt. Mill, irgendwo zwischen augenblicklich verpufft und im Erdboden versunken, rauft sich die Haare und trottelt zurück zur Mittellinie. Tausendprozentige Chance. Der wohl berühmteste Pfostenschuss in der Bundesliga-Geschichte.

Was, bitte schön, war da denn los, *Frankie*? »Nach dem Steilpass stand ich alleine vor Pfaff, der weit aus seinem Tor gerannt war«, erzählte Mill in einem Interview Jahre später seine Sicht auf dieses kuriose Nicht-Tor. »Ich umspielte ihn, er lag am Boden. Ich hatte nur noch drei Meter bis zum leeren Tor. Es war mein erstes Spiel für Borussia, unsere Fans schrien den Ball schon über die Linie. Aber ich wollte kein einfaches Tor machen. Mir fiel Litti ein, ich wollte es machen wie er: ausholen, den Ball zwischen die Füße klemmen und nach einem Übersteiger elegant einschieben.«[7]

Und dann eben der panische Schuss, als Pfaff angerannt kam. Furchtbarer Moment für jeden Stürmer. Wenigstens leitete Mills Pass in der zweiten Halbzeit den 2:2-Endstand ein. Immerhin nicht verloren. Die ersten grauen Haare dürften ihm trotzdem über Nacht gewachsen sein.

Stürmer sind – offensichtlicher könnte es nicht sein – dazu da, Tore zu schießen. Nicht, um sie nicht zu schießen. Weshalb wir uns bei den großen der Zunft mindestens immer an das *eine* Tor erinnern können: Gerd Müllers Drehung im WM-Finale, Uwe Seelers Hinterkopftreffer, Maradonas Solo über den halben Platz, Bierhoffs *Golden Goal*, Grafites Hacken-Demütigung gegen die Bayern. Die Liste ließe sich beliebig verlängern. Dortmund kann sich stolz brüsten, einen nicht gerade unprofilierten Stürmer verpflichtet zu haben, dessen berühmtester Treffer eben – keiner war. Herzlich ungerecht und schön gemein, aber diesen Tor-Versuch wurde Mill nie los. Die Historie hat aus ihm den Pfosten gemacht. Daran erinnern sich und ihn alle, immer wieder. Dabei hat er doch so viel mehr als das erreicht auf dem Platz.

Was noch mal? Ganz ehrlich, keine Ahnung.

13. GRUND

Weil Dortmunds erfolgreichster Torschütze sogar das Zeug zum Football-Profi hatte.

Inzwischen blickt da keiner mehr durch. Ist der nicht längst in Rente? Steht der noch auf dem Feld? Falls ja: in welcher Sportart noch mal? Michael Jordan weiß selbst nicht mehr so ganz, was er gerade ist. Er war mal – und ist weiter – der beste Basketballer aller Zeiten. Egal, welchen merkwürdigen Karriereirrlichtern er auch folgen mag. Auf die Schnelle zusammengefasst: 1984 Wechsel vom College zu den Chicago Bulls. 1991–93 Gewinn der NBA-Meisterschaft. Oktober 1993 Rücktritt vom Basketballsport. Frühjahr 1994 Rückkehr ins Sportgeschäft als Baseballspieler. März 1995 Rückkehr in die NBA. 1996–98 wieder drei NBA-Titel in Folge mit den Bulls. Januar 1999 erneuter Rücktritt mit 35 Jahren. 2000 Manager der Washington Wizards. 2001 Rückkehr in die NBA als Spieler der Wizards. 2003 endgültiger Rücktritt als Profisportler. Seit 2006 Anteilseigner der Charlotte Bobcats. Februar 2013 Gerüchte zum 50. Geburtstag über Rückkehr als Spieler.

Was lässt sich daraus ablesen? Loslassen fällt verdammt schwer als Spitzensportler. Halb abgeschrieben, halb vergessen nach dem ersten Rücktritt, nie so ganz weg vom Fenster, sind sie innerlich immer noch getrieben, Großes zu leisten und Triumphe einzufahren. Nur, viel einfacher wird's im Alter nicht. Selbst als Air Jordan, das begnadete und gesegnete Ausnahmetalent. Vielleicht hat man im Leben einen, bei herausragendem Können eventuell zwei Versuche, den großen Preis abzusahnen. Kleiner Tipp noch, so scheint es sich aus Jordans Werdegang herauszukristallisieren: bloß nicht das Fach oder die Position wechseln! Einmal raus aus dem Geschäft, und die Sache ist so ziemlich gegessen. Wie soll es da einem Spieler gehobenen Durchschnitts erst ergehen mit der Karriere nach der Karriere? Ach, eigentlich ganz gut. Fragt man denn Manfred Burgsmüller.

Der ehemalige Fußballprofi hatte mit Dortmund den wohl besten Lauf in seiner Bundesliga-Karriere. Von 1976 bis 1983 schießt er für den BVB 135 Tore in 224 Spielen und ist seitdem erfolgreichster Schütze des Vereins in der Bundesliga, knapp vor Michael Zorc (131 Tore) und Lothar Emmerich (115 Tore). Einen Titel gewinnt er mit den Westfalen allerdings nie, landet am Saisonende meist im Tabellenmittelfeld. Eine anschließende Spielzeit in Nürnberg führt Burgsmüller 1984 in die 2. Liga zu Rot-Weiß Oberhausen. Burgsmüller ist 35 Jahre alt, an diesem Punkt ist seine Karriere so gut wie für beendet erklärt.

Und dann unvermittelt das große Jordan-Comeback! Dank eines weiteren Bundesliga-Charakterkopfs, der selbst gern noch einmal aus der sogenannten Versenkung dritte und vierte Frühlinge anzettelt: Otto Rehhagel kennt Burgsmüller noch aus seiner Zeit als Borussen-Trainer. Ihm imponiert offensichtlich, wie der alte Schützling mit 36 Treffern Torschützenkönig der 2. Liga wird. Er holt den als unbequem geltenden »Heckenschützen« (DER SPIEGEL) im Folgejahr an die Weser und somit zurück in die Bundesliga.

Wider alle Erwartungen hat Burgsmüller noch Waden stramm genug für 34 weitere Treffer im Trikot der Grün-Weißen. 1988 hat er nicht unerheblichen Anteil an der Bremer Meisterschaft durch seine Tore. Zum Abschluss der Saison 1989/90 tritt der in Essen geborene Stürmer dann doch zurück als Profifußballer. Seitdem steht er an vierter Stelle in der ewigen Torjäger-Bestenliste – 213 Tore in 447 Bundesligaspielen.

So, Absatz, Glückwunsch, Rente, Schluss, nächstes Kapitel. Nee, nee, nicht ganz. Nicht mit Manni Burgsmüller. Der hatte nämlich keine besondere Lust auf das Benefizfußball- und TV-Analysen-Dasein. Burgsmüller zog einen ganz anderen Pfeil aus seinem Köcher: Auf seine alten Tage versuchte er sich noch einmal – als American-Football-Spieler. Kein Witz, im Alter von 46 Jahren zieht Burgsmüller noch einmal Helm und Hodenschutz über für Düsseldorfs Rhein Fire. »Wenn die gegnerischen Jungs auf einen zulaufen, kommt man sich plötzlich so klein vor. Es wird dann ganz, ganz dunkel«, sagte er dem *Stern*. Mit dem Team gewinnt er zweimal den World Bowl, die Meisterschaft der inzwischen aufgelösten NFL Europa. Ein ähnlich unerwarteter später sportlicher Erfolg wie bei Jordan. 2002 stellt er zum Abschluss der Karriere einen persönlichen Rekord auf. Burgsmüller wird mit 52 Jahren in die Statistikbücher eingetragen als ältester aktiver Football-Profi. Aber genau wie bei Jordan ist Burgsmüllers anschließende Bilanz als Verantwortlicher und Geschäftsmann bis dato eher mittelprächtig verlaufen. Den Dortmunder SSV Hacheney in der Kreisklasse zu halten gelingt ihm als Manager nicht, trotz medialer Unterstützung für eine Doku-Soap namens *Helden der Kreisklasse*.

Was steht also unterm Strich? Manfred Burgsmüller, Dortmunds Rekordtorjäger, soll der Michael Jordan des deutschen Fußballs sein? Mitnichten! Nur eine weitere schöne Geschichte des Lebens, ganz wie uns Michael Ballack in ein paar Monaten hoffentlich überraschen wird.

14. GRUND

Weil man in Dortmund nur drei Spiele braucht, um nicht abzusteigen.

Als Faustformel halten etwa 35 bis 40 Punkte her. Keine Garantie für einen Nichtabstieg, aber schlecht dastehen sollte man damit in der Tabelle nicht – falls ein rettender 15. Platz einen überhaupt gut dastehen lassen kann. Aber das ist eine andere Geschichte.

Gehen wir mal von 39 Punkten aus, macht die Rechnung bisschen einfacher. Für 39 Punkte wären 13 Spiele notwendig. Die müssten alle gewonnen werden, um den scheinbar sicheren Klassenerhalt zu schaffen. Mit dem 14. Spiel könnte man den Betrieb einstellen, 39 Punkte reichten ja aus, die Liga zu halten. Der Rest: Niederlagen, Unentschieden, piepegal. *13 Spiele, 39 Punkte, alles bene, macht ihr mal, wir bleiben drin.*

Ein durchaus bemerkenswertes Modell, dessen Zauber im relativ hohen Theorieanteil steckt. Warum auch nicht. Wie wetterfest es sich in der Praxis erweist, muss von Fall zu Fall entschieden werden.

So war es für die Borussia beispielsweise kein Problem, in der Saison 1985/86 locker unter den theoretisch notwendigen 13 Spielen zu bleiben, um den Klassenerhalt zu schaffen.

Der BVB brauchte nämlich nur drei Spiele. Und das kam so: Anfang der 80er-Jahre hatte sich Dortmund nach dem Wiederaufstieg in die Bundesliga 1976 im oberen Drittel der Tabelle etabliert. Bis Präsident Reinhard Rauball sein Amt 1982 niederlegte. Was in den kommenden Jahren folgte, bedarf einer Einführungsschulung ins Fach »Seriöse Vereinspolitik I – Zu vermeidende Fehler«, die wir uns sparen. Hier nur ein paar Signalwörter aus der verkorksten Zeit: Trainer, Entlassungen, Schatzmeister, Verbindlichkeiten, mehr Entlassungen, Vorstandquerelen, Amtsgericht, Notpräsidium, Sitzstreik, Polizeischutz, drohender Lizenzentzug.

Die Saison 1984/85 ging für den BVB auf Platz 14 zu Ende, nur einen Punkt von einem Abstiegsplatz entfernt. Sanierer Rauball war inzwischen zurück als Präsident, das Saisonziel vom Notvorstand dennoch schlicht als das vielsagende Wort »Klassenerhalt« ausgegeben. Wer die Ansprüche so weit herunterdrückt, ist sich seiner bescheidenen Mittel bewusst. Entsprechend rumpelte die Elf von Trainer Pál Csernai durch die Saison. Nach sieben Spielen kein Sieg, dafür eine 1:6-Ohrfeige in Bochum. Packungen gab es *en masse* (in Bremen ein 2:4, noch ein 1:6 auf Schalke, ein 0:3 zu Hause gegen die Bayern, ein 0:4 in Stuttgart), Lichtblicke kaum (ein 1:0 in München, ein 5:1 gegen den FC Köln). Den 13. Spieltag überdauerte das Team auf Platz 18.

Zwei Spieltage vor Saisonende, nach der Niederlage in Stuttgart, wurde Csernai entlassen, Co-Trainer Reinhard Saftig übernahm die Mannschaft. Deprimierendes Schlussbild für die finanziell gebeutelten, spielerisch beschränkten Dortmunder: der letzte Spieltag in Hannover, vor sage und schreibe 4.000 Zuschauern. 96 stand als Absteiger fest, Dortmund, ein Team ohne jede Strahlkraft.

Die Westfalen verpassten den 15. Platz knapp, Eintracht Frankfurt hatte das um zwei Treffer bessere Torverhältnis. Meint: Relegation gegen Fortuna Köln. Und wie das oft so ist, der hungrige Wolf trifft auf das angeschossene Reh – Köln gewann 2:0 am Rhein. Was Dortmund in die unkomfortable Situation brachte, zu Hause, an jenem 17. Mai 1986, eine ziemliche Show abziehen zu müssen, um die Klasse zu halten.

Aber genau dafür ist der Fußball ja da. Ein brütend heißer Tag, dieser Mai-Tag in Dortmund. Kein Fußballwetter, dafür ist es viel zu drücken. In Freibadlaune im Westfalenstadion stehen und Angst ausschwitzen – na dann bitte, Drama, entfalte dich: 14. Minute, Bernd Grabosch trifft für Fortuna, 0:1. Jetzt muss Dortmund schon drei Tore schießen, um irgendetwas zu reißen. Fortuna cool, lässt den Ball kreisen, Schwarz-Gelb hechelt hinterher. Nach der Pause ein umstrittener Elfmeter, Zorc verwandelt. Und dann fängt so langsam das große Runterzählen an – noch 30 Minuten, noch 25 Minuten –, das selbst nicht aufhört, als Răducanu in der 68. Minute das 2:1 macht. Irgendwann zählt niemand mehr. Weil Schluss ist, so gut wie, es handelt sich um Sekunden.

Doch Dortmund kommt noch einmal an den Ball, Bernd Storck von rechts flankt, Zorc verlängert auf Simmes, der auf Anderbrügge, nun schieß schon!, Anderbrügge zieht ab, der Ball landet am kurzen Pfosten, Fortuna-Torwart Jarecki geht runter – und wehrt den Ball ab. Aber er hält ihn nicht fest. Stattdessen fällt das Leder Jürgen Wegmann, der selbst ernannten Kobra, vor die Füße, einen halben Meter vor der Torlinie. Mit dem linken Fuß drückt er unförmig den Ball Richtung Kreidestrich, der spaziert mit gezogenem Hut hinüber. 3:1! Abpfiff! Dortmund – Köln 3:3 nach zwei Spielen, eine Auswärtstor-Regel gibt es nicht, der BVB rettet sich ins entscheidende Spiel auf neutralem Boden.

Und überrennt Köln am 30. Mai in Düsseldorf mit 8:0. Dem Aufschiebungsgesuch der grippegeschwächten Fortuna war niemand nachgekommen. Und sieht man es mal von außen betrachtet, fällt es so aus: Grippe im Mai? Selbst schuld, meine Herren. Dortmund bot erstklassiges Drama und blieb dafür erstklassig.

Das waren die drei Spiele, die der BVB brauchte, um nicht abzusteigen. Kinderspiel, auch rein rechnerisch.

15. GRUND

Weil Norbert Dickel im Knieumdrehen das Pokalfinale gewonnen hat.

Es gibt da dieses kurze Lied von Tocotronic. »Ich hab 23 Jahre mit mir verbracht«, heißt es in dem gleichnamigen Stück, »und in 23 Jahren hab ich nie über mich gelacht / manchmal frag ich mich, wie hab ich das gemacht«. Das melancholische Lied, das so gemächlich beginnt, mündet am Ende seiner knapp zwei Minuten Laufzeit in verzehrtem Gitarrenrausch und – für jeden Borussen-Fan älteren Jahrgangs – in der Erkenntnis, dass 23 Jahre tatsächlich eine sehr, sehr lange Periode großer Freudlosigkeit sein können.

In Dortmunder Augen beginnt diese Zeitspanne mit dem gewonnenen Europapokal der Pokalsieger 1966. Großer Sieg der Emmerich-Elf, ein internationaler Titel für Dortmund, das »Wunder von Glasgow«. Hätte Jahre so weitergehen können. Ging nicht, ging bergab. Wenn es dann gern etwas lakonisch heißt, *es kam eine lange Dürre*, ist leider selten Gisele Bündchen gemeint.

Ende der 60er-, Anfang der 70er-Jahre brach die Mannschaft auseinander, 1972 der Abstieg in die Regionalliga, für die Fanseele vier unerträgliche Jahre in der Unterklasse, die Zickzackspielzeiten in den Achtzigern mit dem Fastabstieg 1986. 23 Jahre viel Schutt, viel Asche, die echte Anhänger selbstverständlich mitmachen und aushalten. Aber eine Freude waren diese Jahre nicht als Borusse.

Bis sich die Achtziger langsam ihrem Ende näherten. Und es für den BVB endlich wieder um etwas ging: Saisonfinale 1988/89, Endspiel um den DFB-Pokal, Borussia Dortmund gegen Werder Bremen. Der Weg nach Berlin war nicht gerade steinig gewesen. In der 1. Runde wurde Eintracht Braunschweig 6:0 verarztet, dann der FC Homburg 2:1, im Achtelfinale gab es ein kämpferisches 3:2 gegen Schalke, im Anschluss reichte ein 1:0-Sieg über Karlsruhe, um gegen starke Stuttgarter (2:0) ins Finale einzuziehen. Bei vier der fünf Partien hatte Dortmund Losglück und durfte zu Hause antreten. In Berlin wartete am 26. Juni der Vorjahresmeister Werder Bremen, die 1988/89 knapp hinter Köln auf dem 3. Platz gelandet waren.

Natürlich nützt dem Gegner keinerlei Favoritenstatus auf dem Papier gegen ein Team, in dem Norbert Dickel aufläuft. Dickel, schon seit Monaten an einer Knieverletzung werkelnd, ließ sich sechs Wochen vor dem Endspiel noch fix operieren, nachdem sich das lädierte Knie im Halbfinale gegen Stuttgart zurückgemeldet hatte. Hieß auch: sechs Wochen kein Mannschaftstraining. Mit einem Platz in der Startaufstellung für Dickel hatte an diesem Tag niemand gerechnet.

Vielleicht konnte man nicht mit Dickel rechnen – aber auf ihn zählen. Irgendwie hatte man ihn fit genug bekommen, spielen zu lassen. Der Sage nach bekam er von BVB-Zeugwart Wiegandt seine alten, zerschlissenen Stollenschuhe aufpoliert, in denen er über die Saison hinweg Tor um Tor geschossen hatte. Nur geht Bremen bereits nach 14 Minuten durch Karl-Heinz Riedle, der erst vier Jahre später aus Rom zum BVB wechselte, mit 1:0 in Führung.

Ein gutes Pils später, in der 21. Minute, beginnt die Dickel-Show, in denkbar einfachster Manier, weil Fußball total unkompliziert sein kann: Frank Mill schnappt sich auf der Mittellinie den Ball, dribbelt einen Bremer aus, noch einen, läuft links die Linie runter – und passt vor der zurückeilenden Werder-Abwehr den Ball scharf in den Strafraum. Von hinten kommt Hinkeknie Dickel angerauscht und hält quasi nur noch den Fuß hin, um den Ball an Reck ins Tor zu donnern. Der befreiende Ausgleich vor der Pause. Im Olympiastadion feiern 40.000 mitgereiste Borussen.

Allerdings hat der BVB auch mehrfach Glück: Teddy de Beer rettet in der 43. Bratseths Hünenkopfball auf der Linie, Mill klärt nach dem Seitenwechsel als letzter Mann. Wenn Mill nicht grad als Libero aushalf, machte er Alarm im Bremer Strafraum. In der 58. Minute verwandelte er Zorcs hohe Hereingabe per Kopf zum 2:1. Aber brüchige Führung, Werder hat weiter Chancen, lässt sich nicht beirren. Wichtig jetzt: das dritte Tor, die Befreiung. Wer ist zur Stelle? Na, der Dickelexpress auf dem Wackelknie. Wieder Angriff über Mill, diesmal von rechts. Seinen Schuss ins lange Eck pariert Reck mit schneller Fußabwehr, der Ball springt hoch ab, landet wieder bei Mill, der diesmal die Seite wechselt, indem er auf Dickel, am linken Rand des Sechzehners wartend, passt. Der nimmt den Ball per Volley, er kommt flach herein, trumpft im Fünfer kurz auf und zieht sich ansonsten wie an einer Schnur entlang ins lange Eck bei Reck. 3:1! Keine zwei Minuten später der nächste Konter, Thomas Helmer auf den kurz zuvor eingewechselten Michael Lusch, der abzieht und zum 4:1-Endstand trifft.

Gleich danach lässt Dickel sich auswechseln, es geht nicht mehr. Er geht nicht mehr. Sein Knie geht nicht mehr.

Norbert Dickel. Sechs Wochen nach einer OP ohne Training mit zwei Toren fast im Alleingang das Pokalfinale gewonnen – mehr geht nicht.

16. GRUND

Weil das Management im Verein die Michaels machen, nur bitte niemals der Preetz.

Die irre Vorstellung, beim BVB müsse tatsächlich eine »Michael«-Erbfolge eingehalten werden, sollte Michael Zorc einmal in Rente gehen, wer würde ihn beerben? Michael Ammer? Michael Preetz? Einstweilen kein Grund zur Sorge, bleibt alles gleich. Zorc hat einen ziemlich guten Run und einen Langzeitvertrag. Obwohl bei den Verpflichtungen, die über seinen Schreibtisch gingen, nicht nur Hummels und Kagawas dabei waren. Auch ein paar echte Stinker (Valdez? Rangelov? Amoah?). Womöglich das große Glück des Zorc: Der Mann, unter dem er angelernt wurde, hinterließ von vornherein kaum Kapital, um überhaupt teure Fehleinkäufe tätigen zu können.

Michael Meier hatte natürlich ganz recht, als er zum Abschied sagte, er habe »ein bestelltes Feld hinterlassen«. Das hatte er, in der Tat. Weil das Leben, wie viele Bücher ebenso, zu kurz für unnötige Details ist, sparte er sich die eher unwesentliche Randnotiz, dass er das Feld mit Kraut und Rüben bestellt hatte. Zwei Kostbarkeiten, an denen der Verein noch ein paar Jahre knuspern durfte.

Als Michael Meier im Sommer 2005 sein Amt als Geschäftsführer des börsennotierten Unternehmens und als Manager des Vereins niederlegen musste, soll er zwar traurig gewesen sein, nach mehr als 15 Jahren beim BVB gehen zu müssen, dennoch zufrieden mit dem Abgang: Schließlich spiele die Borussia noch in der ersten Liga, hätte die Lizenzauflagen erfüllt und sei dem Konkurs entgangen, erzählte er in Interviews.

Hoppla. So erfrischend wenig Ambition war man von dem Mann, der Dortmund mit Kumpan Gerd Niebaum drei Meisterschaften, die Champions League und den Weltpokal beschert hat, gar nicht gewohnt. Meier hätte gern weitergemacht beim BVB. Den Sanierungsfall (den er wohl nicht so genannt hätte) auf dem Weg zur alten Stärke betreuen, große Siege feiern, neue Trophäen in der Vitrine stellen.

Ja, ja. Hätte, hätte, Fahrradkette.

Dortmund hatte sich in der Ära Niebaum/Meier nach Jahren der Mittelmäßigkeit und vereinzelten Achtungserfolge als Ausflugsziel ausgerechnet die Gipfelspitze ausgesucht. So weit, so ehrgeizig. Statt in Ruhe loszustiefeln, hier und da ein Basislager zur Erholung aufzuschlagen, nahm man lieber eine Abkürzung – und fuhr mit der teuren Seilbahn direkt nach oben. Um dort angekommen festzustellen, dass da die Luft doch ganz schön dünn ist, ein Wasser seine vier fuffzig kostet, nicht besser als anderswo schmeckt und man den Brustbeutel mit dem Taschengeld dummerweise unten in der Talstation im Bus vergessen hatte. Weil die Aussicht aber so schön war und der Himmel so blau, wollte man nicht wieder absteigen, sondern oben bleiben. Auf der Alm, da gibt's koa Sünd', versprach der Volksmund den Leitern der Höhenexpedition. Also borgte man sich ein bisschen Geld für Lagerzehrung, gründete einen Fernrohr-Verleih (die »Gute Aussichten«-AG), damit man von oben runterschauen konnte. Das warf eingangs genug Moos ab, was aber schnell aufgebraucht war. Irgendwann verkaufte man stückweise das Rückfahrtticket, auf dem jemand das Wort »Westfalenstadion« geschrieben hatte. Ein paar tolle Jahre vergingen, alle waren der Meinung, ihnen täte die Höhenluft sehr gut, inzwischen war man sogar auf einen anderen Gipfel umgezogen. An dessen Fuß brachte jemand ein Schild mit einem Pfeil Richtung Spitze an: »Schuldenberg, hier entlang, 100 Kilometer«.

So in etwa geht die Sendung-mit-der-Maus-Version vom Gipfelsturm mit der alternden Truppe unter Aufsicht von Niebaum und Meier. In der Realität standen mehr als einhundert Millionen Verbindlichkeiten im Buche, wie sich nach und nach herausstellte. Die Fans protestierten, Niebaum war bereits als Präsident zurückgetreten, Meier folglich kaum mehr zu halten: Kein neuer Vertrag, Rücktritt zum 30. Juni 2005. »Das muss ich respektieren, auch wenn es wehtut«, erklärte der ehemalige Klosterschüler, der einst von Bayer Leverkusen zum BVB gekommen war.

»Diese Entscheidung hat der BVB-Präsidialausschuss einstimmig gefällt. Sie war im Sinne eines kompletten Neuanfangs unumgänglich«, sagte der neue alte BVB-Präsident Reinhard Rauball, nach 1979 und 1984 nun zum dritten Mal Braveheart-Figur der taumelnden Borussia. Meiers Demission war ein Startsignal, der endgültige Bruch mit der Pumpmentalität, ein sauberer Schnitt für den Neuanfang.

Die Strategen erarbeiteten ein strammes Sanierungskonzept für die kommenden Jahre, Rauball ersetzte bekannterweise Niebaum, auf der unternehmerischen Seite übernahm Hans-Joachim Watzke Meiers Geschäfte, um die Manager-Belange kümmerte sich Michael Zorc als Sportdirektor.

Und Schmalhans wurde zum Küchenmeister ernannt.

2. KAPITEL

ROTE ERDE, GELBE WAND: DAS STADION UND DIE FANS

17. GRUND

Weil die Stimmung im Westfalenstadion einmalig, sagenumwoben, ja geradezu magisch ist.

Die Zeiten, in denen man Spieler mit Geld nach Dortmund lockte und locken konnte, liegen freundlicherweise in der Vergangenheit. Personalkosten waren ja kein unerheblicher Faktor in den angehäuften Schulden der Ära Niebaum.

Machen wir uns jedoch nichts vor, selbstredend unterschreibt kein ernsthafter Profi bei irgendeinem Verein allein des gepflegten Rasens wegen, die verdienen alle gutes Geld in harter Währung. Und die wenigsten Spieler verhandeln bei ihrer Vertragsverlängerung eine geringere Besoldung aus.

Auf der einen Seite also die monetären Vorzüge. Auf der anderen die immer so wichtige Perspektive: Wohin geht die Reise, wie ist der Plan, gibt's ein Konzept? Da kennt sich der BVB, die Not zur Tugend machend, sehr gut aus. Junge Spieler ausbilden, keine teuren Luxuskarossen verpflichten, die schnitzt sich Jürgen Klopp einfach höchstselbst – hier poliert der Chef die Rohdiamanten noch eigenhändig; siehe Götze, Gündoğan, Kagawa. Das Anforderungsprofil ist komplett machbar: Fußball spielen, Gas, Gas, Gas, Tore, Power, Leidenschaft, Hurra-Ergebnisse, olé, super BVB.

Einverstanden, das gibt es woanders auch in der Stellenausschreibung geboten, noch lange kein Grund, zum BVB zu gehen oder dort zu bleiben. Genau deshalb hat die Borussia noch ein weiteres Pfund zum Wuchern. Ein Grund, der immer ein bisschen viel nach Folklore mieft: die Atmosphäre im Stadion.

Die Stimmung am Arbeitsplatz, klar, superwichtig heutzutage, besonders bei den jungen Mitarbeitern, die ins Berufsleben starten. Satte 72 Prozent der Arbeitnehmer in Deutschland knüpfen die Zufriedenheit mit dem Beruf an das Betriebsklima, sagt ganz offiziell eine Studie der Bertelsmann Stiftung. Will sagen: Wo die Stimmung mies ist, macht die Maloche keinen Bock. Da gibt es keinen Grund, die Nachwuchskicker dieser Republik aus der Studie auszunehmen, die wollen genauso morgens mit gutem Gefühl im Sportwagen zur Arbeit fahren. Nur elf Plätze sind zu vergeben, harter Konkurrenzkampf, da sollte das Ambiente stimmen.

Glücklicherweise kommen die besten Anhänger aus Dortmund. Ihr Zuhause ist die Südtribüne. Die gelbe Wand wird sie genannt. Atmosphärischer Juggernaut träfe es besser. 25.000 Borussenfanatiker stehen dort und tun das, wofür sie Eintritt bezahlen: zwölfter Mann sein.

Große, originelle Choreografien bekommen sie überall hin. Was den Unterschied ausmacht, manche sagen sogar, Spiele entscheiden kann, ist dieses Donnergrollen, das in den besten Südtribünen-Momenten wie aus einer finsteren Kehle kommt, so laut und übermächtig, dass man als Gegner ehrfürchtig wird, und so aufgeladen und mitreißerisch, dass die Schwarz-Gelben über sich hinauswachsen. Wie im Viertelfinalrückspiel gegen Málaga. Dortmund, längst aus der Champions League ausgeschieden, liegt in der 91. Minute 1:2 hinten. Jetzt noch zwei Tore – keiner glaubt dran, die Südtribüne aber dröhnt weiter. Zufall, Vorbestimmung, Glück, Wille, man weiß nicht, was es ist, wie man es nennen soll: Innerhalb von 69 Sekunden drehen Reus und Santana das Spiel. 3:2, 94. Minute, Abpfiff, der BVB ist weiter. Nein, der BVB ist aus dem Häuschen. Unfassbare Szene, als ob der Pokal da und dann gewonnen worden wäre. Dortmund, die Südtribüne, das ganze Stadion walzt sich ins Halbfinale.

Waren es die Spieler, war es die Wand? Geht das eine ohne das andere?

Wer nicht ganz sicher ist, welche Anziehungskraft und Sogwirkung für die Spieler der Rückhalt der verschworenen Borussenfans hat, der braucht sich nur an die Rückkehr von Nuri Şahin im Januar 2013 nach seinem Madrid-Wechsel zu erinnern. Das euphorische Stadion zitterte wie ein vor Glück geschüttelter Riese, als der verlorene Sohn, der nur in Dortmund zu 100 Prozent funktioniere, wie er bei der Heimkehr sagte, an der Außenlinie stand, bereit für sein erstes Spiel im BVB-Trikot nach anderthalb Jahren. Gesänge und Sprechchöre in der Stärke einer Kleinstadt – das vergisst man als Spieler nicht. Auch nicht bei der nächsten Vertragsverlängerung. »Ich hatte Gänsehaut. Es war nicht selbstverständlich, wie ich heute empfangen wurde«, sagte Şahin über sein Comeback. »Dafür will ich mich bei diesen im positiven Sinne ›kranken‹ Fans bedanken. Das gibt es, glaube ich, nirgendwo auf der Welt.«

Na selbstverständlich streicheln Spieler die eigenen Fans mit Nettigkeiten, mag man jetzt entgegenbringen. Akzeptiert. Wäre jedoch vorschnell, weil selbst eine ausgewiesene Fachpostille, hört hört!, dem Dortmunder Stadion Einmaligkeit bescheinigt: *The Times* aus London, eine der ältesten Zeitungen der Welt, hat vor ein paar Jahren den Signal Iduna Park zum besten Fußballstadion gewählt. Es dürfte allerorts bekannt sein, wie kritisch sich die Briten mit dem deutschen Fritz und seinen Fußballkünsten auseinandersetzen. Kein Lob von ungefähr, getrost darf man sich diese Feder an den Hut stecken.

Die Begründung, warum der BVB das Stadion der Stadien hat, besser als das sogenannte *theatre of dreams* in Manchester, besser als das altehrwürdige Guiseppe Meazza in Mailand, besser als der Hexenkessel Weserstadion in Bremen, schlichtweg und ganz simpel das beste Stadion überhaupt, mündet in einen verbalen Kniefall: »Dortmunds Stadion ist ein Klassiker. Zwei gewaltige Ränge, die die Geräusche mit einer ohrenbetäubenden Intensität auf den Rasen zurückwerfen. Dieser Platz wurde einzig und allein für den Fußball und für die Fans erbaut.« Das tut gut und wärmt die Borussen-Seele selbst in bitteren Zeiten.

Dabei war das nicht mal alles. Noch mehr Butter auf die Scholle gefällig? Bitte schön: »Jedes europäische Endspiel sollte in Dortmund ausgetragen werden. Die beste Atmosphäre auf dem Kontinent.«

Thank you, London Times, how very kind!

Das Besondere an der Südtribüne wird man vielleicht nie ganz verstanden haben, wenn man nicht einmal auf ihr stand beim Heimspiel. Es ist, wie Ludwig Borchardt 1912 in sein Tagebuch schrieb, als er in Ägypten die Büste der Nofretete entdeckte: »Beschreiben nützt nichts – ansehen!«

18. GRUND

Weil allein die Südtribüne größer ist als das gesamte Stadion des SC Freiburg, der BVB aber weiß, dass im Breisgau echtes Format steckt.

Vierhundertvierundfünfzig. Keine große Zahl, eine Prahlzahl vielmehr. Schon gut, schon gut, das Dortmunder Stadion ist viel größer als das Freiburger. Kannste dir 'n Ei drauf pellen, hätte man früher gesagt. Nützt nichts, stimmt. Hier also schlichterweise die Fakten: Die Kapazität des Signal Iduna Parks in Dortmund beträgt an Bundesliga-Spieltagen exakt 80.645 Plätze. Das Freiburger MAGE SOLAR Stadion hat Platz für 24.000 Gäste. Nun also zur 454: Die Südtribüne des Dortmunder Stadions fasst 24.454 Fans. Demnach größer als das gesamte Stadion des SC Freiburg, um eben 454 Plätze.

Genug! Zeit, abzusteigen und das hohe Ross am Flutlichtpfeiler anzubinden. Freiburg, das sind die Guten. Das dürfte dem gemeinen Borussen-Fan einleuchten. Da wäre zum einen Jörg Heinrich. Der gebürtige Brandenburger wechselte in der Winterpause 1995/96 nach anderthalb Jahren vom SC Freiburg zum BVB. Zuvor hatte er vier Jahre für Kickers Emden die Stollenschuhe geschnürt. Heinrich, solider Profi, beidfüßig einsetzbar, sorgte zweimal in seiner Karriere für Schlagzeilen: Insgesamt fünfeinhalb Jahre lief er im Dress des BVB auf, unterbrochen von zwei Spielzeiten für den

AC Florenz. Der Wechsel nach Italien im Sommer 1998 spülte eine bis dato im deutschen Fußball nie gesehene Summe auf das Borussen-Konto. Florenz überwies knapp 25 Millionen DM an den BVB. Heute, etwa 12,6 Millionen Euro, ein geradezu lachhafter Betrag, seinerzeit der teuerste Export in der Bundesliga-Geschichte. Als Heinrich im Sommer 2002 wieder für die Borussia spielte, machte er abermals von sich reden, indem er freiwillig auf die Teilnahme an der WM in Japan und Südkorea verzichtete. Obwohl Teamchef Rudi Völler den damals 32 Jahre alten Mittelfeldspieler nominiert hatte, lehnte Heinrich mit der Begründung ab, er sei nicht fit genug. »Ich muss nach den Vorbereitungsspielen selbstkritisch eingestehen«, erklärte der WM-Teilnehmer von 1998, »dass ich in meiner derzeitigen körperlichen Verfassung keine Hilfe für unsere Nationalmannschaft sein kann.«

Wahre Größe spuckt auch mal kleine Töne.

Mit von der Partie in Asien war dagegen ein anderer Spieler, der vom SC Freiburg zur Borussia gewechselt war: Sebastian Kehl. Seinem Weggang aus dem Breisgau ging eine Kontroverse voraus. Angeblich hatte Kehl bereits per Handschlag eine Vereinbarung mit dem FC Bayern getroffen und ein Handgeld von damals 1,5 Millionen Mark eingestrichen, bevor er den Vertrag auflöste und sich für den BVB entschied. Am Ende eines Schlichtungsgesprächs der Deutschen Fußball Liga (DFL) zwischen den Münchnern und den Dortmundern musste sich der damals 21 Jahre alte Kehl öffentlich entschuldigen für sein Vorgehen. Weil man sich bekanntlich immer zweimal sieht und das Schicksal oft seltsame Blüten treibt, verletzte sich Kehl am Saisonauftakt 2006 ausgerechnet beim Spiel gegen die Münchner Bayern nach einem Foul so schwer, dass er erst Monate später wieder für den BVB auflaufen konnte. Danach plagten Kehl immer öfter diverse Verletzungen. Der Verein hielt trotzdem an dem Spieler fest, Trainer Jürgen Klopp ernannte Kehl in der Saison 2008/09 sogar zum Mannschaftskapitän. Im Kader des BVB ist der Mittelfeldspieler heute einer der ältesten Profis.

Kleines Stadion hin, großes Stadion her – zwei bedingungslose Dortmunder Leistungsträger, die der BVB dem SC Freiburg zu verdanken hat.

19. GRUND

Weil der Signal Iduna Park (dieser Name, herrjemine) das viertgrößte Vereinsstadion in Europa ist.

Was das Schmuckkästchen der Frau, ist dem Manne das Stadion. Nett und hübsch anzuschauen von außen, ja, aber am Ende zählt nur der Inhalt wirklich. Oder anders herum: Was nützt der röteste Ferrari, wenn der Motor nicht brummt? Ob nun die Allianz Arena in der Abenddämmerung blau-weiß oder rot-weiß oder wieauchimmerfarben leuchtet – das hat alles keinen Nutzen, wenn der letzte Elfmeter am Pfosten landet.

Stadien sind in diesem Sinne Zweckbauten. Geplant und errichtet, um den Zuschauern eine (im günstigsten Falle überdachte) Anlaufstelle zu bieten. Die Fans wiederum sollen für Stimmung und Karten- sowie Bratwurst-Umsatz sorgen. Stadien sind gleichzeitig auch Abschreckungs- und Einschüchterungsmaßnahmen: Hört ihr das?, das Klappern, das Raunen – diese Festung müsst ihr erst mal einnehmen.

Wechselwirkend verhalten sich normalerweise Stimmung im Stadion und Leistung auf dem Platz: Stehen die Fans nicht hinter ihrer Mannschaft, sportt sie niemand zu Höchstleistungen an; läuft es nicht rund auf dem Rasen, macht kein Fan Anstalten, Jubelstimmung aufkommen zu lassen.

Dass immer irgendjemand klatscht, auch wenn man mal 3:1 zur Halbzeit zurückliegt, davon kann man in Zeiten von lautlosen Fanprotesten (»12:12 – Ohne Stimme keine Stimmung«) wie in der Saison 2012/13 nicht mehr ausgehen. Je größer der »Tempel«, »Fußball-Scala« oder »Hexenkessel«, umso größer jedoch die Chance, den Gegner mit imposanter Atmosphäre kleinzuhalten.

Dortmunds Stadion, das ehemalige Westfalenstadion, der jetzige Signal Iduna Park, ist international gesehen kein Puppenhäuschen. In der Tat ist das größte Bundesliga-Stadion das viertgrößte Vereinsstadion in Europa mit 80.645 Plätzen. Nur das Moskauer Olympiastadion, Heimat u. a. von Spartak Moskau, ist größer (80.864 Plätze), sowie die beiden Stadien der spanischen Übervereine Real Madrid (Santiago Bernabéu, 85.454 Plätze) und FC Barcelona (Camp Nou, 99.354 Plätze).

In Ordnung, das stimmt so nicht gaaanz. Streng genommen beträgt die Kapazität des Signal Iduna Parks im europäischen Vergleich nicht 80.645, sondern nur 65.829 Plätze, da die UEFA bei internationalen Partien keine Stehplätze zulässt. Trotzdem groß.

Allerdings: Die Südtribüne, Dortmunds gelbe Wand, die ist einmalig, da kommt kein Stadion ran. Weder von der Kapazität, da ist sie nämlich die größte Stehplatztribüne in Europa. Noch stimmungstechnisch – der *Westfalenroar* der 25.000, das ist der Sound, der Lust auf mehr macht.

20. GRUND

Weil die Kumpel einst mit schwarzem Hals und gelben Zähnen auf der Südtribüne standen.

Bekannterweise befindet sich die Wiege der modernen Variante des Fußballsports in England. Die Inselaffen rannten anfangs noch sichtlich entfesselt dem Ball hinterher, bevor sich die Football Association Mitte des 19. Jahrhunderts daranmachte, ein allgemeingültiges Regelwerk aufzusetzen. Ursprünglich war der Sport eine bürgerliche Freizeitbeschäftigung. Die Gründe dafür sind historisch begründet – im deutschen Kaiserreich blieb der Arbeiterschicht im Gegensatz zur gehobenen Klasse des Bürgertums kaum Zeit, sich abseits der Maloche mit Dingen wie Sport zu beschäftigen. Zudem konnten es sich die wenigsten Arbeiter leisten, ein Trikot und Fußballschuhe zu kaufen. Turnen war das gängige Mittel zur körperlichen Ertüchtigung, Fußball blieb für lange Zeit Elitesport. Erst mit der aufstrebenden Arbeiterbewegung fingen die unteren Schichten an, sich um die Jahrhundertwende im größeren Stil in Mannschaften und Vereinen zu organisieren; nach dem Ersten Weltkrieg hatte der Fußball die Massen erreicht.

Runtergebrochen aufs Ruhrgebiet sah die Geschichte des Fußballs zur Zeit der Industrialisierung nicht viel anders aus als im Rest der Republik: Im rasch wachsenden Milieu rund um die Zechen und Hochöfen stieß der Fußball erst mit der organisierten Arbeiterbewegung und der verstärkten Integration der polnischen und ostpreußischen Einwanderer auf größeres Interesse. Doch dauerte es bis Ende des Zweiten Weltkrieges, bevor Fußball in seiner Popularität die Region erfasst hatte und die Kumpel massenweise in die Stadien strömten, um ihren örtlichen Verein anzufeuern.

Die Gründung des BV Borussia 09 e. V. Dortmund selbst geht auf die Integration polnischer Immigranten zurück, die zum größten Teil im Bergbau beschäftigt waren. Für viele der zumeist aus katholischen Regionen stammenden Arbeiter rund um den Borsigplatz wurde die Dreifaltigkeitsgemeinde zentraler Anlaufpunkt, der ihnen die Integration fernab ihrer ursprünglichen Heimat einfacher machen sollte. Die Gemeinde organisierte Vereine und das soziale Leben. Da der Fußballsport aufgrund seiner angeblichen rohen Art beim kirchlichen Gemeindevorsitz der Jugendabteilung wenig Anklang fand, spalteten sich 18 enthusiastische Sportler von der Dreifaltigkeitsgemeinde ab und gründeten am 19. Dezember 1909 den neuen Verein in einem Nebenraum der Kneipe »Zum Wildschütz«. Heinrich Unger wurde zum ersten Vorsitzenden gewählt. Obwohl der BVB zu den proletarischen Klubs aus der Region zählte, kamen die meisten Gründungsmitglieder nicht aus der unmittelbaren einfachen Arbeiterschicht, wie Dietrich Schulze-Marmeling und Werner Steffen in ihrem Dortmund-Buch über die Anfänge des Vereins schreiben: »Allerdings bedingte der Standort des BVB zwangsläufig seine Entwicklung zu einem Klub, dessen Aktive und Anhänger in ihrer Mehrzahl Arbeiter waren.«

Die lange Tradition als Verein der Kumpel, auf die die Borussia zurückblickt, wird gern als Anhängerschaft mit schwarzem Hals und gelben Zähnen verspottet. Das Dortmunder Ruhrpottproletariat. Keine allzu glamouröse Tradition. Aber wer will das schon, Glamour im Stadion. Die Tradition ist gewachsen und identitätsstiftend, weshalb echte Fans im Stadion stehen. Kann dem BVB für die Stimmung nur recht sein.

21. GRUND

Weil kein Verein mehr Dauerkarten verkauft.

Der Dortmunder Signal Iduna Park ist Deutschlands größtes Stadion mit aktuell 80.645 Plätzen. In der Saison 2010/11 waren es sogar 80.720 Plätze. Aufgrund von Sichtbeeinträchtigungen wurde die Zahl auf die jetzige Kapazität verringert. Hätte das Stadion noch mehr Plätze, es würde nicht schaden.

Der erste Sportplatz, auf dem der BVB seine Spiele austrug, lag nahe der Gründungsstätte am Borsigplatz. Die Weiße Wiese musste in den Vorkriegsjahren der Industrieproduktion weichen, sodass die Borussia 1937 in die Kampfbahn Rote Erde an der Strobelallee umsiedelte, bevor dort 1971 das Westfalenstadion, der später umgetaufte Signal Iduna Park, gebaut wurde. Beim Eröffnungsspiel im April 1974 war im Stadion Platz für genau 54.000 Gäste.

Diese Zahl, 54.000 Karten, entspricht fast der aktuellen Zahl an verkauften Dauerkarten. Genau genommen sind es 55.000 Tickets. Das ist der höchste Wert in der Bundesliga vor Schalke 04 und

Bayern München. In Dortmund hätte man, laut eigenen Angaben, sogar weit mehr als 55.000 Stück verkaufen können. In der Saison 2012 hätten knapp 97 Prozent der alten Dauerkarten-Inhaber (52.000 Karten) ihr Abo verlängert. Für die übrigen circa 2000 Karten hätten sich damals und wiederum 2013/14 37.000 Interessenten für die Warteliste gemeldet. Soll heißen, alles in allem hätte der BVB etwa 90.000 Dauerkarten verkaufen können. Absurder Wert.

So seien, schrieb der *Kicker*, zum Saisonauftakt allein durch den Ticketvorverkauf vorab 20 Millionen Euro in die Kasse des BVB geflossen. Treue zahlt sich aus, für Fans und Verein.

22. GRUND

Weil kein Verein einen höheren Zuschauerschnitt hat, und das in ganz Europa.

Wer so viele Dauerkarten verkauft wie der BVB, hat die Hütte natürlich automatisch gut gefüllt. Und wer so eine geräumige Hütte hat, kann natürlich ebenso mit einem anständigen Zuschauerschnitt rechnen. Wo sowieso nur 30.000 Fans reinpassen, ist der Schnitt verständlicherweise deutlich niedriger als in einem Stadion, das 80.000 Leute fasst.

Nur, volle Hütte heißt nicht gleich volles Haus: Der FC Barcelona hatte im Herbst 2013 einen Zuschauerdurchschnitt von 75.289 Fans, bei einer Kapazität von 98.787 – macht eine Auslastung von 76,2 Prozent im Camp Nou. Starker Wert, keine Frage. Bei 74.000 Zuschauern würde bei den meisten Vereinen das Stadion platzen, in Barcelona bedeutet das trotzdem nicht volles Haus.

Wogegen in Dortmund, laut einer Auswertung des Magazins *Stadionwelt*, die Auslastung 99,8 Prozent beträgt. Im Schnitt kommen 80.497 Fans zu den BVB Spielen, in den Signal Iduna Park passen würden 80.645 Anhänger. Damit hat Dortmund den höchsten Zuschauerschnitt – in ganz Europa, noch vor den Branchenriesen Manchester United (75.032) und dem FC Barcelona.

Ist auch klar, der füllige Rooney ist eh viel unterhaltsamer dieser Tage, wenn er als Matratzensportler auftritt, statt Segelohrenflugkopfbälle darzubieten. Und so ein Messi in Barcelona, ach, ist doch immer das Gleiche, vier Tore pro Spiel – darf sich keiner wundern, dass die das Stadion nicht voll bekommen.

23. GRUND

Weil bei Borussia Dortmund die Stadionwurst »knackig, fest, gut durch« ist und nicht auf der Bank sitzt.

Spieltag. Kurzer Inventarcheck: Eintrittskarte, Fahne, Mütze, Schal – alles dabei. Ob Pyrotechnik nun dazugehört, lässt sich unter den richtigen Umständen problemlos diskutieren. Indiskutabler Bestandteil des Spieltages ist die Stadionwurst. Ohne geht nicht. *Ihr verdient vielleicht Millionen, wir uns unsere Wurst.*

Für Holzkohleromantik muss man heutzutage sein Glück wohl in der Freizeitliga suchen, in den modernen Stadien der Profiligen steht bestimmt nicht Onkel Walther am Feuer und grillt auf Zuruf, während irgendwo Bierkästen klingeln.

In den Stadien kümmern sich heute Großunternehmen um die Spieltagsverpflegung der hungrigen Zehntausend, die auf ihre Stadionwurst nicht verzichten wollen.

Weil die einen so integralen Part des Spieltags ausmacht, auch auf Auswärtsfahrten, haben sich ein paar Grill-Gourmets die essenzielle Webseite stadionwurst.net einfallen lassen. Dort weiß man die Vorzüge einer knackigen Bratwurst gegenüber der Scampi-Pfanne aus dem VIP-Bereich zu schätzen. Besucher der Webseite bewerten in kleinen Formularen die Wurstqualität der einzelnen Vereine. Wie sinnvoll! Wer beispielsweise den Höllenritt von Dortmund nach

Schalke unternimmt, um die Borussen anzufeuern, möchte nicht in Gelsenkirchen ankommen, um womöglich, vielleicht, eventuell, unter Umständen eine minderwertige Wurst serviert zu bekommen. Also kurz stadionwurst.net angeklickt – und siehe da, der Geschmack des Schalker Bratguts bekommt die Note 3. Na ja, passt, für den Fall der Fälle an der letzten Tankstelle vorm Verlassen des Dortmunder Hoheitsgebietes noch schnell eine Bifi kaufen, einfach so, Schalke, man weiß ja nie. Die Webseite hat alle aktuellen Bundesligisten im Angebot sowie einige Vereine der unteren Ligen, immer mit Anfahrt- und Parkplatztipps und natürlich einem Foto des gekauften Exemplars. Wie schmeckt noch mal die Wurst des SV Hönnepel-Niedermörmter? Angeblich: knackig. Eine Minute Wartezeit für 2,20 Euro. Gut zu wissen, vielleicht trifft man sich ja mal im DFB-Pokal.

Und wie schlägt sich die Dortmunder Wurst im Vergleich? Selbstverständlich exzellent. In den drei Test, die sich zur Borussia auf stadionwurst.net finden, sind kaum Klagen zu vernehmen. Ein User schreibt über seinen Stadionbesuch gegen Mönchengladbach: »Die Wurst (Würste) waren durchaus das, was man sich unter einer Stadionwurst vorstellen darf. Nur der Wurststand war so ein mickriges rollendes Etwas mit zwei Angestellten dahinter; deswegen dauert's halt etwas ...« – Ja, die Wartezeit wird mehrfach bemängelt. Großes Stadion, großer Hunger, große Schlangen. Aber die Konsistenz: »Knackig, fest, gut durch.«

Auf wenig Wohlwollen stößt der kulinarische Ausflug eines Users: »Projekt ›Frikadellen-Test‹ misslungen! Die war echt fies.«

Momentaufnahmen von Borussen-Fans, keine repräsentative Stiftung-Warentest-Studie. Trotzdem schauen wir für Meinungsbildung dem Volk ganz gern aufs beziehungsweise ins Maul.

Ach ja, wen es interessiert: Auf der BVB-Bank, da sitzt übrigens junges Gemüse. Und Kehl.

24. GRUND

Weil Clemens Tönnies dachte, er könnte den BVB-Fans seine Würstchen andrehen, ohne dass es einer merkt.

Grillsaison ist auch immer was? Genau, Sommerloch-Zeit. Wenn wochenlang, selbst tagsüber, die flimmernde Lethargie der lauen Nächte über dem Land liegt, die eine Hälfte der Bevölkerung im Urlaub weilt, die andere sich daheim mit Speiseeis abkühlt. Und nichts in den Zeitungen steht, was irgendeinen Nachrichtenwert hätte. Nur müssen die Seiten ja gefüllt werden – Spiegeleier, die auf heißen Autodächern braten; das Krokodil, das im Badesee keinen Eintritt zahlt; der Schwan, der sich in einen Traktor verliebt. Und so weiter und so fort.

In ähnliche Kategorie fällt wohl auch der »Wurst-Eklat im Dortmunder Stadion« aus dem Spätsommer 2008. Die eben an anderer Stelle noch hochgelobte Stadionwurst des BVB ist gar keine Dortmunder Wurst! Keine Dortmunder Wurst? Nicht schlimm. Schlimmer: Es ist eine Schalker Wurst! Ein Skandal. Jahrelang beißt der Dortmunder Fan in seine Stadionwurst, ohne zu wissen, dass das Fleisch darin von der Schalker Konkurrenz kommt. Fleischfabrikant und Schalke-Aufsichtsratschef Clemens Tönnies fand in einem Interview mit der BILD-Zeitung im September 2008 viel lobende Worte für die Stadionwurst des BVB: »Die Dortmunder Bratwurst ist hervorragend.« Ach ja, fragt man sich nichtsahnend, etwa ein vergiftetes Kompliment? Oder nur die ehrliche Expertenmeinung eines Wurstfabrikanten? Nein, alles falsch – dickes Eigenlob: »Aber sicher«, fuhr Tönnies fort, »da ist schließlich Fleisch aus meiner Fabrik drin.« Oha.

Der Würstchen-Hersteller, der jahrelang das Dortmunder Stadion belieferte, bezog sein Fleisch von Hauptlieferant Tönnies, wie die BILD-Zeitung schreibt. Und der dachte tatsächlich, beim BVB würde niemand merken, wenn er seine Schalker Wurst den

Dortmundern unterjubelt? Vielleicht dachte er das, vielleicht auch nicht, geklappt hat es allemal. Selbst Borussia-Geschäftsführer Hans-Joachim Watzke soll keine Ahnung von den königsblauen Würstchen auf dem BVB-Rost gehabt haben: »Davon wusste ich nichts.«

Im Internet gab es natürlich viel, viel Häme für die Dortmunder Querfinanzierung der Schalker Würstchen-Truppe. Wer den Schaden hat, braucht nicht für den Spott zu sorgen, weiß der Volksmund, weshalb sich die Schalker dann auch direkt an die Dortmunder Fans richteten, wie in diesem Forumseintrag im Web: »Hallo BVB-Leute, nicht jedem von Euch scheint es klar zu sein, dass der gemeine BVB-Fan bei Heimspielen wohl seit Jahren Bratwürste aß, die vom BVB wissentlich beim Schalker Tönnies eingekauft worden sind.« Gefolgt von ein paar Gammelfleisch-Witzen und den üblichen Frotzeleien zwischen Knappen und Borussen.

Wem jetzt gerade der Appetit versiegt, kann sich schnell wieder beruhigen. Ohne viel Aufsehen wechselte der BVB einige Monate später den Lieferanten seiner Stadionwurst. Wieder wusste die BILD-Zeitung mehr über die Würstchen, ein sogenannter BVB-Insider verriet dort am 16. September 2009: »Seit die Fans vor knapp einem Jahr mitbekommen haben, dass in unserer Stadionwurst Fleisch aus dem Tönnies-Werk verarbeitet wird, ist der Umsatz deutlich zurückgegangen.«

Fabrikant ausgetauscht, Fan-Gemüter beruhigt, Sommerloch gestopft – mit einer Wurst.

3. KAPITEL

OBERLIGA, POKAL, EUROPAPOKAL: 50ER- & 60ER-JAHRE

25. GRUND

Weil Borussia letzter Meister vor Gründung der Bundesliga war.

Vor der Einführung der Bundesliga kann man natürlich noch einmal eine Marke setzen und sich mit einem tiefen Knicks aus der alten Spielklasse verabschieden – danke für die Blumen, wir sehen uns bald wieder, nur in einem anderen Theater.

Die Spielzeit 1962/63 vor Einführung der Fußball-Bundesliga wird noch einmal im damals gängigen Modus ausgetragen. Meister- und Vizemeister der verschiedenen Oberligen aus der Republik spielen in einer Endrunde den deutschen Meister aus. Der BVB hatte keine schlechte Saison gespielt, sogar die meisten Saisonsiege in der Oberliga West geholt, gegen den späteren Meister aus Köln dennoch in der Hin- und Rückrunde jeweils knapp verloren. Mit zwei Punkten hinter den Rheinländern qualifizierten sich die Borussen gleichwohl für die Endrunde um die Deutsche Meisterschaft.

Das Auftaktspiel gegen 1860 München, den Meister der Oberliga Süd, ging gleich 2:3 verloren, gefolgt von einem Unentschieden gegen Borussia Neunkirchen. Die restlichen vier Gruppenspiele wurden gewonnen, sodass das Team von Trainer Hermann Eppenhoff als Tabellenerster ins Endspiel einzog, wo wieder die Kölner vom FC warteten. Perfektes Finale, Meister gegen Vizemeister der Oberliga West, wären diese Fronten dann auch geklärt.

Und wie sie geklärt wurden. Im Stuttgarter Neckarstadion brannte die heiße Juni-Sonne. Verständlicherweise wollte sich der kleine Dieter Kurrat nicht lange aufhalten mit Förmlichkeiten – 9. Minute 1:0 für den BVB. Köln ohne den verletzten Stürmer Christian Müller sichtlich geschwächt, für die wenigen Chancen Bernhard Wessel im Borussen-Tor eine Bank. Das 2:0 und 3:0 fielen innerhalb von zehn Minuten nach der Pause, Köln taumelte gewaltig an diesem Nachmittag, Karl-Heinz Schnellinger durfte in der 75. Minute noch einmal den Ball im Dortmunder Tor versenken, da war längst alles entschieden. Der Meister der Oberliga West doch nicht ganz so meisterlich, der BVB lässt den Kölner in dritten Saisonvergleich keine Wahl.

Damit hochamtlich 29. Juni 1963: Borussia Dortmund ist letzter Deutscher Meister vor Einführung der Bundesliga. Der dritte Meistertitel, zugleich Beginn einer kurzen Hochphase. An dieser Stelle bricht spätestens die Epoche an, in der der BVB seinen vielleicht größten Triumph feiert. Aber dazu kommen wir noch.

26. GRUND

Weil die Bundesliga in Dortmund gegründet wurde.

Wie weit uns die Engländer in Sachen Fußball einst voraus waren, sieht man in der fortschrittlichen Entwicklung des Sports auf der Insel. Die Football Association (FA), der offizielle Fußballverband, wurde bereits 1863 gegründet, während man sich in Deutschland nicht sicher war, wie man Turnvater Jahn selig für die vielen Kniebeugen je würde danken können. Als in Großbritannien die Football League 1888 als höchste nationale Liga eingeführt wurde, ließ sich der DFB noch zwölf Jahre bis zu seiner Gründung. Von einer nationalen Spielklasse war da noch lange nicht die Rede.

Die wurde erst zur Saison 1963/64 eingeführt, obwohl es in den 30er-Jahren Überlegungen für eine Bundesliga gab, die aber immer wieder verworfen wurden. Also kürten die besten Teams aus den regionalen Ligen den jeweiligen Liga-Meister. Weil das Leistungsgefälle den Fußballverantwortlichen allerdings zu groß wurde und Deutschlands Vereine international immer schlechter abschnitten im Gegensatz zu den Vereinen aus den schon länger organisierten Profiligen in England, Spanien und Italien, nahm man die Idee einer einheitlichen nationalen Liga nach dem Zweiten Weltkrieg wieder auf. Das Viertelfinal-Aus der DFB-Elf gegen Jugoslawien bei der WM in Chile 1962 konkretisierte dann die Pläne nach jahrzehntelangem Hin und Her. Am 28. Juli 1962 trafen sich die einzelnen Landesverbände zu einem Bundestag des DFB. Eine deutliche Mehrheit beschloss die Einführung der Bundesliga zur Saison 1963/64. Dieses Treffen fand übrigens in der Dortmunder Westfalenhalle statt. Ohne Dortmund keine Bundesliga, kann man behaupten. Na ja, ganz so dramatisch wohl nicht. Trotz und alledem: Dortmund, weiterhin die Wiege der Bundesliga. Und natürlich gehörte der BVB auch zu den ersten 16 Vereinen, die der Bundesliga beitreten durften.

27. GRUND

Weil Borussia Dortmund die erste »Mannschaft des Jahres« war.

Damals gingen die Uhren noch anders, Donnerschlag. Mit ein- und derselben Mannschaft zweimal hintereinander Deutscher Meister werden? Gibt es nicht oft. Und ein- und dieselbe Mannschaft meint genau das: die identischen elf Spieler, keinen neuen geholt, niemand ausgetauscht, Auswechslungen während des Spiels waren nicht erlaubt. Heinrich Kwiatkowski, Wilhelm Burgsmüller, Herbert Sandmann, Elwin Schlebrowski, Max Michallek, Helmut Bracht, Wolfgang Peters, Alfred Preißler, Alfred Kelbassa, Helmut Kapitulski und der Mann mit dem lässigsten Nachnamen – Alfred Niepieklo.

Diese elf Spieler gewannen unter Trainer Helmut Schneider in den beiden Spielzeiten 1955/56 und 1956/57 jeweils die Oberliga West. In der Endrunde um die Deutsche Meisterschaft gab es 1956 in sieben Spielen nur eine knappe 2:1-Niederlage. Im Finale in Berlin gegen den Karlsruher SC siegte der BVB souverän, obwohl der Außenseiter aus Baden schon nach zehn Minuten das Tor zur KSC-Führung geschossen hatte. Der Ausgleich kam fünf, das BVB-2:1 noch mal zehn Minuten später. Karlsruhe mühte sich, drückte,

Dortmund war nichtsdestotrotz mit den Routiniers Preißler, Kelbassa und Kwiatkowski spielerisch und physisch überlegen – und siegte 4:2. Nach dem verlorenen Finale 1949 also die erste Deutsche Meisterschaft der Borussia, fast wie im Handumdrehen. Ganz Dortmund jubelte, Triumphfahrt durch die Stadt, aber nur der Auftakt für den eigentlichen Höhepunkt.

Im Jahr darauf spazierte der BVB durch die Endrunde, gewann alle Spiele souverän, wenn auch knapp. Das Finale 1957 fand in Hannover statt, Gegner diesmal der Hamburger SV. Trotz der gewonnenen Oberliga und der fehlerlosen Final-Endrunde war die '57-Formation eine Mannschaft alter Männer; spielerisch vielleicht eh nie ganz auf Höhe der Konkurrenz, eher kämpferisch, konditionell stark, effektiv beim Abschluss, im Schnitt jedoch auch 30 Jahre alt. Der HSV blieb trotzdem chancenlos, da halfen auch die allerersten Ausflüge des 20 Jahre jungen Uwe Seeler ins heute gern von ihm bemühte Lustiger-Onkel-Fach nicht, als er den 14 Jahre älteren Borussen-Spielmacher Michallek vor dem Finale fragte: »Na Opa, was willst du in deinem Alter denn noch hier auf dem Platz?«

Hamburg ging 4:1 unter. Eine viertel Stunde genügte für die Vorentscheidung, der BVB führte zur Pause 3:1, bevor Niepieklo in der 78. Minute zum Endergebnis traf. Der zweite Titel in zwei Jahren, schon wieder die elf Borussen! Ein unerreichtes Kunststück. Man muss nur mal kurz darüber nachdenken: Verletzte, Rotation, Gelbsperren. Grotesk allein die Vorstellung, als Team heutzutage mit identischer Aufstellung am nächsten Spieltag antreten zu können. Das Kunststück genau ein Jahr später hinzubekommen, braucht man gar nicht erst zu diskutieren. Dafür – und natürlich für die sichere Verteidigung des Meistertitels – wurde der BVB 1957 zur »Mannschaft des Jahres« gewählt. Eine besondere Ehre: Sie ist die allererste Mannschaft, die diesen Titel bekam, in den Jahren zuvor hatte man nur die »Sportler des Jahres« ausgezeichnet. Und erst Jahrzehnte später, 1995 und 2011, dann wurden die beiden Wörter *Borussia* und *Dortmund* abermals in die Trophäe gestanzt.

28. GRUND

Weil der BVB die drei Alfredos hatte.

Der Fußball, an und für sich ein simples Spiel, wimmelt nur so von komplizierter Mathematik. Geometrie wo man hinschaut: Vier Ecken, Mittelkreis, rechteckiger Kasten, Fünfmeterraum, Sechzehnmeterraum, Grundlinie, die Raute und natürlich das magische Dreieck. Das magische Dreieck: Hieß früher nicht so, wurde aber nachweislich beim BVB 09 erfunden.

Erfolgsgarant für jene Dortmunder »Mannschaft des Jahres 1957«, die in gleicher Besetzung zweimal hintereinander Deutscher Meister wurde, waren drei Herren namens Kelbassa, Niepieklo und Preißler. Der Alfred, der Alfred und der Alfred.

Gestatten: *die drei Alfredos*.

So nannte man sie, die gefürchteten Offensivkräfte der Borussia Mitte der 50er-Jahre. »Gefürchtet«, diese überstrapazierte Altherrenvokabel wird schnell gezückt, soll es denn ein bisschen gruselig werden, obwohl es in Wahrheit nur halb so wild ist. In diesem Fall keineswegs eine Übertreibung. *Die drei Alfredos* klang nicht nur nach einer fiesen Westerngang, das Trio traf tatsächlich wie eine Horde Pistoleros. Preißler, der Kapitän der zweifachen Meistermannschaft, ist nach wie vor der Dortmunder Spieler mit den meisten Toren (alle Ligen, alle Wettbewerbe). 160 Tore in 261 Spielen, Torschützenkönig in der Oberliga West 1949 und 1950. Als Preißler mit den beiden anderen Alfreds 1957 im Finale um die Meisterschaft stand, war er luftige 37 Jahre alt, aber noch spritzig wie ein Gartenschlauch. Selbst mit Anfang 30 waren Preißlers Dienste noch so begehrt, dass er sich 1950 nach Münster locken ließ, wo man großspurig den »100.000-Mark-Sturm« zusammengekauft hatte, um mindestens die Weltherrschaft zu übernehmen, oder so. Zwei Jahre und eine Vizemeisterschaft später streifte Preißler doch wieder das BVB-Trikot über. Wie das so ist – die einen machen es wegen des Geldes, die anderen wegen dem Geld. Die Antwort auf alle Mutmaßungen hatte Preißler freilich selbst parat, sein Sinnspruch für die Ewigkeit: »Grau ist alle Theorie, entscheidend is aufm Platz.«

Niepieklo und Kelbassa haben ebenfalls eine ziemlich tadellose Bilanz im schwarzgelben Dress. Niepieklo, Jahrgang 1927, machte in 175 Oberliga-Spielen 95 Tore, wurde 1956 zudem Torschützenkönig der Liga. Eine noch bessere Quote hatte der gebürtige Gelsenkirchener Kelbassa mit 114 Treffern in 183 Partien; allein in der zweiten Meistersaison 1956/57 schoss *Freddi* im Alter von 31 Jahren 30 Tore in 29 Begegnungen.

Man liest relativ fix raus, dass jeder für sich in seiner Zeit bei der Borussia ein gnadenloser Stürmer war. Wie gut die drei in fünf gemeinsamen Jahren beim BVB miteinander konnten, verrät diese aberwitzige Statistik: In den beiden Endspielen gegen Karlsruhe (1956) und Hamburg (1957) entfielen sieben von acht Dortmunder Treffern auf die drei Stürmer, insgesamt erzielten Preißler, Niepieklo und Kelbassa in den zwei Endrunden 29 der 34 BVB-Tore. Kann man sich »gefürchtet« getrost auf die Visitenkarte drucken lassen.

»Wir waren ja ganz normale Jungens, die alle aus dem Milieu des Ruhrgebiets kamen. Keiner kam von weiter weg als 30 oder 40 Kilometer. Und die Leute vergötterten uns auf ihre kumpelige Art und Weise«, erinnerte sich Alfred Niepieklo in einem *Revier-Sport*-Interview an die damalige Mannschaft. »Wir waren eine große Familie. Man hockte auch jenseits der Spiele zusammen.«[8] Niepieklos Tochter heiratete später Kelbassas Sohn.

Vielleicht ist das ist die simple Erklärung für den Erfolg der Alfredos. Begabte Fußballer, zusammengeschweißt durch ihre Ruhrgebietsherkunft, die sich abseits vom Rasen freundschaftlich und auf dem Feld fast blind verstanden. »Die Mannschaft brauchte ihre Zeit, bis sie zusammenwuchs. Das kam nicht von heute auf morgen«, so Kelbassa. »Dann aber war da eine Harmonie, die alles andere überbrückte. Jeder stand an seinem Platz und wusste, was er für sich, für den anderen und für die Mannschaft zu machen hatte.«[9]

Als Erster schied Altstar Preißler 1959 aus der Mannschaft, ein Jahr später beendete Niepieklo seine Karriere beim BVB. Kelbassa spielte noch zwei Spielzeiten im schwarz-gelben Trikot. Als das berühmte Trio sich nach und nach verflüchtigte, stand bereits ein junger Hoffnungsträger auf dem Platz. Ein Mann für das nächste Dortmunder Heldenepos.

Sein Name, wie konnte es anders sein: Schmidt, *Alfred* Schmidt.

29. GRUND

Weil das erste Tor der neuen Bundesliga ein Borusse geschossen hat ...

Stolzer Mann, trauriges Schicksal: Timo Konietzka wollte das Schicksal nicht aus der Hand geben. Dafür wählte er eine mutige, hierzulande nicht unumstrittene Vorgehensweise. Er entschied sich für Selbstmord, genau genommen legale Sterbehilfe, weil er nicht die Kontrolle über seinen Körper verlieren wollte. Konietzkas Ärzte hatten bei ihm ein unheilbares Gallengangskarzinom diagnostiziert.

Timo Konietzka hieß eigentlich Friedhelm. Mit seinem kurzen Bürstenhaarschnitt sah er dem russischen General Timoschenko nicht unähnlich, sein Dortmunder Mannschaftskamerad und Sturmpartner Helmut Bracht taufte Friedhelm in »Timo« um. Der Name blieb hängen, später ließ er ihn offiziell in seinen Pass eintragen.

Friedhelm hin, Timo her, einen Namen hatte sich Konietzka ohnehin schon gemacht in der Oberliga West – 79 Tore in 110 Spielen, eine starke Quote. In der gerade gegründeten Bundesliga das gleiche Bild: 100 Spiele, 72 Tore für Dortmund und 1860 München. Nach diesen 100 Spielen wechselte der in Lünen geborene Sohn eines Bergmanns, der als Jugendlicher selbst in der Zeche arbeitete, in die Schweiz. Mit der Borussia, die er 1984 sogar für ein paar

Monate trainierte, gewann er 1963 die Deutsche Meisterschaft und 1965 den DFB-Pokal, mit 1860 München wurde er unter dem ehemaligen BVB-Trainer Max Merkel, seinem Entdecker und Förderer, 1966 abermals Meister.

Im gleichen Jahr, in der darauffolgenden Saison, kommt es zum Eklat beim Spiel gegen seinen alten Verein. Sigfried Helds irregulärer Treffer gegen die 60er löst ein Gemenge aus, bei dem Konietzka kräftig durchgreift: Schiedsrichter Max Spinnler notiert »Stoß vor die Brust, Tritt gegen das Schienbein, Wegschlagen der Trillerpfeife« unter »Besondere Vorkommnisse« im Spielbogen. Handlanger Konietzka sieht rot, auch vom Unparteiischen. Der DFB verurteilt den Stürmer zu der erst 46 Jahre später übertroffenen Rekordsperre von sechs Monaten.

Danach wechselt er sofort in die Schweiz, wo er Erfolge als Spieler und Trainer feiert. In der Schweiz, deren Staatsangehörigkeit er 1988 annimmt, wird er auch Mitglied von Exit, einer Organisation, die sich für legale Sterbehilfe einsetzt. Im März 2011 erzählt Konietzka dem Sport-Informations-Dienst in einem Fernsehinterview, dass er nicht als Pflegefall enden möchte, wenn er irgendwann die Kontrolle über seinen Körper verlieren sollte. »Ja, ich plane meinen Tod. Ich bin davon überzeugt, dass das möglich ist«, sagt er in dem Gespräch. In der Szene steht er in seiner Wahlheimat Brunnen, wo er mit seiner Frau eine Gaststätte betrieb, am Ufer des Vierwaldstättersees. Man kann nicht erkennen, wie stark der Wind bläst, sein graues Haar ist immer noch igelig kurz. Nur das aufgewühlte Wasser des Sees schwappt heftig gegen die Stegpfeiler im Hintergrund. Er spricht mit ruhiger Stimme. »Dann bin ich einfach nicht mehr da, und meine Familie hat es viel besser, als wenn sie mich jeden Tag besuchen müsste und ich irgendwo in der Ecke liegen würde.«

Ein Jahr später, am 12. März 2012, nimmt er im Alter von 73 Jahren unter Assistenz und im Beisein seiner Familie einen Giftcocktail. In seiner noch selbstverfassten Todesanzeige schreibt er:

»Macht alle das Beste aus Eurem Leben! Meines war so lang und doch so kurz.« In Erinnerung wird der Stürmer den meisten Fußballfans für ein ganz besonderes Tor bleiben: Konietzka schoss das allererste Tor in der Bundesliga-Geschichte.

30. GRUND

... in der ersten Minute.

Zwar ging das Spiel der Borussia gegen Werder in Bremen 2:3 verloren. Den ersten Treffer machte dagegen der BVB. Es war der erste Treffer des Spiels an diesem 24. August 1963 und gleichzeitig der erste Treffer überhaupt der Monate zuvor gegründeten Bundesliga. Wie genau das Tor gefallen ist, lässt sich nur nachlesen, TV-Aufnahmen oder Fotos sind keine dokumentiert. Was daran liegen mag, dass Timo Konietzka ein Cowboy alter Schule war: nicht länger fackeln als nötig. »Der Ball kam nach links auf Lothar Emmerich. Emma lief bis zur Grundlinie und flankte zur Mitte«, erinnerte sich Konzietzka an den Treffer. »Ich stand etwa zehn Meter vom Tor entfernt und brauchte nur noch den Fuß hinzuhalten.«

1:0 für den BVB! Das erste Bundesliga-Tor, wobei sich die Experten uneins sind, wann genau das Tor fiel. Sicher ist, dass Konietzka keine 60 Sekunden brauchte. Er war anscheinend derart schnell, dass die einzige Kamera im Weserstadion noch nicht aufgebaut war. Allein Fotos vom Jubel fingen die Szene ein, das eigentliche Tor scheint nirgendwo aufgezeichnet zu sein. Konietzka, der sein historisches Tor noch einmal sehen wollte, setzte sogar eine Belohnung aus für denjenigen, der ihm ein Dokument von seinem Treffer liefern würde. Leider vergeblich.

31. GRUND

Weil Borussia Dortmund als erster deutscher Verein einen Europapokal gewonnen hat.

In Dortmund hat man über die Jahrzehnte hinweg den ein oder anderen Titel gewonnen. Welcher davon den höchsten Stellenwert hat? Die Doppelmeisterschaft mit ein und derselben Mannschaft 1956/1957? Der Pokalsieg 1989, der ein neues Zeitalter anbrechen ließ? Der unerwartete Triumph über Juventus in der Champions League 1997? Das erste Double der Vereinsgeschichte 2012?

Kann man sich lange drüber streiten. Weniger diskutabel dagegen die Ansicht, dass einer der weniger schönen den vielleicht bedeutendsten Erfolg des BVB in die Wege leitete.

Mit dem leidenschaftslosen Nummer-sicher-Sieg über den Zweitligisten Alemannia Aachen (2:0) gewann Dortmund 1965 den DFB-Pokal in derart unengagierter Art, dass die eigenen Fans mit Pfiffen reagierten. Nun gut, ein weiterer Pokal nach der Meisterschaft zwei Jahre zuvor. Außerdem hatte man sich damit für den Europapokal der Pokalsieger qualifiziert.

Die internationalen Wettbewerbe waren jahrelang eine südeuropäische Angelegenheit, dominiert von den Italienern, den Portugiesen und allen voran den Spaniern. Die ersten fünf Europapokale der Landesmeister stehen allesamt in Real Madrids Vitrine. Die Teams aus Deutschland, wo der Fußball erst nach dem Zweiten Weltkrieg zum Massensport avancierte, spielten keine Rolle bei diesen Wettbewerben bis Anfang der 60er-Jahre. Falls man mal durchrutschte, wie Eintracht Frankfurt 1960, gab es eine 7:3-Zurechtstutzung durch Reals Magier Di Stéfano und Puskás, die diese sieben Tore im Endspiel unter sich aufteilten.

Also wieder mal ein Fall für die schwarz-gelben Profis aus Dortmund, den alten Kahn zurück in den Hafen zu holen – Europapokal der Pokalsieger, Saison 1965/66: Obwohl der BVB, trotz des

5:1-Betriebsausflugs nach Malta zum Auftakt, nicht gerade durch den Wettbewerb segelte. Mühsam war's mitunter, die beinharten Spiele gegen die Klopper aus Sofia in der 1. Runde, die knappen Viertelfinal-Begegnungen gegen Atlético Madrid und das kämpferische Halbfinale gegen West Ham United, die im Vorjahr das Finale gegen 1860 München und Dortmunds Ex-Trainer Max Merkel gewonnen hatten.

Wie sehr Deutschland damals international hinterherhinkte: Das 2:1 der Dortmunder bei West Ham war der erste Sieg einer deutschen Vereinsmannschaft in einem Pflichtspiel auf der englische Insel, im April 1966 wohlgemerkt.

Überhaupt England – die hatten sich für den Sommer viel vorgenommen bei der WM im eigenen Land, was natürlich noch eine andere Geschichte ist. Entsprechend selbstbewusst tönte jedoch Dortmunds Endspielgegner und amtierender Meister Liverpool vor dem Duell im Glasgower Hampden Park.

Die Truppe aus der Merseyside kannte anscheinend noch nicht die beiden fabelhaften Neuverpflichtungen der Dortmunder, Sigfried »Siggi« Held und Reinhard »Stan« Libuda. Der agile, schnelle Held der lange gesuchte Sturmpartner für Lothar Emmerich; Libuda noch nicht ganz das Rechtsaußen-Ass, trotzdem immer gefährlich. Bis auf den 5. Mai 1966, als Libuda das gesamte Finale, außer in einer Szene, abtauchte. Oder wie Trainer Willi Multhaup später sagte: »Der Stan ist ein Künstler – der ist im ganzen Spiel eineinhalb Minuten am Ball und bringt es trotzdem fertig, gut auszusehen.«

Held schoss den BVB in der 61. Minute etwas überraschend in Führung, die der Liverpooler Hunt kurz darauf wieder ausglich. Der Spielstand blieb 1:1, das Spiel ging in die Verlängerung.

107. Minute, Tempogegenstoß: Helds Schuss prallt auf Höhe des Sechzehners am herauslaufenden englischen Keeper ab – und landet bei Libuda. Der sieht das leere Tor, hält einfach drauf. Der Ball fliegt über zwei Abwehrspieler hinweg, senkt sich, donnert gegen den linken Pfosten, springt raus, prallt an Vorstopper Yeats ab, lan-

det doch im Tor, 2:1 für den BVB. Und gleichzeitig das Endergebnis – hart umkämpft, mit Glück errungen. Für Fußballdeutschland ist es ein Ereignis: Borussia Dortmund ist Europapokalsieger der Pokalsieger 1966. Ein internationaler Titel für eine Vereinsmannschaft aus Deutschland. Der erste überhaupt, und deshalb von so besonderer Bedeutung.

Die Schwarz-Gelben, ein weiteres Mal unerschrockener Vorreiter für den deutschen Fußball.

4. KAPITEL

KALAUER, KANZLERIN, KURIOSES: DIES UND DAS

32. GRUND

Weil Möller uns schon immer vom Feeling her ein gutes Gefühl gab.

Mal abgesehen von seinen durchaus fragwürdigen geografischen Richtungsentscheidungen hat uns Andreas Möller über die Jahre immer wieder mit heiteren Bonmots die spielfreien Tage überbrückt.

Bevor wir uns schadenfroh in den tollsten Sentenzen winden, muss ein Augenblick der Reflexion erlaubt sein. Profifußball ist, rein rational und mit gebührendem Abstand betrachtet, ein absurdes Treiben. Sicher doch. 22 Männer rennen hinter einem Ball her. Für Geld, hauptberuflich. Das ist herrlich grotesk, wenn man es sich mal überlegt. Und obwohl wir aufgeklärte Bürger sind, wir Menschen zum Mond schicken, Stammzellen-Forschung beherrschen, Hauptstadtflughäfen in Auftrag geben, Atomkraftwerke bauen und abschalten, gelingt es uns ohne Probleme, regelmäßig samstags ab 15:30 Uhr halb den Verstand zu verlieren. Nichts könnte dann wichtiger als Fußball sein. Weil dem so ist, wird drumherum selbstredend ein riesiges Aufheben für die Zuschauer veranstaltet. Die ewige Wehklage über die Kommerzialisierung des Sports ist – an dieser Stelle – gar nicht vorgesehen. Vollkommen legitim, die Spannung des Spiels vorher, während und nachher durch die unterschiedlichsten Inszenierungsriten künstlich hochzuhalten. Was wiederum zu der skurrilsten Veranstaltung, und mitunter lächerlichsten seit dem Austausch von Vereinswimpeln im 21. Jahrhundert, führt: dem Spielerinterview nach Abpfiff.

Da steht ein Lukas Podolski oben ohne vor einer Tafel mit lauter bunten Aufklebern, wischt sich mit des Gegners Leibchen den Schnodder von der Nase, weil er gerade mindestens 357 Kilometer gerannt ist, und soll mal schnell erklären, wie er das jetzt alles so fand. Dass dabei Woche für Woche der gleiche »Nein, Angst hatten wir nicht, nur Respekt«-Zimt herauskommt, sollte niemanden mehr wundern, allenfalls beschämend auf die Sportreportergilde wirken.

Immer mal wieder sind die Götter uns wohlgesinnt, indem sie das Universum zurück ins Gleichgewicht versetzen und die Spielerbefragung auf denkbar einfachste Weise als Quatschsituation entlarven. Sie legen den Interviewten Sätze in den Mund, die nachher niemand gesagt haben will. Es sind Verhaspel-Perlen, die Jahrzehnte später noch scheinen, teilweise sogar den Weg in die Alltagssprache gefunden haben. Der Meistersänger dieser Gedichte ist womöglich Lothar Matthäus, Deutschlands einziger Weltfußballer des Jahres. Die einfache, aber wahre Wahrheit »Man darf den Sand nicht in den Kopf stecken« stammt von dem sympathischen Franken, wie auch die mathematische Auswertung »Das Chancenplus war ausgeglichen«. Zu glauben, der rhetorische Feingeist fände bei Trainern oder Funktionären keinen Anklang, wäre vermessen. Selbst bei (ehemaligen) BVB-Spielern fühlt er sich gut aufgehoben.

Nicht schlecht abschneiden in der Sprücheklopfer-Bestenliste würde sicherlich Andreas Möller, dessen »Madrid, Mailand, Hauptsache Italien« sich zum Klassiker gemausert hat und schon so manch Pärchen die Buchung im Reisebüro verhagelt haben dürfte. Eine weitere Großtat des Hessen: »Ich hatte vom *feeling* her ein gutes Gefühl.« Kein Grund, nur auf Möllers Kosten für Amüsement zu sorgen. Andere Dortmunder haben sich ebenfalls schuldig gemacht. Bloß in dem Willen zur Einsicht war Möller ihnen allen weit voraus: »Mein Problem ist, dass ich immer sehr selbstkritisch bin, auch mir selbst gegenüber.«

Was sich bei Dortmunds aktuellem Innenverteidiger Neven Subotić nicht heraushören lässt, wenn er das Geschehen nach dem Spiel auswertet: »Er muss ja nicht unbedingt dahin laufen, wo ich hingrätsche.«

Matthias Sammer, langjähriger BVB-Profi und einstiger Trainer, wurde mutmaßlich im Sommer 2012 von den Bayern als Sportvorstand unter anderem auch für seine präzisen Analysen aus der Vergangenheit verpflichtet: »Das nächste Spiel ist immer das nächste.« Mit größter Weisheit umschrieb BVB-Stürmer Jürgen Wegmann eine unglückliche Niederlage und schuf dabei einen der bekanntesten Fußballersprüche: »Heute hat das Glück gefehlt, dann kam auch noch Pech dazu.«

Die Dortmunder Kicker – nie um ein kultiviertes Bonmot verlegen. Aber nehmen wir es leichten Herzens. Was, bitte schön, soll man denn von den armen Jungs in der Hitze des Gefächers erwarten?

33. GRUND

Weil der BVB sogar die Kanzlerin jubeln ließ.

Klingt ein bisschen wie ausgedacht: Die Frau, die immer ihren Weg gegangen ist, wirbt für eine Kampagne, die »Geh Deinen Weg« heißt, an einem Ort, wo man selbst gerade dabei ist, seinen Weg zu gehen. Kurz gesagt, man ahnt, was gemeint ist – Angela Merkel zu Gast beim BVB. Von Merkels Vorgänger, Kanzler Gerhard Schröder, wusste man, dass er sich neben den gebotenen Sachthemen Pendlerpauschale, Solidaritätszuschlag und Rentenniveau ohne Ende für Fußball interessierte, sogar mit Dortmund sympathisierte, ganz wie Kollege Peer Steinbrück.

Von Angela Merkel weiß man sehr wenig. Hobbys von ihr sind so gut wie keine bekannt. Gartenarbeit und Kochen soll sie mögen, wie man immer mal wieder hört. Fernab vom Berliner Tagesgeschäft sieht man sie nur in Bayreuth regelmäßig, da lächelt sie freundlich in festlicher Garderobe für die Fotografen bei den berühmten Wagner-Festspielen.

Auf den meisten Terminen in offizieller, politischer Funktion wirkt die Bundeskanzlerin zumeist ernst und nachdenklich, nüchtern und zurückhaltend. Selten, ganz selten erlebt man sie ausgelassen, ansonsten wie gefangen in Amt und Würden. Andererseits gab's in Europa nicht viel zu lachen in den vergangenen Jahren der Schuldenkrise. Hin und wieder hört man dann von Leuten, die sie außerhalb der Öffentlichkeit erlebt haben, die von der Privatperson Merkel zu berichten wissen. Geistreich und unterhaltsam soll sie sein, einen tollen Humor haben.

Die große, viel zu große Frage lautet dann: Wer ist Angela Merkel wirklich? Wer soll das schon sagen können, müsste die Antwort auf die Mutmaßungen lauten. Und mal ehrlich, irgendwie doch egal, ob sie gern Schweinsbraten kocht oder Buchsbäume pflanzt in ihrer Freizeit. Viel brennender die Frage: Macht's eigentlich Spaß, Angela Merkel zu sein? Kanzlerin zu sein? Wonach es ja selten aussieht, ihre Mundwinkel als Stimmungsbarometer interpretierend. Umso schöner also, sie ab und an in Augenblicken akuter Begeisterung, man muss beinah sagen: zu ertappen, so rar sind die Momente.

Wo wir endlich wieder bei König Fußball wären. Denn Hobby-Mysterium Merkel ist am Wochenende wie du und ich. Na so was. Nein, sie geht nicht in die Sky-Bar. Aber: »Ich höre, wenn ich kann, die Bundesliga-Konferenzschaltung nachmittags im Radio.« Diese exklusive Neuigkeit aus ihrem Privatleben gestand Merkel von allen Fachmagazinen natürlich der BILD der FRAU, sozusagen der ersten publizistischen Anlaufstelle für fortschrittliche Spielerfrauen. Welchen Verein sie unterstützt, verriet sie nicht, nur dass sie die *Sportschau* selten sehe, eher Partien im Pokal und der Champions League, sonst vor allem Spiele der Nationalmannschaft.

Man erinnert sich, während der EM 2012 zum Beispiel, das Viertelfinale gegen Griechenland. Merkel neben DFB-Präsident Wolfgang Niersbach auf der Tribüne in Danzig. Ein regelrechter Ausbruch der Gefühle, ihr Torjubel, sie streckt die beiden Fäuste in die Luft wie ein Gewichtheber die Langhantel. Angela Merkel, im Stadion offiziell anwesend als Bundeskanzlerin, sicher, das ist sie Tag und Nacht, im Zweifel immer an den tuschkastenfarbenen

Blazern zu erkennen, ob im Dienst oder nicht, genau diese Bundeskanzlerin jubelt für Deutschland. Ein schönes, unbekümmertes, ungewohntes Bild von der Politikerin.

Die Rahmenhandlung ist dagegen überhaupt nicht unbekannt: Viele stolze Männer, mit unterschiedlichen Interessen, mit unterschiedlicher Herkunft, ringen verbittert um eine Sache, während am Ende meistens Merkel zu jubeln hat. Beim EU-Gipfel wie beim Länderspiel. Welchen Verein die Kanzlerin unterstützt, wie zwischendrin erwähnt, weiß man nicht. Sie lässt sich bei Länderspielen kaum blicken, in der Liga praktisch nie. Schließlich ist Merkel deutsche Bundeskanzlerin, nicht deutsche Bundestrainerin.

Im September 2012 machte sie eine Ausnahme und besuchte am 3. Spieltag das Dortmunder Stadion, um die Integrationskampagne »Geh Deinen Weg« vorzustellen, deren Schirmherrin sie ist. Für diesen Spieltag trugen alle Bundesligisten statt Sponsor das Aktionsmotto auf der Brust. An diesem Spieltag traf der BVB auf Bayern 04, Leverkusen auswärts beim amtierenden Meister. Und was trägt Merkel im Stadion? Ein rotes Sakko, darunter ein schwarzes T-Shirt. Rot und schwarz. Allmächtiger – Angela Merkel, Leverkusen-Fan. Wohl nicht, sie ist neutral, die Bundeskanzlerin der Deutschen. Oder?

Zumindest durfte man an diesem Nachmittag Merkels schönste Jubelszene überhaupt erleben: Dortmund von Anfang an im Offensivtaumel, Leverkusen kommt wenige Male nur aus der eigenen Hälfte, der BVB kombiniert, wie es ihm gefällt. Dann Eckball für die Hausherren, Schmelzer tritt von rechts in den Strafraum, Hummels steht am zweiten Pfosten vollkommen allein gelassen, köpft per Aufsetzer zum 1:0.

Das ist ansteckend, dieser Jubelfußball. Pressing, laufen, Ballstafette, Tor. Merkel hält es natürlich nicht auf dem Sitz, sie zuckt hoch, jauchzt auf über das schwarz-gelbe Wunderspiel – bis sie sich urplötzlich erinnert: Oh, nee, bin doch Kanzlerin der Deutschen, nicht der Dortmunder. Wie ein ertapptes Schulmädchen beim Abschreiben zieht sie grinsend die Schultern hoch – und schaltet fix zurück auf neutral.

Schön wie sonst keiner ihrer Gefühlsausbrüche. Weil man genau sah, was sie denken musste: *Ist das riesig da unten, was die da auf dem Rasen zaubern, Kinder, macht das Spaß. Dortmund-Fan müsste man sein.* Und aus diesem Grund lassen wir es uns noch einmal auf der Zunge zergehen: Angela Merkel, in ihrer Amtszeit mehrfach zur mächtigsten Frau der Welt gewählt, in Fachkreisen ebenso bekannt als Iron Lady, weil sie sich bei Gipfeln und Verhandlungen nicht aus der Reserve locken lässt und den Gegenüber eiskalt abspeisen kann, verliert ausgerechnet beim Anblick der kleinen, bescheidenen Dortmunder Borussia die Fassung?

Geht uns doch genauso.

34. GRUND

Weil Schwarz-Gelb, also bitte!, sehr viel mehr ist als Merkels und Röslers Zweckbund.

Die beiden Glaubensfelder Sport und Politik zu vermischen ist mit Recht verpönt. Politische Ideologie hat nichts auf dem Fußballplatz zu suchen. Trotzdem gibt es einige Zusammenhänge zwischen diesen zwei Weltbildern, die es sich lohnt, näher zu betrachten.

Bundesrepublik Deutschland, 2009. Seit Herbst des Vorjahres wütet die Bankenkrise, ausgelöst durch den Bankrott der Investmentbank Lehman Brothers. Diese Krise, was an dem Punkt noch niemand weiß, wird sich über Jahre hinziehen und zu einer weltweiten Finanzkrise mutieren, die uns bis heute in Bann hält. In Deutschland regiert seit 2005 die Große Koalition aus Union und SPD unter Führung von Bundeskanzlerin Angela Merkel (CDU). Die beiden größten Parteien in einer Regierung, da sind sich die meisten Kommentatoren einig, ist rechnerisch immer möglich, inhaltlich dagegen schwierig; zu viele Kompromisse unter den Koalitionspartnern verwässerten die große Vision für die Republik.

Am 27. September tritt das Volk wieder an die Urnen, um den neuen Bundestag zu wählen. Die Union verliert leicht, die SPD erreicht das schlechteste Ergebnis ihrer Geschichte. Dank des FDP-Rekordergebnisses reicht es für die Koalition mit der Union – die schwarz-gelbe Koalition kann ihre Arbeit aufnehmen.

Borussia Dortmund, 2009. Seit Sommer des Vorjahres leitet Jürgen Klopp das Training beim Erstligisten, ausgelöst durch das Rücktrittsangebot seines Vorgängers Thomas Doll im Januar 2008. Dieser Wechsel, was an dem Punkt noch niemand weiß, wird sich über Jahre auszahlen und zu einer erfolgreichen Ära führen, die uns bis heute in Bann hält. Trainer Klopp setzt, auch aus finanzieller Not, auf junge Spieler und Eigengewächse der Nachwuchsmannschaften. Seine Vision für die unerfahrene Mannschaft ist, mit schnellem, direktem Umschaltfußball den Verein wieder zu alter Stärke zu führen.

Am 26. September tritt Dortmund zu Hause gegen Schalke an. Das Spiel geht 0:1 verloren. Der BVB steht am Ende des 7. Spieltages der Saison 2009/10 auf Platz 15, ein Punkt trennt das Team von einem Abstiegsplatz. Der *Kicker* urteilt in seiner Spielanalyse: »Dem BVB fällt zu wenig ein.« Vielleicht eine Momentaufnahme, dennoch ein Tiefpunkt. Nicht das, was Klopp sich für die junge Mannschaft vorgestellt hat. Zur gleichen Zeit, *nota bene*, erzielt die FDP mit 14,6 Prozent ihr bestes Ergebnis bei einer Bundestagswahl.

Trotz der Mehrheit im Bundestag tut sich Angela Merkels »Wunschkoalition« von Anfang an schwer, sich in Beschlüssen auf Grundlegendes zu einigen. In den Meinungsumfragen sacken die Beliebtheitswerte für die gerade gewählte Koalition schnell ab. Vor allem die gelben FDPler lassen mächtig Federn. Knapp zwei Monate nach der Bundestagswahl sprechen sich nur noch zwölf Prozent für die FDP aus. Zur gleichen Zeit gewinnt der BVB mit 2:1 in Hoffenheim, steht jetzt auf Platz 9 in der Tabelle. Aufwärtstrend.

Am 7. Februar 2010, etwa fünf Monate nach der Bundestagswahl, verliert der BVB zwar knapp 2:3 (1:1) gegen Eintracht Frankfurt, hat sich aber mittlerweile bis auf Platz 5 der Tabelle hochgearbeitet. Der aktuelle Deutschlandtrend von ARD und Infratest dimap sieht die liberale FDP nur noch bei acht Prozent.

Spulen wir vor in der Geschichte: 14. Mai 2011, letzter Spieltag, diesmal siegt der BVB gegen Frankfurt, gewinnt nach 2002 endlich wieder die Deutsche Meisterschaft. Inzwischen sprechen sich bei der Sonntagsfrage nur noch fünf Prozent für die Liberalen aus. Das Bild wiederholt sich übrigens ein Jahr später bei der Titelverteidigung. Schwarz-Gelb ganz oben, Liberalgelb ganz unten.

Als die Liberalen am 20. Januar 2013 bei der Landtagswahl in Niedersachsen überraschend auftrumpfen, gewinnt Dortmund zwar zwei Tage zuvor gegen Bremen, stagniert aber auf Platz 3 der Tabelle, 12 Punkte hinter Tabellenführer Bayern München.

Politik hat auf dem Rasen nichts zu suchen. Abgemacht, unterschrieben. Der übergeordnete Statistiktrend lässt sich auch fernab jeder Ideologie aus der Bundesligatabelle und der Kurve aus dem Deutschlandtrend herauslesen: Steht es schlecht um die Liberalen, steht Schwarz-Gelb gut da. BVB obenauf, FDB unten drin. Fakt.

Ließe sich das jetzt nur wissenschaftlich belegen, irgendwie. So bleibt eben nur stehen, dass es dem BVB sportlich sehr gut geht, während die Freidemokraten nicht mal mehr im Bundestag sitzen.

35. GRUND

Weil sich die BVB-Aktie hartnäckig am Preis einer Schalker Stadionwurst orientiert.

Die Aufstellung, das Wetter, die Siegesserie, das Hinspiel, die Anreise. Verheißungsvolle Omen, die ein Spiel beeinflussen mögen, gibt es genug. Die simple Lehre, dass Fußball auch immer etwas mit Zocken zu tun hat, bekam am 31. Oktober 2000 noch einmal eine ganz andere Bedeutung.

Ein Revierclub mit langer Kumpel-Tradition, der Anteile an der Börse verkauft? »Doch, meine Herren«, beruhigte Präsident Gerd Niebaum die Fans, denen die neue Spielwiese Börsenparkett nicht gleich einleuchten wollte: »Wir sind und bleiben ein Fußballclub, deswegen steht der sportliche Erfolg im Vordergrund.« Wenn das so ist: Alles klar, Herr Kommissar – ich nehm ma' fuffzig Stück.

Wird sich vielleicht manch Anleger mit schwarz-gelb flammenden Herzen gesagt und im Anschluss investiert haben. Leider, siehe oben, ist das ganze Unterfangen mit viel Risiko verbunden. Aktienhandel eben, spekulativ, für Zocker und/oder Liebhaber interessant. Wer sich von dem angelegten Geld Brot kaufen muss, kann auch schnell Pech haben und am Ende den Kitt aus den Fenstern knabbern. Das gilt für Aktien allgemein, für die von Fußballvereinen insbesondere.

Zurzeit werden die Aktien von 13 europäischen Vereinen an der Börse gehandelt. In den meisten Fällen liegt der aktuelle Wert unter dem Emissionspreis. Nur drei davon lagen im Frühjahr 2013 im zweistelligen Bereich, mit Werten knapp über 15 Euro; die Kurse der börsennotierten italienischen und portugiesischen Vereine lagen hingegen unter der 50-Cent-Marke.

Und der BVB? Die Borussen-Aktie kostete zur Handelseröffnung 10,05 Euro, sackte anschließend schnell in den einstelligen Bereich, machte selbst nach den gewonnenen Meisterschaften nur kleine Sprünge. In der Saison 2009/10 dümpelte der Kurs lange unter 1 Euro, bevor er im Winter 2010 stark anstieg und sich bis Sommer 2013 um die 3 Euro einpendelte. Damit orientiert sie sich immerhin noch etwas oberhalb einer Schalker Stadionwurst.

Ausgehend vom Emissionspreis dennoch ein Wertverlust von knapp 60 Prozent. Wie gesagt, mehr Liebhaberstück als lockende Investitionsanlage. Und da der BVB als Geschäftsform die KGaA, also die Kommanditgesellschaft auf Aktien, gewählt hat, steht dem Zechenkumpel mit Aktien-Portfolio noch nicht einmal Mitspracherecht zu.

Freuen durften sich die Anteilseigner dennoch im Winter 2012, denn auf der Jahreshauptversammlung wurde der Beschluss gefasst, von den 34 Millionen Euro Gewinn aus dem Geschäftsjahr 2011/12 rund 3,7 Millionen Euro als Dividende auszuschütten. Das erste Mal seit dem Börsengang 2000.

Pro Aktie gab es 0,06 Euro. Na bitte, geht doch.

36. GRUND

Weil sich Europas Elite (vergeblich) immer wieder daran macht, sich mit BVB-Entdeckungen zu schmücken.

Für den BVB ist die Bilanzsumme vom Verkauf eines Spielers wie Kagawa natürlich ein beachtliches Sümmchen, besonders in Anbetracht der finanziellen Situation des Vereins. Generell kann man mitunter mit Ablösebeträgen im zweistelligen Millionenbereich bei Wechseln zu den großen Clubs im europäischen Ausland rechnen. Falls Real, Manchester & Co. aufmerksam werden, handelt es sich um Leistungsträger – und die sind eher nicht für kleine Mark zu bekommen. 15 Millionen Euro soll die Borussia also für Kagawa bekommen haben. Für Nuri Şahin musste Real Madrid dem BVB angeblich einen Scheck über 10 Millionen Euro ausstellen, was zu der Zeit weniger Şahins eigentlichem Marktwert als seiner Vertragsklausel für einen Wechsel ins Ausland entsprochen haben dürfte. Christoph Metzelder ging aus Dortmund hingegen ablösefrei zu Real; um nur drei Beispiele der jüngsten Dortmunder Geschichte zu nennen.

Für den Verein ist ein Verkauf erst einmal schmerzhaft, weil er eine Schwächung des Kaders ausmacht. Für die Spieler ist der

Wechsel erst einmal abenteuerlich, weil er eine neue Liga, Stadt und Sprache kennenlernen kann, plus Aussicht auf Erfolg bei einem ganz großen Club. Anscheinend lastet über Dortmund allerdings so etwas wie ein Transferfluch: Alle drei genannten Spieler haben ihr Glück vergeblich bei ihren neuen Vereinen gesucht. Einer musste sogar zu Schalke wechseln.

Es dauerte nur einige Wochen, bis sich Metzelder in Madrid so schwer verletzte, dass er fünf Monate pausierte. Selbst danach konnte er sich nie richtig durchsetzen bei den Madrilenen, immer wieder zurückgeworfen durch diverse Verletzungen. In drei Jahren bei Real kommt seine Statistik auf insgesamt 23 Einsätze. Als Bankdrücker holte ihn Felix Magath 2010 zurück ins Ruhrgebiet. Zu Schalke 04. Gut, selbst Schuld. In Kagawas Fall warf ihn ebenso eine Verletzung kurz nach dem Wechsel zurück. Bislang hat sich Kagawa mit der Rolle als Ergänzungsspieler begnügen und an die robuste Spielweise auf der englischen Insel gewöhnen müssen.

Auch Şahin verletzte sich gleich am Anfang seines Vertrags bei Real. Um nach Genesung wieder Spielpraxis zu bekommen, wurde er nach Liverpool ausgeliehen, wo er sich auch nicht durchsetzen konnte. Im Januar 2013, kurz vor Ende der Transferperiode, dann die Bekanntgabe der Borussia: Nuri Şahin kommt zurück zum BVB. Zwar nur als Leihgabe von Real Madrid, aber Şahin war sich sicher: »Nur hier funktioniere ich zu 100 Prozent.«

Die Rückkehr von Şahin zur Borussia ist, wenn man sich das Angebot im Defensivmittelfeld anschaut mit Gündoğan, Bender und Kehl, keine unbedingt notwendige Maßnahme. Eher auch ein Ausrufezeichen des Vereins an seine wechselwilligen Spieler: Schaut her, so kann es euch gehen, wenn ihr den Locksirenen aus dem Ausland folgt.

37. GRUND

Weil Heintje, Motzki und Schnitzel alle mal im Dortmunder Mittelfeld gespielt haben.

Spitznamen gehören zum Fußballzirkus wie Schienbeinschoner in die Stutzen. In vielen Fällen handelt es sich um einfache Ehrerbietung: Kaiser Franz, König Otto, Prinz Poldi. Manchmal um Anerkennungsbekundungen: Schwaben-Diego, Kugelblitz Aílton, Flankengott Abramczik, Terrier Vogts, Titan Kahn. In einigen Fällen um das Gegenteil: Pannen-Olli, Quälix Magath, Flipper Klinsmann, Werner »Beinhart« Lorant. Oft sind es Äußerlichkeiten, die die Namenwahl einfach machen: Tante Käthe, Ente Lippens, Osram Heynkes, Schwatte Kirsten.

Und dann gibt es noch ein paar Spitznamen, deren Ursprung es ein wenig Erklärung bedarf. Den Aufwand wollen wir mal bei drei ehemaligen Borussen-Stars betreiben: Den kleinwüchsigen Lionel Messi, der von Barcelona die Hormontherapie zur Wachstumsbeschleunigung bezahlt bekam, als er in die Jugendakademie La Masia wechselte, erhielt den Spitznamen »la pulga«, der Floh. Ein anderer Spieler, an den eine ähnliche Erwartungshaltung in seiner Jugend gelegt wurde, präsentierte sich ebenso in schmächtiger Verfassung bei der offiziellen Vorstellung des Vereins. Tomáš Rosický war noch nicht sehr vielen Fans ein Begriff im Sommer 2001. Im Vorjahr hatte der Tscheche sich bei der EM mit schnellen Tempodribblings empfehlen können, jetzt sollte er beim BVB »das Vakuum im kreativen Mittelfeld beseitigen«, gab Coach Matthias Sammer vor den versammelten Medien bekannt. Beim ersten Anblick des 20-Jährigen entfuhr es angeblich einem Journalisten auf der Antrittspressekonferenz: »Mensch Junge, iss doch mal ein Schnitzel.« Fünf Jahre lang wirbelte Rosický im schwarz-gelben Dress durch die gegnerischen Abwehrreihen, bevor er in der Sommerpause zu Arsenal London wechselte. Was blieb, ist sein Spitzname – Schnitzel.

Matthias Sammers Spitzname ist relativ selbsterklärend: Wer sich mit allen und jedem anlegt wie Dortmunds einstiger Galeeren-Anpeitscher, nie zufrieden ist und sonst mault, mault, mault, der verdient sich ruckzuck das Synonym »Motzki«. Sammer, als Spieler jahrelang vom Erfolg verwöhnt, sah bei sich, wen wundert's, natürlich keine Mängel in der Haltungsnote und kommentierte seinen Kosenamen eher lakonisch: »Wenn ich am Ende vorne stehe, können mich die Leute auch ›Arschloch‹ nennen.

Für Andreas Möller hat sich die Fangemeinde etwas sehr Hübsches überlegt. »Turbo«. Turbo, Moment mal! Doch, so wurde er genannt, wenn er mit dem Ball am Fuß die Seitenlinie entlangdribbelte. Und falls er dann nicht im Strafraum den sterbenden Schwan aufführte, warf man ihm trotzdem nach Fouls gern vor, zu weich zu sein – versinnbildlicht in der Szene, als sich Bayern-Kapitän Lothar Matthäus vor Möllers Gesicht aufmantelt, die Visage verzieht und sich weinerlich die Augen reibt. Gegnerische Fans nehmen derartige Geschenke gern an und verspotteten den zarten Andy wahlweise als »Heulsuse« oder »Heintje«. Wir erinnern uns an den größten Hit des gleichnamigen Kinder-Schlagerstars: »Maaamaaa – du sollst doch nicht um deinen Jungen weinen.«

Wer sich jetzt im Übrigen wundert – von Kung-Fu-Kahn wird hier noch an ganz anderer Stelle die Rede sein.

38. GRUND

Weil Susi ein ganzer Kerl ist.

Der BVB-Spieler mit dem vielleicht bekanntesten Spitznamen dürfte Michael Zorc sein. Weil er sein leicht ergrautes Haar nicht immer so galant in Form gegelt hatte wie heutzutage, sondern mal lange schwarze Locken trug, bekam Zorc von seinem damaligen Mannschaftskollegen Rolf Rüssmann den Namen Susi verpasst.

So rufen ihn die Borussen-Fans heute noch. Nicht nur ob des Spitznamens wurde Zorc anfangs für seinen Wechsel in die BVB-Geschäftsführung belächelt. »Es war sehr schwierig, weil es ein direkter Übergang ohne Vorbildung war. Aber ich war froh und dankbar, dass man mir die Chance gegeben hatte, in diesen Bereich reinzuschnuppern. In den ersten Jahren war ich eher der Assistent.« Inzwischen schätzt man besonders die besonnene Art des Sportdirektors. Auf das Hirsch-Röhren aus dem bayerischen Wald regiert Zorc betont gelassen. »Wissen Sie, was ich an diesem Beruf so faszinierend finde?«, erklärte er einmal im *Tagesspiegel* seine Philosophie. »Es gibt doch diesen Spruch: Man trifft sich im Leben immer zwei Mal. Im Fußball trifft man sich 20 Mal. Du hast immer wieder mit denselben Leuten zu tun. Deshalb musst du versuchen, die Dinge sauber und ordentlich abzuwickeln.«

Kein Lautsprecher, keine Leisetreter, eher ein Mann, der im Hintergrund die Dinge regelt. Zwar hat er keine makellose Bilanz (Jürgen Röbers Verpflichtung, gut dotierte Verträge für Fehleinkäufe wie Steven Pienaar). Ein Einkauf wie Shinji Kagawa hingegen, den er als ehemaligen Zweitligaspieler für 350.000 Euro aus Japan holte und für 15 Millionen nach Manchester weiterverkaufte, spricht für den Dortmunder. Dietmar Beiersdorfer beschrieb Zorcs zurückhaltendes Wesen mal wie folgt im Juli 2012 in *11 Freunde*: »Michael blieb nach der Titelverteidigung [in der Saison 2011/12, *Anm. d. Autors*] wohltuend bescheiden. Er kennt nun mal auch die Täler eines Fußballerlebens, hat Abstiegskämpfe hinter sich und bestimmt nicht vergessen, dass der BVB vor acht Jahren noch am Abgrund stand. Das lehrt Demut. Einer wie Michael vergisst diese Lektion auch in der Stunde des Triumphes nicht.«

Mit dem BVB hat Zorc in der Tat so ziemlich alles durchgemacht. In Dortmund, seiner Heimatstadt, hat er deshalb Legendenstatus. Und er ist der Mann für die Rekorde bei der Borussia. Aus der Jugend des Dortmunder Clubs TuS Eving-Lindenhorst wechselte er 1978 in die Borussen-Nachwuchsabteilung, von wo ihm der

Sprung in den Profikader gelang. Bis zum Ende seiner Karriere im Sommer 1998 spielte er für keinen anderen Verein. Mit 463 Partien ist er Dortmunds Rekordspieler, in der ewigen Bundesliga-Statistik einer von wenigen Spielern, die mehr als 400 Mal für einen einzigen Verein aufliefen. Sein Debüt für die Nationalmannschaft gab Zorc unter Berti Vogts übrigens – es waren noch andere Zeiten –, als er erst 30 Jahre jung war. Mit 131 Toren ist Zorc hinter dem Frankfurter Bernd Nickel (141 Tore) der Mittelfeldspieler mit den meisten Liga-Toren (beim BVB hat nur Stürmer Manfred Burgsmüller öfter getroffen). Zorc war als Aktiver einer der sichersten Elfmeterschützen: 49 Tore aus 57 Versuchen (86 Prozent Trefferquote). Nur zwei Spieler schossen mehr Elfmetertore in 50 Jahren Bundesliga.

Susi – Mann, ist der gut.

39. GRUND

Weil beim BVB mal so unterschiedliche Trainer wie Michael Skibbe, Bernd Krauss und Udo Lattek auf der Gehaltsliste standen ... und das in einer Saison.

Was sollte einem Fan lieber sein – der hurtige Aktionismus blinder Trainerwechsel bei ersten Zeichen von Misserfolg? Oder so etwas wie ein Bremer Modell, wo Vertrauen über Monate, wenn nicht Jahre hinweg mehr zählt als die bloße Situationsaufnahme des Tabellenplatzes?

Wie viel Zeit kann man einem Trainer einräumen? Wie lange kann ein Team das falsche Konzept aushalten? Liegt es überhaupt am Trainer, am Konzept? Hat er eins? Wer zuerst blutet, ist bekannt. Die Mannschaft wechselt keiner aus.

Zurzeit hat Dortmund mit Jürgen Klopp einen Trainer, der eine klare konzeptionelle Handschrift hat. Die jungen, lauffreudigen – und vor allem hungrigen – Spieler stehen sicher in der Abwehr, um blitzartig aus dem eigenen Strafraum auf Offensivfußball zu schalten und mit drei, vier Ballkontakten beim Gegner vorm Tor zu stehen. Klingt locker-flockig, ist taktisch durchaus noch weitaus ausgereifter. Es funktioniert, das zählt. Mehr noch, das Team gewinnt nicht nur Spiele, sondern Trophäen. Außerdem hat Klopp, der selbsternannte Pöhler, die Südkurve hinter sich. Kein unbrauchbarer Faktor für den Trainer eines Vereins, der sich immer wieder gern auf seine Tradition und Historie beruft. Ob 25.000 auf der Südtribüne die Mannschaft anheizen, oder nicht – das, so einfach gestrickt kann Fußball auch sein, fällt auf den Trainer zurück.

Dieser Satz dürfte Michael Skibbe noch in den Ohren klingeln. Skibbe, ein enorm angesehener und erfolgreicher Nachwuchstrainer beim BVB, wurde 1998 zu den Profis geholt als Nachfolger von Nevio Scala. Auf den namhaften Italiener mit internationalen Weihen (Europapokal der Pokalsieger, UEFA-Pokal mit Parma) folgte also der eher unbeschriebene A-Jugendtrainer Skibbe, Gelsenkirchener, Anfang 30, gestutzter Oberlippenbart. Das offensichtliche Talent des jungen Teamchefs, der einen überblähten, alternden Kader bei Laune halten musste, reichte vielen Fans im Stadion nicht aus. In der Anti-Stimmung aufgrund ausbleibender Resultate wurde Skibbe im Februar 2000 abgelöst – durch Bernd Krauss. Der gebürtige Dortmunder bekam noch weniger Geduld eingeräumt, sodass Udo Lattek, damals 65 Jahre alt und seit sieben eigentlich im Trainerruhestand, ein letztes Mal Filzpantoffeln gegen Trainingsschuhe tauschte.

Bei Weitem nicht Dortmunds einzige Saison mit drei oder mehr Trainern. Die nächste kam 2006/07 mit Bert van Marwijk, Jürgen Röber und Thomas Doll. Über die Jahrzehnte gab es hier und da immer mal ordentliche Fluktuationswellen beim BVB. In nunmehr 50 Jahren seit Einführung der Bundesliga haben in Dortmund rund 40 Trainer auf der Bank gesessen, mal über Jahre, mal für Monate, mal fünf Spiele vor Saisonende. In ihrer Chronik zum 100. Vereinsjubiläum haben sich Schulze-Marmeling und Kolbe die Mühe gemacht, die Verweildauer über mehrere Perioden nachzurechnen. Demnach hat Dortmund in 23 Spielzeiten zwischen 1963 und 1986 28 Trainer beschäftigt. In dieser Zeit, schreiben die Autoren, »durfte ein Trainer beim BVB im Schnitt bereits nach ca. 9,85 Monaten seinen Platz wieder räumen.«

Für die Fans ist es einfach – echte Liebe, ein Leben lang Borussia.

Der Coach, der das Training konzipiert, über die Taktik entscheidet und die Mannschaft aufstellt, ist – bei einem schlechten Lauf – immer nur so gut wie sein letztes Spiel. Und wenn die Kurve irgendwann nur noch nach unten zeigt, zeigt die Fankurve schnell mal auf: die Tür.

40. GRUND

Weil man schwarz-gelbe Trikots sogar im Opernhaus trägt.

Da geht es ja schon los: Dortmund hat 'ne Oper? Kündigt eine Kultureinrichtung an, jetzt sogenannte neue Wege zu gehen, »um das Publikum abzuholen«, ist das ein indirekter Aufruf, schnellstmöglich die Beine in die Hand zu nehmen, und zwar die eigenen. In anderen Städten würde man das Kleinkunsthafte an der Aktion wahrscheinlich mächtig affig finden. Als ob Oper nicht ohnehin genug Abschreckungspotenzial hätte, da macht das Stichwort »Laien-Chor« auch nicht mehr Laune drauf. In Dortmund irgendwie aber okay. Eine gewisse Kunstfertigkeit kann man Fan-Choreografien im Stadion nicht absprechen. Nur möchte man Stadionkultur wirklich im verstaubten Resonanzraum der Hochkultur erleben? In Dortmund hat man es ausprobiert im Frühjahr 2012. Für das Musikstück *Fangesänge* stand dort der Chor des Opernhauses gemeinsam mit einem Laien-Chor aus Fußballfans auf der Bühne. Die insgesamt 100 Sänger, in schwarz-gelber Fanmontur gekleidet, bildeten den Ausschnitt einer Stehtribüne, die Rahmenhandlung stellte eine fiktive BVB-Partie dar. In einem Interview mit der *WAZ* nannte Regisseur Marcelo Díaz das Stück eine Mischung aus »Theater, Oper und Musical«. Jörg Menke-Peitzmeyer, Autor von *Fangesänge*, gehe es »um Ultras, Edelfans oder zum Beispiel die Kommerzialisierung des Sports«: »Ich bin zur Recherche exzessiv ins Stadion gegangen und hab Themen abgelauscht.« Als Fußballfan klingt das exzessiv gruselig. Die Frage nach pyrotechnischen Bedürfnisansprüchen der Ultras löst kein Opernchor dieser Welt. Sei's drum, *it's only rock'n'roll* und halt total Dortmund, wo man fußballbekloppt genug ist, den BVB auf eine Opernbühne zu verfrachten. Und das Bild gediegener Abendgarderobe in den Zuschauerreihen in Kombination mit Fanschal war selbstverständlich auch ein sehr schönes.

41. GRUND

Weil Schalke im direkten Vergleich möglicherweise vorne liegt, in der ewigen Tabelle aber dahinter.

Missachtung ist die höchste Stufe der Abscheu. Folglich braucht man dem FC Schalke 04 nicht allzu viel Bedeutung einzuräumen, indem man die gepflegte Abneigung gegen diesen Verein als Borusse noch durch aufwendige Schilderung ausschmückt. Schließlich hat Dortmund zurzeit eh viel saftigere Steaks zu grillen – diverse Pokale im Trophäenschrank verstauen, den Bayern regelmäßig aus der Lederhose helfen, Heimsiege gegen Real Madrid organisieren, und so weiter und so fort.

Ohne Frage soll der schwarz-gelben Fanseele ein wenig Platz für Amüsement über die Blau-Weißen eingeräumt werden. Generell ist das Schöne an den Revierderbys zwischen Dortmund und Schalke, dass die Spiele – mit Ausnahmen – zwar hitzig-aufgeladen, aber friedlich verlaufen. Das Drumherum nicht immer, wie im Oktober 2012, als es noch vor dem Spiel zu Ausschreitungen zwischen den Fans kam, die Polizei Wasserwerfer einsetzen und mehr als 150 Personen in Gewahrsam nehmen musste.

Die Rivalität bezieht sich im Ruhrgebiet dankenswerterweise allein auf den sportlichen Aspekt des Spiels. Derbys können schnell den überhöhten Charakter hauptstädtischer Großmachtsfantasien (El Clásico in Spanien) annehmen oder religiöse Grundsatzfragen (Old Firm in Schottland) entfachen. Am ärgerlichsten ist die Vermengung von Randbedingungen, die der Sport eigentlich aufheben beziehungsweise im besten Fall ignorieren sollte: herkunftsgesteuerter Klassenkampf (Superclásico in Argentinien). Wobei Dortmund und Schalke als zwei Vereine aus ähnlichen Arbeiter- und Sozialmilieus lediglich um die farbliche Deutungshoheit im Revier ringen.

Lange war diese Frage klar zugunsten der Schalker entschieden. Von den ersten Spielen in den 20er-Jahren an musste Dortmund immer wieder Klatschen mit mehr als vier, fünf Gegentoren über sich ergehen lassen. Erst Ende des Krieges konnte der BVB sich ernsthaft als S04-Gegner behaupten. Seitdem hält sich die Waage im Ruhrgebiet erstaunlicherweise konstant im Gleichgewicht, mit der ein oder anderen Erschütterung auf der jeweiligen Seite: Mal gewinnt Dortmund, mal Schalke – ein 5:0 für Schalke (September 1959) hier, ein 6:3 für Dortmund (Januar 1960) da; auf ein 5:1 der Schalker (November 1978) folgt ein 2:0 der Dortmunder (Mai 1979), um nur ein paar wenige Beispiele zu bemühen. Im direkten Vergleich können sich die Gelsenkirchener erhaben fühlen mit 55 Siegen und 48 Niederlagen in 140 Partien. Ein kurzer Blick in die ewige Tabelle der Bundesliga beruhigt die Borussen-Gemüter dann aber sehr fix wieder: Die Borussen auf Platz 5, Schalke nur auf 7. Keine eindeutiger Vorentscheid im Revier, nein. Nur was stehen denn da für wunderliche Zahlen in der Spalte »Bundesliga-Titel«?

Dortmund 5, Schalke 0.

42. GRUND

Weil »Meister der Herzen« herzlich egal ist.

Mehr muss man gar nicht sagen, oder?

43. GRUND

Weil die BVB-Fahne sogar über der Schalke-Arena weht.

Falls sich ein paar der sogenannten Fans nicht gerade zum organisierten Maulschellen-Austausch verabreden, gibt es unter den Ultras der Vereine das schöne Ritual ungewöhnlicher Blamierungsaktionen. Standardvorgehen ist das Klauen von Utensilien der gegnerischen Fans. Unverfängliche, wenn doch aufladende Provokationsgesten. Falls es tatsächlich auf Schalker Fankappe gehen sollte, dann haufenweise Respekt für so viel Raffinesse: das 60 Meter lange Banner »Gelbe Wand Südtribüne Dortmund« im Dezember 2006 unterm Dach des Westfalenstadions zu entwenden, ist keine schlechte Leistung.

Nichts allerdings gegen die Großtat eines sagenhaften Schneeschiebers im Dezember vier Jahre später. Nach Dauerflockenfall hatte die Dachmembran der Schalke-Arena Risse bekommen, mehrere Arbeiter mussten hochsteigen und Schnee räumen. Einer der Hilfsarbeiter war sogar so freundlich, weit mehr als die angeforderte Arbeit zu erledigen. Er brachte am Dach der Schalke-Arena ein nützliches Windmessgerät an. Das gefiel den Schalkern sehr. Ach wie nett, das können wir gut gebrauchen, dachten sie. Bis sie merkten, dass der Windmesser die schöne Form einer schwarz-gelben BVB-Fahne hatte. Da wurden sie unglücklich, weil sie feststellen, dass BVB ja gar nicht für *Beständige Vind-Böen* stand, und nahmen das Geschenk des Dortmunder Schneeschiebers erbost vom Dach.

44. GRUND

Weil Dortmund keinen Transrapid, aber einen Footbonauten hat.

Wer glaubt, der liebe Lionel Messi habe das Fußballspielen in Flip-Flops auf dem Kasernenhinterhof gelernt, liegt genau richtig. Nee, Quatsch. Nur ein Witz. Der war barfuß.

Okay, jetzt ganz ernsthaft. Messi, der unglaublichste Fußballer, der derzeit auf den Fußballfeldern dieser Welt unterwegs ist, hat das Einmaleins des Sports in Barcelonas Jugendakademie La Masia gelernt, einer sogenannten Kaderschmiede, wo man den jungen Talenten auch nicht nur Kniebeugen beibringt. Der Nachwuchs wird heute gezielt gefördert, Stärken herausgearbeitet, Schwächen ausgemerzt. Die Jungtalente werden ganz bewusst für bestimmte Positionen ausgebildet.

Will man als Topmannschaft diese Entwicklung der gezielten Talentförderung nicht verpennen, schafft man sich einen Footbonauten an. Einen was?

Der Footbonaut ist unterhaltsamer Technikschnickschnack, über das der BVB seit September 2012 verfügt, um seine jungen Spieler auszubilden, seine ausgebildeten Spieler zu verbessern und seine kranken Spieler zu kurieren.

So die Theorie. Praktisch ist der Footbonaut nichts anderes als eine riesige Ballmaschine. Dieser Trainingsroboter steht auf dem Trainingsgelände in Dortmund-Brackel. Er sieht aus wie ein quadratischer Fußballkäfig. 14 mal 14 Meter im Ausmaß, grüner Kunstrasen. Aus einer von acht Wurfmaschinen bekommt der Spieler, der im Mittelkreis des Käfigs steht, den Ball zugespielt. Ein akustisches sowie ein visuelles Signal kündigen an, aus welcher Himmelsrichtung der Ball kommt. Begrenzt ist die Spielfläche mit einer Art Gitterwerk aus 72 Feldern, jedes 1,40 mal 1,40 Meter groß und mit Lichtleisten umrahmt. Nach dem Pass aus der Wurfmaschine muss der Spieler den Ball durch das aufleuchtende Feld zurückspielen. Dann piept es wieder und der nächste Ball kommt ins Spielfeld geschossen, der Spieler nimmt ihn an, ein Feld leuchtet auf, er spielt durch, der Ball verschwindet, der nächste kommt und so weiter und fort.

Dabei soll jeder Winkel denkbar sein, heißt es vom Verein, alles könne eingestellt werden, um Spieler auf Stärken hin zu trainieren. Die Bälle kämen mit oder ohne Spin, hoch oder tief; Ballfrequenz und Geschwindigkeit seien ebenso variabel. Die Kosten waren es dagegen wohl nicht: Eine Million Euro soll der Käfig gekostet haben. Was es bringt, was es nutzt? Keinen blassen Schimmer. Eher schön anzuschauen, dass man beim BVB wieder über das Geld verfügt, sich solche Spielzeuge zu leisten.

45. GRUND

Weil Scott Booth und Jan Derek Sørensen schon auch okay waren.

In jedem Verein gibt es sie, die Hoffnungsträger, die manchmal viel, manchmal kein Geld kosten; gemein haben sie, dass sich niemand so richtig an sie erinnert, weil sie hoffnungslos gefloppt sind.

In *Ein Jahrhundert Borussia Dortmund*, Dietrich Schulze-Marmelings und Gerd Kolbes Chronik zum 100. Geburtstag des BVB, tauchen diese beiden Stürmer im Borussen-Spielerlexikon gar nicht erst auf: Scott Booth und Jan Derek Sørensen. Die beiden sind natürlich nur Beispiele für eine nicht beneidenswerte Kategorie von Spielern, deren Leistungsniveau nie den Erwartungen an sie entsprach. Thiago, Leonardo Rodríguez, Mark Strudal, wie sie alle hießen.

Die neue Stadt, das neue Land, die Sprache, die Familie, das Umfeld, der Kader, die Konkurrenz, das Spielsystem, der Trainer, die Taktik – es gibt unendlich viele Gründe, warum es schieflaufen kann. Die Rhetorik hat sich vor solche Fälle mal den Euphemismus »Ergänzungsspieler« einfallen lassen.

Booth wechselte in der erwähnungsunwürdigen Saison 1997/98 aus Aberdeen nach Dortmund, immerhin zum Champions-League-Sieger. Keine allzu schlechte Perspektive. Und Booth brachte kein allzu schlechtes Zeugnis mit: 43 Tore in 164 Spielen für den FC Aberdeen. Nur Dortmund wollte in dieser Saison nicht so richtig: Ab dem siebten Spieltag hagelte es vier Niederlagen in Serie, von denen sich der BVB in der Tabelle nicht mehr erholte – am elften Spieltag ging es von Platz 16 leicht bergauf, aber nie über Platz 7 hinaus, am Ende Zehnter. Der Schotte durfte zehnmal ran in der Liga, schoss bei seinem einzigen Einsatz in der Startelf das 1:1 in Mönchengladbach. Sein einziger Bundesligatreffer. Nach knapp einem halben Jahr wurde Booth nach Utrecht, 1998/99 nach Arnheim ausgeliehen, anschließend wechselte er zu Twente Enschede. Vom Champions-League-Sieger zu den Niederländern. Das Fußballgeschäft kann so verdammt hammerhart sein.

Auch Jan Derek Sørensens Schicksal beim BVB verlief nicht viel anders. Der Norweger kam im Januar 2001 aus Trondheim nach Dortmund, im Lebenslauf drei aufeinander folgende Meisterschaften und ein nationaler Pokal mit Trondheim, dazu eine passable Torquote als Außenstürmer. Der Wechsel nach Deutschland hatte sogar kurz Schlagzeilen gemacht, weil sich die Borussia mit 1860 München um die Unterschrift von Sørensen streiten musste. »Über seine sportlichen Qualitäten brauchen wir nicht zu diskutieren«, sagte Dortmunds Trainer Matthias Sammer, als der BVB den Zuschlag bekam. »Wir haben den Eindruck, dass wir gut zusammenpassen.«

So gut, dass Sørensen in 24 Ligaspielen innerhalb von zwei Spielzeiten kein einziges Tor schoss. Im UEFA-Pokal hatte er doppelt so viel Glück. Er traf genau einmal. In der 3. Runde erzielte er den 1:0-Endstand beim Rückspiel daheim gegen Kopenhagen. Der BVB wäre auch mit einem 0:0 eine Runde weitergekommen. Egal, trotzdem: Bravo!

Unterm Strich klingt es trostlos und vergessenswert, allein als Statistik durchzugehen und kein funkelnder Stern gewesen zu sein. Hier sei noch einmal an all die vielen Spieler erinnert, die jede Mannschaft hatte und immer haben wird, die sich trotz Talent nicht durchsetzen konnten: die Pechvögel.

46. GRUND

Weil der BVB sich nicht ganz ergeben hat.

Schwer zu beurteilen, wie viele Sportvereine sich in der NS-Zeit eine astreine Vergangenheit nachsagen lassen können. Borussia Dortmund gehört nicht dazu. Nein, *das* soll den BVB keineswegs liebenswert machen, auch wenn dieses Buch nach 111 Gründen dafür sucht. Zur Vereinsgeschichte gehört dieser Abschnitt dennoch. Im sozialdemokratisch wie kommunistisch geprägten Dortmunder Arbeitermilieu tat sich die NSDAP in der Weimarer Republik anfangs schwer, Fuß zu fassen, was sich nach und nach änderte aufgrund der anhaltenden Weltwirtschaftskrise, die die Bergbau- und Stahlindustrie im Ruhrgebiet lähmte. Hohe Arbeitslosigkeit in der Region begünstigte den Aufstieg von Hitlers Partei.

Die Borussia selbst ging aus der katholischen Dreifaltigkeitsgemeinde hervor und wurde im »roten« Arbeiterviertel um den Borsigplatz gegründet. Der Gleichschaltung des Sports unter den Nazis entging der Verein dennoch nicht.

Schulze-Marmeling und Kolbe schreiben in ihrer Vereinschronik, dass »auch der Arbeiterverein BVB« nicht »von der braunen Bewegung« unberührt blieb: »In der Festschrift zum 30. Geburtstag des BVB (1939) wird stolz hervorgehoben, dass 80 Prozent der 1. Mannschaft SA-Angehörige seien.«[10] Die Autoren gehen trotzdem nur von einer Minderheit engagierter und überzeugter Nazis unter den aktiven Borussen aus. Mit vorsichtigem Verweis auf die subjektive Sichtweise von Zeitzeugen und deren Angehörigen schreiben sie: »Offensichtlich existierte innerhalb des Vereins eine Art ›Burgfrieden‹, bei dem man politische Identitäten weitestgehend ignorierte.«[11]

Beim BVB engagierten sich Leute aus der SPD und dem Arbeitermilieu, Kommunisten und Anhänger der Zentrumspartei, aber genauso Nazis wie der SA-Mann Willi Röhr, für die alle angeblich weiter der Sport im Vordergrund stand.

Selbst wenn es sich zu der Zeit beim BVB primär um Fußball drehte, gab es einige Schwarz-Gelbe, die sich abseits vom Rasen gegen das Nazi-Regime wandten. Mehrerer aktiver Widerständler aus den Reihen des Vereins wird heute noch gedacht. Seit einigen Jahren findet am Karfreitag der Heinrich-Czerkus-Gedächtnislauf statt. Während der NS-Zeit war der ehemalige BVB-Platzwart und Kommunist Czerkus im aktiven Widerstand tätig. Der jährliche Gedächtnislauf, der am Stadion Rote Erde losgeht, ruft die Ermordung von Heinrich Czerkus, Franz Hippler (ebenfalls aktiver Widerständler und BVB-Mitglied) und weiterer Opfer durch die Nazis im Frühjahr 1945 in Erinnerung.

Zudem wird bei einer zentralen Gedenkfeier am Mahnmal in der Bittermark seit Jahrzehnten an die Karfreitagsmorde dort und im Rombergpark erinnert. Auf der Kundgebung im März 2013, die maßgeblich von der BVB-Fanabteilung mitorganisiert wurde, sprach sich Vereinspräsident Reinhard Rauball in seiner Rede klar gegen Intoleranz und Rechtsextremismus im Umfeld des Fußballs aus: »Verein, Mannschaft und Fans sind sich einig, dass in solchen Fällen nur eine Null-Toleranz-Politik opportun ist. Wir müssen dauerhaft Zivilcourage zeigen, um rechtsextreme Tendenzen im Keim zu ersticken.«[12]

Eigentlich sollte man heutzutage diese Selbstverständlichkeiten nicht mehr unterstreichen müssen. Leider hat Dortmund seit vielen Jahren damit zu kämpfen, dass der rechte Rand immer wieder versucht, den BVB zu infiltrieren. So unterwanderten in der Vergangenheit unter anderem Rechtsextreme den Sicherheitsdienst im Dortmunder Stadion, wie SPIEGEL ONLINE berichtete.

Anlass für Rauballs erneute Mahnungen waren diverse Zwischenfälle beim BVB: Unter anderem waren beim Auswärtsspiel in Donezk im Februar 2013 zwei schwarz-gelbe Fanbeauftragte von Schlägern aus der Dortmunder Neonazi-Szene angegriffen worden.

Dummerweise schaffen es die rechten Brüllaffen immer wieder, sich mit Parolen und Aktionen unter die Mehrzahl der harmlosen Sportfans zu mischen. Es bleibt das Rätsel dieser Verblendeten, wie sich ihr kleingeistiges, weltbeschränktes Gedankengut vertragen soll mit der angeblichen Hingabe für eine Mannschaft, die Spieler mit den tollsten (Reise-)Pässen in ihren Reihen hat.

47. GRUND

Weil Norbert Dickel in den Hitparaden statt im Strafraum stürmt.

Norbert Dickel war schon immer umtriebig, früher mehr im Strafraum, heute eher im – ja, wo eigentlich nicht? Der Mann, muss man wissen, hat viele Talente: Stadionsprecher, Moderator, Kommentator, Eventmanager, Geschäftsmann, Musiker, Pokalheld. Da hat man in der Tat eine Menge zu tun, all die Bälle gleichzeitig zu jonglieren. Dickels letzter großer Streich war die Eröffnung einer Currywurstbude in der Dortmunder Innenstadt. Ein 20 Jahre alter Traum, wie er beim ersten Anschmeißen der Friteuse den hungrigen Neugästen anvertraute.

Der wohlige Klang von pricklig-brutzelndem Bratfett, der hinterm Tresen einer Wurstbude aufsteigt, ist für nicht wenige Menschen im Ruhrgebiet die denkbar schönste Musik. Currywurst ist im Revier nicht irgendetwas. Sie gehört vorschriftsmäßig in jeden Verbandskasten, ein Lebenselixier.

Die Stadt Dortmund ist da keine Ausnahme, auch hier liebt man das Grillbrutzeln. Obwohl man hier nur eine Musik kennt, noch lieblicher als Engelszungen: das Grundrauschen des Westfalenstadions. Einer der wichtigsten Apologeten dieser schwarz-gelben Fankultur ist selbstredend Norbert Dickel.

Dickel ist gefühlt seit immer Stadionsprecher in Dortmund. Ein Gute-Laune-Bär der Vereinskultur, gnadenlos parteiisch, wenn es um den Club geht, schwarz gelb durch und durch. Wenn der Vorverkauf für die Champions-League-Halbfinale beginnt und die Fans vor der Geschäftsstelle zelten, um an Karten zu kommen, schaut Dickel vorbei und legt was auf den Grill für die Wartenden. So einer ist das.

Als Spieler hat er sich bereits um den BVB verdient gemacht, mit einem matschigen Knie quasi allein den DFB-Pokal nach Dortmund geholt. Folglich hat Dickel viel, viel Kredit angehäuft, den er nach und nach verspielen darf.

Nur würde man sich lieber das hauseigene Currypulver seiner Imbissbude in die Ohren streuen, als ihm ernsthaft beim Singen zuzuhören. Nickel ist kein Sänger, maximal Gesangsakrobat. Und trotzdem kann er es nicht lassen, die Stimmbänder auf seine alten Tage noch einmal zu überdehnen. Sein jüngstes Verbrechen aus dem Frühjahr 2012 vermittelte zwar eine wichtige gesellschaftliche Botschaft, machte *Dortmund, schenk uns die Schale* aber nicht zu einem besseren Lied. Das Stück rattert im Kaffeefahrtstampfstampf-Autopilot los, irgendwann klingelt noch ein computergesteuertes Schifferklavier, bimbim bim bim bimbim, dann darf auch Norbert Dylan voll losträllern – di didi didi dididiii, di didi didi dididiii di.

Die Currywurst? Schmeckt astrein. Aber Schuster, hast du nicht genug mit deinen Leisten zu tun? *Mensch Norbert, singen? Ach komm schon.* Im Fußball ist Liedgut andererseits nicht wegzudenken. Man erinnere sich nur an die 12:12-Aktion. Furchtbare

Nichtstimmung in den Stadien. Und Fußballer selbst lieben Musik nun einmal so sehr wie Tore und Trophäen. Dickel wäre ja nicht der erste Tonleitertaugenichts: Wer wärmt sich an kalten Tagen nicht gern an *Muss i denn zum Städtele hinaus* in der Version vom Franken-Sinatra Lothar Matthäus?

Eigentlich hätte Dickel bereits das *fette feature* mit Prags Goldkehlchen Karel Gott die Gesangslizenz kosten müssen – *Schwarzgelb wie Biene Maja*. Ein Borussen-Medley auf die klassische Melodie des Kinderliedes. Quasi die Schablone für den schalen Schalen-Song, mit noch mehr geselligem Schunkeluffdada. *Dortmund, schenk uns die Schale* wiederum war, man muss den Hut ziehen, ein Schlager in den deutschen Hitparaden: Beim Doublegewinn von null auf zwei Platz. B-O-O-M!

Big Nobby, vom Stürmer zum Chartstürmer.

48. GRUND

Weil Dickel fast mal vom DFB gesperrt worden wäre, als Kommentator.

Die Schiedsrichterschmähung ist ein toller Sport. Zu Hause vorm Fernseher, in der Kneipe vor der Leinwand – wie herrlich man da losledern kann. Wo es nicht geht, ist sicher: auf dem Rasen, an der Seitenlinie, im Rundfunk.

Zu Letzterem kommen wir gleich. Auf dem Rasen müssen sich die Spieler dem Schiedsrichter unterordnen, der hält die Zügel – und Karten – in der Hand. Wenn ihm was nicht passt: *er Tarzan, du Jane*. Keine Widerrede. An der Seitenlinie, in der sogenannten Coaching-Zone, sind die Ohren nicht ganz so spitz, aber auch da kann es schon mal sein, dass das Trainergefuchtel die Offiziellen rot sehen lässt. Na ja, und im Radio (wie im Fernsehen), da kann halt jeder zuhören. Man ist als Moderator also gewarnt.

Dass da einer zuhört, hat Norbert Dickel und Boris Rupert wohl auch schon mal jemand gesteckt. Trotzdem reden die beiden im BVB-Netradio so, als ob sie eh längst im Kittchen säßen. *Wie der Schnabel gewachsen ist*, jaja. Da geht es deftig zu, liebe Betschwestern. Dickel und Rupert ereifern sich auf tollste Weise, schön aus der Vogelperspektive – *ich sehe alles, du wohl einen ganz anderen Film, Schiri*. Die beiden kommentieren für fast 200.000 Zuhörer die Spiele des BVB, wobei laut Verein bis zu 50 Länder übers Internet zuschalten. Die zotigen Stammtischtiraden, die Dickpert zusammenbrauen, laufen demnach nicht unterm Radar, obwohl Dickel so hastig durch die Fußball-Obszönitäten stolpert wie er früher Tore schoss (Hattrick in 7 Minuten, liebe Feinschmecker – zweitschnellster Ligawert). Aus welchem Stasiland die freundliche Anschwärzung an den DFB übermittelt wurde an jenem 27. August 2011, ist nicht überliefert. Wahrscheinlich aus gar keinem, die vom DFB haben ja auch Ohren am Kopf.

Der amtierende Meister saß auf einem 0:0 in Leverkusen fest, als Mario Götze für Nachtreten mit Roter Karte duschen geschickt wurde. Kurz darauf wollte Schiedsrichter Wolfgang Stark ein Hummels-Tor nicht geben. Da die Herren Dickel und Rupert fürs BVB-Netradio kommentieren, Parteinahme somit inbegriffen ist und ihnen Bayer 04 nicht egaler sein könnte, fielen Sentenzen wie »Stark, du Blinder« (Dickel) und »was dieser Mann sich zusammenpfeifen darf, dieser Korinthenkacker« (Rupert) sowie ein Ausdruck für Stark, der Synonym ist für den Ort, wo Korinthen das Tageslicht erblicken. Weil der DFB nichts mit Kacke zu tun hat beziehungsweise Korinthen, wie wir alles wissen, sah man sich beim Fußballverband genötigt, die zärtlichen Chaoten zu bestrafen. Dickel kam mit einer Geldstrafe (2500 Euro) davon; Rupert wurde zudem, um mal bisschen Luft zu holen, zwei Spiele als Kommentator, nun ja, gesperrt.

Beide entschuldigten sich nach dem Urteil noch einmal ausdrücklich für die miese Tonqualität ihrer Übertragung.

49. GRUND

Weil nur der BVB Uli Hoeneß regelmäßig zur Weißglut brachte.

Am einfachsten: Den Hofknicks gleich vorweg. Alle Achtung vor der sportlichen Leistung, und – immer ganz wichtig beim FC Bayern – die wirtschaftliche erst. Was der Hoeneß da aufgebaut hat, das ist phänomenal. Darüber hinaus soll das Finanzgenie ja BVB-Aktien gekauft haben, als Dortmund am Abgrund stand. Von einer 2-Millionen-Leihgabe aus München ist ebenso die Rede gewesen. Wer in Zeiten schwarz-gelber Existenzangst sein Portemonnaie aufmacht, dem sollte man Anerkennung erweisen. Hoeneß' Steuerschuld, auf der anderen Seite, hat ein Gericht bewertet. Den Eifer sparen wir uns hier.

Hat man den ganzen Bayern-Demutsjazz einmal durchgeklimpert, kann man sich wieder ausnahmslos der schönen, alten Hahnenkampf-Tradition hingeben: Dortmund vs. München, Saupreißn vs. Bazis, Kohle-Club vs. FC Hollywood.

Dieses Spiel funktioniert astrein, weil jede Regung zwischen den beiden gnadenlos ernsthaft diskutiert wird. Bei Bayern vs. Dortmund ist die höchste erdenkbare Fallhöhe gerade hoch genug. *Komm, geh mir weiter mit »ist doch nur Fußball«. Nix da, hier geht es um Herrschaftsansprüche in der Liga.*

Das allerschönste Geschwätz, das ausgerechnet unter der aufregenden Bezeichnung »Abteilung Attacke« firmiert, kommt natürlich vom ehemaligen Bayern-Präsidenten höchstpersönlich.

Die vier aufeinander folgenden Niederlagen in der Liga, plus das 2:5 im DFB-Pokalfinale, die beiden verpatzten Meisterschaften 2011 und 2012, all das muss Uli Hoeneß dermaßen in der Ehre verletzt haben, dass er sich im Dezember 2012 zu einer Aussage verstieg, die kaum Interpretation bedurfte. Die innere Verletztheit hörte man von allein heraus.

Auf ein mögliches Dortmund-Trauma angesprochen, sagte Hoeneß, er könne mit »solch einem Käse nichts anfangen«, und fügte hinzu: »Ich denke, wir werden sie in den nächsten Jahren wieder zur Weißglut bringen.«[13] Die Bayern bringen die Dortmunder zur Weißglut? Mensch Hoeneß, halten Sie sich für so wichtig?

Wichtig genug, im April 2013 die Liga auf die Gefahr »spanischer Verhältnisse« hinzuweisen. Die oberen zwei, drei Clubs sollten nicht total davonlaufen, kritisierte Hoeneß das Leistungsgefälle unter den Vereinen. Er wusste, wovon er sprach. Bei »Schweizer Verhältnissen« hatte er ja bereits schwarzgesehen, jetzt galt es unbedingt, spanische zu vermeiden. Der Spannung halber. Die nächstbeste Alternative daher, ganz eindeutig: DDR-Verhältnisse wie bei Dynamo Berlin, die zehn Jahre hintereinander Meister wurden.

Das kann man relativ einfach herbeiführen: Indem man der ärgsten Konkurrenz das Filetstück heraustrennt. Mario Götze nach München holen, da haben Wolfsburg und Nürnberg echt eine Menge von, das wird die Liga megaspannend halten.

Bei Hoeneß hat man immer den Eindruck, er wäre gern ein Asterix. Den Unbeugsamen geben, mit seinem Zaubertrank namens Festgeldkonto fuchteln, wenn die Einschläge näher kommen. Dabei ist er eine Caesar-Figur, in seiner weltmännisch-eitlen Art, getrieben durch Verlustängste ums Empire, unbeliebt für den Glauben, Nabel der Welt zu sein.

In Dortmund findet man das geltungssüchtige Marktgeschreie aus dem Süden wohl so schal wie ein Schluck aus dem Ermüdungsbecken. Die Schwarz-Gelben gaben sich in jüngster Vergangenheit wenigstens abgeklärt. »Wir haben uns in den Jahren zuvor nicht so wahnsinnig aufgeregt, was Bayern München gemacht hat, wir haben uns in den vergangenen zwei Jahren überhaupt nicht aufgeregt über das, was die Bayern gemacht haben, und wir haben zukünftig nicht vor, uns über das aufzuregen, was die Bayern machen werden. Und das ist ja, glaub ich, eine Grundvoraussetzung, um in Weißglut zu geraten. Zumindest hier ist das so«,[14] sagte ein sehr entspannt wirkender Jürgen Klopp in Bezug auf die Aussagen vom damaligen Bayern-Präsidenten. Dortmund ganz cool: »Lass die Münchner mal keifen.« Wussten und wissen eh alle: nur Uli Hoeneß' Birne kennt *50 shades of red*. Und deshalb ist es fürs Wohlergehen des Betriebs unbedingt wichtig, so weiterzumachen, bloß die Glut am Lodern halten, immer schön Holz aus dem bayerischen Wald nachlegen, eine Ladung westfälische Briketts obendrauf.

Denn seien wir ehrlich: Nicht zu glauben, wie strunzlangweilig die Liga wäre, würden die beiden Clubs das so schön harmlose wie unterhaltsame Mädcheninternatsgezicke eines Tages einstellen.

50. GRUND

Weil die Schutzschwalbe leider nie die Friedenstaube abgelöst hat.

Eine schlichte Weisheit im Fußball lautet: die Gepflogenheiten des Sports sind heute ganz anders als in den Anfangstagen. Früher zum Beispiel gab es keine Auswechslungen, die Spieler spielten durch, da zählte kein Pardon. Jeder hatte ein Paar Schuhe, das Trikot musste über 90 Minuten halten. Mittlerweile bekommen Spieler von ihren Sponsoren Schuhe und Schienbeinschoner en masse gestellt und in der Halbzeitpause bügelt der Zeugwart ein frisches Hemd auf. Es wird mehr gerannt als damals, das Spiel ist härter geworden, technisch anspruchsvoller. Da sind die Schuhe schneller durch, das Trikot hält auch keine Ewigkeit. Wie gesagt, die Gepflogenheiten haben sich geändert. Gleichzeitig passten sich ebenso die Geflogenheiten an den modernen Fußball an. Augenblick, fehlt da nicht was? *Geflogenheiten*. Ja, das P. P wie Pilotenschein.

In den Anfangstagen herrschten auf dem Platz etwas mehr Ehre und Anstand. Denn die Krönung des Schwalbenkönigs ist eine Erfindung der Neuzeit. Möglich, dass Schwalben schon immer

Teil des Spiels waren, sie damals nur schwerer zu ahnden waren. Heute fällt es merklich schwerer, mit billigen Tricks im Strafraum davonzukommen. In den Stadien sind 15, 20 Kameras aufgebaut, manchmal mehr, denen kaum etwas entgeht. Wahrscheinlich sind die neuen Geflogenheiten, das kontaktlose Abtauchen, das theatralische Fallen, auch Teil der veränderten Gepflogenheiten. Das Geschäft ist ein bisschen gnadenloser geworden. Absteigen, aufsteigen, international spielen oder nicht, ein Punkt hier, ein Punkt da kann über Millionenetats entscheiden.

Diese neue Härte hat nicht nur zu immer dreisteren Einlagen der Fallsüchtigen verleitet. Auch die Abwehrreihen tendieren zum kompromissloseren Einsteigen, um die Punkte zu sichern. Eine gefährliche Entwicklung. Eine Ansicht ganz nach Andreas Möllers Geschmack. Die Rechnung ist ganz simpel: Jeder Spieler hat zwei, drei Paar Schuhe, aber nur einen Satz Knochen. Die hält niemand gern hin. Also sollte man sich als Spieler selbst schützen, nicht ständig die Beine der Abwehrklopper abzubekommen, forderte Möller damals.

Der Dortmunder Mittelfeldmann war *der* geniale Stratege und Passgeber seiner Zeit, Mitte/Ende der 90er-Jahre. Einer, der alles konnte: Er bestimmte den Spielfluss mit schnellen Dribblings, beherrschte den blinden Gassenpass und schlug brillante Freistöße. Ein Spielmacher allererster Güte. Beim BVB kreativer Architekt zweier Meisterschaften und des Champions-League-Sieges. Weil diese Art Fußballer so schnell und ballsicher Haken durch den gegnerischen Strafraum schlägt, dient Abwehrspielern oft das Foul als einzig probates Mittel, sie vom Ball zu trennen. Offensiv-Dribbler, wie es Möller einer war, halten am häufigsten ihre Knochen hin.

Der gebürtige Frankfurter wollte das in seiner aktiven Zeit nicht länger hinnehmen. Er überlegte sich eine originelle Lösung, den kontaktfreudigen Holzbeinen aus den Abwehrreihen Einhalt zu gebieten. Friedensengel Möller hegte nur einen Wunsch: Ruhe vor den gemeingefährlichen Teufelsgrätschen. So schuf er – bitte festhalten – die Schutzschwalbe, den vorauseilenden Umfaller, damit die Knochen heile bleiben. Lehrreicher Einfall des einfühlsamen Ballstreichlers. Ja, der BVB war und ist eben ein Verein, der kreativen Köpfen in seinen Reihen keine Geistesgrenzen setzt. Zu Möllers Überraschung leuchtete sein präventivmedizinischer Geniestreich in der praktischen Anwendung nur wenigen ein, als er ihn im Ernstfall praktizierte. Wie von einem Scharfschützen niedergestreckt riss es Möller im April 1995 beim Spiel gegen Karlsruhe von den Beinen. Mit einem schnellen Doppelpass hatte er sich in den Strafraum des KSC vorgearbeitet, von halblinks eilte Abwehrrecke Dirk Schuster an, und dann: PENG! Möller am Boden. Aber: die Knochen unangetastet. Schutzschwalbe sei Dank.

Ehrenwerte Idee, in der Ausführung nicht mehrheitstauglich. Auch weil sich Schuster etwa einen Meter von Möller entfernt befand, während der Dortmunder den Boden unter den Füßen verlor. Man muss bedenken, dass Schwalben eine Kunstform sind. Ihr Schauspiel muss mühelos wirken, nur dann sind sie das perfekte Verbrechen.

Möllers holprige Darbietung kostete die Karlsruher einen Elfmeter. Dortmund drehte mit dem Ausgleich das Spiel, gewann am Ende 2:1 und sicherte sich die wichtigen Punkte im Rennen um die Meisterschaft. Schutzschwalbe sei Dank. Die Erläuterung der neuen Geflogenheiten (»Das war eine Schutzschwalbe – ich dachte, Dirk Schuster würde mich voll umhauen«)[15] überzeugte jedoch niemanden.

»Mutter aller Schwalben«, »Schwalbe des Jahrhunderts«, »glasklarer Betrug«,[16] die Meinung über Möllers ungewöhnliche Maßnahme zur Senkung der Krankenkassenbeiträge produzierte eine Reihe von Synonymen. »Schutzschwalbe« setzte sich nicht durch, komischerweise. Der DFB ließ sich ebenso wenig erwärmen für das possierliche Tierchen und sperrte den Mittelfeldspieler nachträglich für zwei Spiele. Unter BVB-Getreuen ein klarer Fall von missverstandenem Genie. Doktor Frankenstein, nur Gutes im Sinn, hatte ein Monster geschaffen.

5. KAPITEL

CHAMPIONS LEAGUE, BÖRSE, FINANZCHAOS: NIEBAUMS VERMÄCHTNIS

51. GRUND

Weil der BVB Ottmar Hitzfeld gemacht hat.

Im Trainergewerbe ist der Tauglichkeitsübergang von »gut« zu »sehr gut« fließend, oft bestimmt allein durch die Tagesform. Das Präfix »Weltklasse-« allerdings muss man sich als Trainer mühsam erarbeiten. Zumeist sind es die internationalen Erfolge auf großer Bühne, die einem als Übungsleiter den Weg hinauf zum Trainer-Olymp weisen.

Man würde dem Mann also kein Unrecht tun mit der Behauptung, dass seine Zeit als bedeutender Trainer erst mit dem Wechsel zu Borussia Dortmund begann. Die Strahlkraft eines Erfolgstrainers besaß Ottmar Hitzfeld natürlich längst vor seinem Engagement in Westfalen. Auf sich aufmerksam gemacht hatte er bei Grasshoppers Zürich, wo er zwei Meisterschaften und zwei Pokalsiege innerhalb von drei Jahren gewann.

Und dann seine erste Spielzeit bei Borussia Dortmund (1991/92), beinah schon ein Glanzstück: Unter Hitzfelds Führung verpasste die Mannschaft nach mäßigem Saisonauftakt am letzten Spieltag knapp den ersten Platz. Nur aufgrund des besseren Torverhältnisses sicherte sich der VfB Stuttgart die Deutsche Meisterschaft, auch dank eines gewissen Matthias Sammer, der in Dortmund sehr bald eine tragende Rolle spielen sollte.

Zurück zu Hitzfeld. Dass der ein Trainer von Format sein würde, hatten seine Erfolge in der Schweiz bewiesen; die Vize-Meisterschaft im ersten Dortmunder Jahr war folglich der gut gemeinte Warnschuss in Richtung Konkurrenz – hier geht es jetzt noch einmal ganz neu los, wir melden uns bald wieder! Und schließlich hatte Hitzfeld die in schwarz-gelb gewandten Anhänger vorab zum Träumen gebracht, indem er in einem Interview versprach,[17] die Mannschaft, die seit dem Pokalsieg 1989 nichts gewonnen hatte, bis zum Jahr 1996 wieder zu einem Titel führen zu wollen.

Um das Team aus dem gehobenen Qualitätsmittelfeld bis ganz nach oben an die Spitze zu führen, sorgte Hitzfeld, seinerzeit studierter Sport- und Mathematiklehrer, für eine taktische Umstellung und eine neue spielerische Ausrichtung. Der Fußball des BVB sollte sich ab sofort weniger durch die deutsche Tugend des schieren Kampfgeistes bei mangelnder Spielkultur auszeichnen als durch moderne Spielweise und taktische Raffinesse. Hitzfeld setzte in der Mannschaftsaufstellung auf ein simples Leistungsprinzip: Wer hart trainierte und gute Leistungen brachte, spielte bei ihm. Diverse Zukäufe, vor allem die der vier italienischen Legionäre (Reuter, Sammer, Riedle, Möller), beflügelten gleichzeitig den internen Konkurrenzkampf um die Plätze in der Anfangsformation. Die Erlösung, aber noch nicht die Krönung, folgte schlussendlich in der Saison 1994/95. Von 34 stand Dortmund an 26 Spieltagen an der Tabellenspitze. Fünf Spieltage vor Saisonende musste der BVB mit seinem ärgsten Verfolger Werder Bremen die Plätze tauschen. Weil die Bremer am letzten Spieltag jedoch in München 1:3 verloren und der Hamburger SV den Grün-Weißen natürlich keine Schützenhilfe anbot und sich 2:0 (2:0) gegen Dortmund geschlagen gab, rutschte Werder Bremen wieder auf Rang 2. Ottmar Hitzfeld hatte von den BVB-Bossen für damalige Verhältnisse nicht wenig Geld in die Hand und auch Zeit bekommen, eine erfolgreiche Mannschaft aufzubauen. Er dankte es ihnen also mit einem Punkt Vorsprung und der ersten Deutschen Meisterschaft seit 1963. Und im Jahr darauf mit der sicheren Titelverteidigung.

Die Krönung der Trainerpersönlichkeit Ottmar Hitzfeld folgte nach den beiden gewonnenen nationalen Titeln – der Sieg der Champions League am 28. Mai 1997. Das war selbst dem jahrelangen übermächtigen Rekordmeister Bayern München bis dato nicht gelungen: die 1992 neugegründete Königsklasse zu gewinnen. Der Dortmunder Triumph im Finale über Juventus Turin, ausgerechnet im Münchner Olympiastadion, dürfte die Bayern doppelt gewurmt haben. Hitzfeld, der also als erster deutscher Trainer die

Champions League gewonnen hatte, war damit international ein gemachter Mann. Nur in der westfälischen Wahlheimat waren nicht alle dieser Ansicht. BVB-Präsident Gerd Niebaum rang mit Hitzfeld um die zukünftige Ausrichtung des Teams, infolgedessen der Lörracher das Traineramt an den Italiener Nevio Scala abgab und für ein Jahr als *lame duck* den Sportdirektor des BVB geben durfte.

Bekanntlich wechselte er 1998 zu den Bayern, wo er sogar noch mehr Erfolge feierte als mit dem BVB. Beckmesserisch nun, seine Dortmunder mit den Münchner Titeln zu vergleichen. Siege feierte Hitzfeld eh zumeist bescheiden, quittierte selbst die größten Errungenschaften stets übercool – ein kurzes Wippen mit der geballten Faust, die sich kurz danach auffächert, um fix den beigefarbenen Mantelkragen wieder aufzurichten. So feiert Understatement.

Inzwischen ist Hitzfeld Nationaltrainer in der Schweiz. Größter Erfolg mit den Eidgenossen: ein 1:0-Sieg gegen den späteren Weltmeister Spanien während der WM-Vorrunde 2010. Die Ansprüche sind also etwas kleiner geworden. Und so versteigt man sich leicht zu der These, dass der Erfolgstrainer Ottmar Hitzfeld, wie er heute wahrgenommen wird, vielleicht nie diesen Status erlangt hätte ohne seinen ersten großen Triumph, den Champions-League-Sieg mit der Dortmunder Borussia.

52. GRUND

Weil die Borussia der erste und bis dato einzige börsennotierte Verein der Liga ist.

Erster zu sein ist für einen Fußballclub ein ehrenwertes Vorhaben. Der Superlativ in diesem ganz besonderen Fall, der auf dem herrlich irrwitzigen Unterfangen beruhte, als erster Verein in der Bundesliga-Geschichte an die Börse zu gehen, hätte dem BVB hingegen beinah das Genick gebrochen.

Der Börsengang der Borussia Dortmund GmbH & Co. KGaA (Kommanditgesellschaft auf Aktien) im Oktober 2000 ist nur eine von vielen matten Perlen in einer langen Kette fragwürdiger finanzieller Entscheidungen aus der Ära des damaligen Präsidenten Gerd Niebaum. Zwar brachte er dem Verein Emissionserlöse nach Abzug aller Kosten von rund 130 Millionen Euro ein, lange hielt die Euphorie für das Projekt aber nicht an. Der Aktienkurs sank schnell unter den Ausgabepreis von elf Euro. Zeitgleich hatte der BVB einen Schuldenberg von mehr als 70 Millionen Euro angehäuft, während sich die Spielergehälter in der Saison auf knapp 40 Millionen Euro beliefen.

Keine solide Grundlage für ein zukunftsfähiges Finanzierungsmodell des Vereins, wie sich sehr bald herausstellte. Aus dem Verein der Malocher sei ein Verein der Neureichen geworden, urteilte DER SPIEGEL über die Jahre um den Börsengang: »Die Millionen hatten die Mannschaft verändert, in eine Interessengemeinschaft von Spitzenkönnern, hatten den Verein verändert, in einen Wirtschaftskonzern.«[18]

Genau das war die Idee, den wirtschaftlichen Fortbestand des Vereins in sportlich mageren Zeiten durch Ausweitung der Geschäftsfelder zu sichern. Dieser Wirtschaftskonzern sollte ganz nach Vorbild eines internationalen Fußballriesen entstehen. Da mithalten zu können, sah man in Dortmunds Führungsebene als durchaus machbar an. »Das ist keine Utopie«, sagte der damalige Manager Michael Meier in einem Interview über das Ideal der englischen Konkurrenz. »Im Bereich Merchandising hat Manchester einen Vorsprung von etwa fünf Jahren, den wir relativ schnell aufholen können.«[19]

Nur dass Manchester United – im Gegensatz zur regionalen Marke Borussia Dortmund – weltweit Millionen von Fans sowie stetigen sportlichen Erfolg verbuchen konnte und so über ganz andere finanzielle Mittel aus TV-Geldern und Sponsorverträgen verfügte. Der englische Rekordmeister ging 1991 als profitables

Unternehmen an die Börse, zu dem unter anderem ein eigener Fernsehsender, ein Club-Restaurant und ein Monatsmagazin gehörten, und bescherte den Anlegern schnell enorme Kursgewinne. Mitunter wurde der Verein mit dem 40-Fachen seines Gewinns bewertet, wie die *FAZ* zum BVB-Börsengang berichtete.[20] Heute hat selbst eine globale Marke wie United aufgrund dubioser Finanzgebaren der Eigentümer mit Altschulden zu kämpfen. Im Sommer 2012 fielen die Verbindlichkeiten des Clubs das erste Mal unter die 400-Millionen-Pfund-Marke seit Übernahme durch die amerikanische Glazer-Familie im Jahr 2005.

Die Dortmunder Schulden beliefen sich 2005 »nur« auf 122 Millionen Euro, dennoch genug, um beinah Insolvenz anmelden zu müssen und die Lizenz zu verlieren. Da der BVB trotz katastrophaler Finanzsituation gerettet wurde, kann man dem Börsengang rückblickend nicht viel mehr abgewinnen als den daraus resultierenden Neuanfang, der die Generation Götze, Bender, Hummels & Co. hervorbrachte.

53. GRUND

Weil man als Dortmunder nun mal kein Uefa-Cup-Finale gewinnt, sondern Champions-League-Finale.

Wie nichtig und egal der UEFA Cup war und ist, ist aller Welt und selbst UEFA-Präsident Michel Platini nur allzu bewusst (allein Schalke 04 hat es wieder keiner gesagt). Platini scheint der Pokal, der inzwischen unter dem Namen Europa League um Bedeutung ringt, so peinlich zu sein, dass er erwägt, ihn ganz abzuschaffen und dadurch die Champions League zu entwerten: In einem Zeitungsinterview[21] fabulierte der Franzose, die Gruppenphase der Königsklasse einfach auf 64 Teams (statt bisher 32) aufzustocken, um die Europa League komplett einstampfen zu können. UEFA

Cup, Europa League, egal, egal, egal, interessiert einen Toten. Man weiß gar nicht, welcher Spitzname die nettere Demütigung ist, Franz Beckenbauers niederträchtiges »Cup der Verlierer« oder die Bezeichnung der *Financial Times Deutschland* des »Mittelstandspokals« – im Fußball zählt sich niemand gern zum sportlichen Mittelstand und schon gar nicht zu den Verlierern. Zum fehlenden Renommee kommen die ungeliebten, stets auf Donnerstag angelegten Spieltage und die daraus resultierende Sonntagspartie in der Liga, und schon macht sich kein deutscher Profi gern die Stutzen schmutzig bei einem unbuchstabierbaren moldawischen Dorfclub vor 9732 Zuschauern und minus 7 Grad Außentemperatur.

Folglich vollkommen schnurz, dass der BVB in seinem Trophäen-Kabinett lediglich lauter Teilnahmeurkunden stehen hat, nur nicht den eigentlichen Pokal. Der UEFA Cup bzw. die Europa League sind nun einmal ohne Belang. Will es der Tabellenplatz so, unternimmt die Borussia selbstredend auch die Tour zum Videoton FC nach Székesfehérvár – und schneidet bei solchen im Gegensatz zur Champions League mickrig entlohnten Klassenfahrten gern spektakulär schlecht ab. Von zwei Ausnahmen mal abgesehen.

Da wäre zum einen das hier an anderer Stelle besungene Finale im Mai 2002, als der BVB sich durch den dritten Platz in der Champions-League-Vorrunde für den UEFA Cup qualifizierte und in einem herrlichen Halbfinal-Hinspiel den AC Mailand daheim 4:0 abfertigte, sich danach in Rotterdam gegen Feyenoord eine Stunde in Unterzahl spielend 2:3 geschlagen geben musste. Cup der Verlierer – lieber Holländer, er sollte euch gehören.

Neun Jahre zuvor, im Mai 1993, sah der Modus kein Einzelfinale, sondern Hin- und Rückspiel vor. Der BVB hatte bereits eine lustige Fahrt quer durch den europäischen Kontinent hinter sich: in der 1. Runde ein Gastspiel auf Malta, weiter ins regennasse Glasgow, mit blauem Auge davongekommen in Saragossa, im Viertelfinale ein schöner Ausflug für die Spielerdamen nach Rom, fürs Halbfinale ein Abstecher ins malerische Auxerre, und dann eben die Finalserie, in der Dortmund zuerst zu Hause gegen Juventus Turin spielen musste – und nach Führung in der 2. Minute durch Michael Rummenigge schlussendlich 1:3 unterging. Oder das Rückspiel einfach verdammt spannend halten wollte. War es dann null, 0:1 nach fünf Minuten, 0:2 noch vor der Halbzeit und das 0:3 durch Legionär Andreas Möller in der 65. Minute. Wieder kein Silber im Schrank, dafür viele bunte Stempel im Pass. Mehr als der zweite Platz ist nicht drin. Warum nur?

Klingt profan, ist aber so: Als Dortmund gewinnt man kein UEFA-Cup-Finale. Man holt gleich die Champions League.

54. GRUND

Weil der BVB zuerst zwei Finalspiele gegen Turin verlieren musste.

Bevor sich der BVB endlich, endlich die Champions-League-Trophäe auf den Briefkopf setzen konnte, bedurfte es ganz offensichtlich einer taktischen Langzeitstudie der Juventus aus Turin. Die oben erwähnten beiden UEFA-Cup-Finalspiele gegen die Italiener gingen so sang- und klanglos verloren, dass der BVB sich zwei Jahre später im UEFA-Pokal-Halbfinale gegen Turin etwas mehr Mühe gab, gar ein 2:2 in Turin schaffte, daheim dennoch 1:2 verlor.

Irgendwie nicht knackbar, diese Turiner. Bis zur Meistersaison 1996! Auf die obligatorische Heimpleite (1:3) folgte tatsächlich, unglaublicherweise ein 2:1-Auswärtssieg in Turin. Vor dem Finale der Champions League gegen Juventus hatte Dortmund in sechs Spielen nur eins knapp gewonnen, ein Unentschieden rausgeholt und vier relativ klar verloren. Keine ermunternde Topbilanz gegen die spielstarken Turiner um Zinédine Zidane, Alessandro Del Piero und Didier Deschamps. Ach, wenn schon, was nützt all der Statistik-Kram, was will man mit einem UEFA-Pokal anfangen, wenn man im siebten – und wichtigsten – Spiel einfach nur chancenlos bleibt? 3:1 – allez-allez-allez-allez-oooh, BVB nuuull neuuun!

55. GRUND

Weil Otto Addo auch mit Kreuzbandriss das Tor noch trifft.

Man sieht dem Lauf gleich an, dass etwas nicht stimmen kann. Der schwammige Antritt erinnert an das holzige Tippeln einer Marionette, deren Gelenke keine geschmeidigeren Bewegungen zulassen. Der Ball kommt jetzt aus der Mitte der gegnerischen Hälfte, etwa zehn Meter vom Sechzehner entfernt, fast direkt auf den Fuß gepasst. Erlaufen hätte er den Ball nicht mehr können, er wäre nicht hinterhergekommen. Von der Strafraumgrenze zieht er mit dem Ball am Fuß von rechts nach innen, lässt einen Abwehrspieler stehen, legt den Ball auf links, ein Schlenzer, der Torwart guckt, guckt, rührt sich nicht, der Schuss ist nicht sonderlich wuchtig, aber genau: voll ins lange Eck, 1:0 für den BVB. Gut, wichtig, dieser Treffer.

In der Qualifikation für die Champions League hatte Dortmund nach Elfmeterschießen gegen Brügge einen Monat zuvor verloren, rutschte in den UEFA Cup. Der finanziell angeschlagene Verein kann in diesem Herbst 2003 das Geld aus dem internationalen Wettbewerb mehr als gebrauchen. Das Aus in der ersten Runde wäre eine kleine Katastrophe. Durchatmen, Führung vor der Pause, Auswärtstor, ein wichtiges Tor. Und ein dummes Tor. Auf der Trainerbank mag sich Matthias Sammer nicht so richtig freuen über den Treffer von Otto Addo im Hinspiel gegen Austria Wien. Er steht kopfschüttelnd an der Seitenlinie.

Ein paar Jahre zuvor stand er noch selbst auf dem Platz in Schwarz-Gelb. Dann war er Sportinvalide. Das Knie. Keine fünf Minuten vor dem Tor hatte ein Wiener Gegenspieler Addo bei einer

Grätsche gefoult, mit gestrecktem Bein. Irgendetwas stimmt nicht. Addo hinkt vom Platz, wird vom Mannschaftsarzt behandelt. Das Knie. Sammer fragt ihn, ob es noch geht. Die Ärzte raten ab, es sieht ernst aus. Addo signalisiert, weitermachen zu wollen. Er trottet zurück auf den Platz. Augenblicke später kommt der Konter über Lars Ricken, der Pass direkt auf den Fuß.

Nach dem Tor dreht Addo eine Jubelschleife durch den Strafraum. Beim Schuss mit links hat er die komplette Belastung auf das verletzte Knie gelegt. Er kann nicht mehr, lässt sich sofort auswechseln. Im Krankenhaus werden bei dem ghanaischen Nationalspieler ein kleiner Riss am Innenmeniskus und ein Teilabriss des vorderen Kreuzbandes diagnostiziert. Sein dritter Kreuzbandriss nach 2001 und 2002. Viel schlimmer hätte es nicht kommen können. Addo fällt rund sechs Monate aus. Der Mittelfeldspieler ist 28 Jahre alt, im besten Fußballalter. Kurz ist die Rede vom möglichen Karriere-Ende. Aber er bleibt noch ein weiteres Jahr beim BVB, macht drei Spiele, wechselt anschließend nach Mainz und in seine Heimatstadt Hamburg, wo er jedoch keine Saison durchspielt.

Dortmund siegte im Spiel gegen Wien übrigens 2:1, gewann das Rückspiel knapp und scheiterte in der nächsten Runde kläglich am französischen Erstligisten FC Sochaux.

Addos Kreuzbandriss-Tor im BVB-Trikot war ein Augenblick maximaler Aufopferung, logo. Am Ende auch ein Augenblick ungerechtfertigten Übereifers, der ihn womöglich früher in Rente geschickt hat.

»Ich glaube, dass man in solchen Momenten gar nicht nachdenken kann«, versuchte Addo Jahre später in einem Interview zu erklären, warum er sich nicht gleich nach dem Foul auswechseln ließ. »Es passiert einfach automatisch. Wir mussten das Spiel gewinnen und ich wollte es nicht wahrhaben, dass ich mich wieder verletzt hatte.«

Schwacher Trost: Der Treffer wird später zum »Tor des Monats« gewählt.

56. GRUND

Weil Kung-Fu-Kahn nicht auf Stéphane Chapuisat flog ...

Oliver Kahn ist so eine Art Dieter Bohlen des Fußballs. Enorm erfolgreich, charismatisch-vereinnahmend, umgibt sich nicht ungern mit hübschen Frauen, sieht dazu selbst noch verdammt gut aus. Er hat so ziemlich alles gewonnen, was man in seinem Sport gewinnen muss: Titel und Herzen.

Einige wenige Meckerlieschen werden trotzdem nicht müde, ihm ein im Grunde harmloses Sündenregister anzudichten:
- da gab es mal dieses Disco-Mädchen aus München
- Werbung für Weight Watchers (Wirklich, Kahn? Sie Macker.)
- eine Radarfalle und die für einen Sportwagenfahrer eher unbedeutende Diskrepanz zwischen 80 und 150 km/h
- die dröge Vernunftehe mit Müller-Hohenstein
- der Ausflug ins Twitter-Fach auf der Ostsee-EM-Bühne
- überhaupt: diese Bühne und alles, was darauf stattfand

Lauter Dinge, die man Kahn vorhalten kann, gewiss. Aber sportlich? Da muss man den Badenser uneingeschränkt verehren. Fehlerfrei, der Kahn. Immer 100 Prozent dabei; immer feurig; immer bissig (dazu mehr im nächsten Kapitel); nie müde, die Vorderleute in den Hintern zu treten; irgendwie dazu verdammt, zu gewinnen.

Und weil Oliver Kahn wahnsinnig gern gewann in seiner Karriere, musste er viele Hintern regelrecht eintreten. Manchmal sogar vom Gegner, wenn der gerade vollkommen verpennt hatte.

Eigentlich total legitim, alle mal bisschen wachzurütteln. Sprach also nicht viel dagegen, dass Kahn im April 1999 beim Spiel im Westfalenstadion aus seinem Kasten lief und den in die Bayern-Abseitsfalle getappten Stéphane Chapuisat mit einem in Kung-Fu-Manier gestreckten Bein herzlich am Sechzehner begrüßte. Wobei der eigentliche Sünder Chapuisat (Abseitsfalle – *na, Junge, schon mal von gehört!?*) sich wohl für sein Fehlverhalten schämte und sofort entschuldigte, dem Torwart beinah den Weg versperrt zu haben: »Zum Glück habe ich Kahn kommen sehen!« Weshalb es schlussendlich zu keiner Karambolage kam. Die beiden verfehlten sich knapp, Kahn segelte mit seiner Tritt-Bewegung an Chapuisat vorbei.

Dass Kahn, zweifelsohne einer der größten deutschen Torhüter überhaupt, einen schier unbändigen Siegeswillen besaß, wusste man schon vor der Partie gegen Dortmund. Dass seine Besessenheit ein fast manisches Ausmaß hatte, stand spätestens nach diesem 2:2-Spiel fest. Denn Kahn leistete sich neben dem Fehl-Tritt eine weitere, noch bissigere Einlage gegen Heiko Herrlich.

Kahn war geladen wie ein Duracell-Hase auf Speed – eh voll unter Strom plus einen drüber. Der komplette BVB wirkte höchstgradig luschig im Gegensatz zu Kahn allein, der mit der Kung-Fu-Nummer nicht Chapuisat, sondern die ganze Bayern-Mannschaft getroffen zu haben schien: *Wann wacht ihr endlich auf, ihr Leisetreter, wir liegen 0:2 hinten, wo bleibt euer Einsatz?*

Dortmund musste in der Folge zusehen, wie Bayern den Giftstachel spitzte: Innerhalb von fünf Minuten war der Zwei-Tore-Rückstand aufgeholt, anschließend parierte Kahn sogar einen Elfmeter von Lars Ricken und rettete damit das Remis.

Kahn konnte man finden, wie man wollte. Den BVB musste man an diesem Nachmittag dafür lieben, dass er es war, der Kahn zu diesen unvergesslichen Bundesliga-Momenten provoziert hatte.

57. GRUND

... dafür Heiko Herrlich aber auf die Wange küsste.

Torhüter sind im Fußball schützenswerte Personen. Der Fünfmeterraum ist ihre Knautschzone. Wer dieses Hoheitsgebiet ohne Passierschein betritt, muss mit Konsequenzen rechnen.

Das hatte anscheinend im selben Spiel, in dem Oliver Kahn sich schon mit Stéphane Chapuisat auseinandersetzen musste, wohl niemand Dortmunds Stürmer Heiko Herrlich gesagt.

Torhüter genießen im Fünfer besondere Privilegien. So steht es geschrieben im Regelwerk, für jeden nachzulesen. Aber um sicherzugehen, dass Herrlich in seinem zehnten Jahr als Profi sich dessen ebenso bewusst war, wollte der Bayern-Keeper dem Dortmunder vorsichtshalber noch einmal selbst sagen, worauf er im Fünfer zu achten hatte.

Wer vor Ort zugeben war, dem erschließt sich die Szene wie folgt: April 1999, 24. Spieltag, der FC Bayern ist zu Gast im Westfalenstadion, es steht bereits 1:0 für den BVB. Bei Herrlichs Treffer versucht Kahn, den Stürmer hinsichtlich der besonderen Regelauslegung anzusprechen, was ihm in seiner eher schüchternen Art nicht gelingen mag. Als eine verunglückte Reingabe im hohen Bogen auf Kahns Fünfer zusegelt, nimmt er allen Mut zusammen und ruft zu Herrlich herüber. Der kann den Torhüter aber nicht hören bei der tollen Atmosphäre. Also rennt er zu ihm hin, er kann Kahn immer noch nicht verstehen, er kommt näher, noch näher, ganz nah – dann kommt es zu einem kurzen Austausch. Direkt im Fünfmeterraum. In Kahns Händen der gefangene Ball. Endlich scheint Herrlich zu begreifen: Das hier ist Kahns Käfig, da will *ich* mich nicht zum Affen machen, ich halt mich raus. Er trottet zurück Richtung Dortmunder Hälfte. Kahn freut sich sehr über den schnell erzielten Lernerfolg bei Herrlich. Er begleitet ihn ein Stück beim Weg aus dem Fünfer und gibt ihm, quasi als Dankeschön, zum Abschied einen schnellen Kuss auf die Wange. Der Fünfmeterraum ist eben auch ihre Knutschzone.

Warum diese Szene danach, an den Bildschirmen, in der *Sportschau*, im *Sportstudio*, auf YouTube, eigentlich überall, so aussah, als wäre Kahn wutentbrannt aus dem Tor gestürmt, um Herrlich wie von Sinnen in die Backe zu beißen, ist das eigentlich Komische an dieser Geschichte.

58. GRUND

**Weil der BVB der erste deutsche Verein war,
der die Champions League nicht in der Elfmeter-Lotterie
gewonnen hat. Oder verloren.**

Das offizielle Regelwerk der FIFA sieht vor, dass Spiele, die nach Ablauf der Spielzeit unentschieden enden, nach dem Wettbewerbsmodus im Elfmeterschießen entschieden werden können. Das Spiel wird dabei offiziell so gewertet, wie es nach 120 Minuten steht. Steht es dann nach der Verlängerung, zum Beispiel im Halbfinale eines Turniers, immer noch 2:2, also unentschieden, geht das Spiel offiziell in die Statistik als Unentschieden ein. Das Elfmeterschießen dient nur formal dazu, ein Team zu finden, das eine Runde weiterziehen darf. Eins der beiden Teams muss schließlich das Finale bestreiten. Gewinnt eine Mannschaft demnach ein Turnier im Elfmeterschießen, kann man argumentieren, hat sie das andere Team offiziell gar nicht besiegt. Die Regelung sieht schließlich eine Punkteteilung vor.

Sicherlich schlimme Haarspalterei, sämtliche durch Elfmeterschießen gewonnene Titel nicht als legitim ansehen zu wollen. Ein Elfmeterschießen muss man schließlich auch gewinnen, das ist kein Losverfahren. Ja, bleibt aber irgendwie eine halbwegs willkürliche Lotterie-Nummer mit attraktiver Erfolgswahrscheinlichkeitsquote. Ein überzeugender Sieg nach regulärer Spielzeit kommt irgendwie wertiger daher als die Entscheidung per Pfosten-Tombola. 90 Minuten gefightet, 120 Minuten gerne auch, jeder hat seine Chance gehabt, am Ende mehr Tore als der Gegner geschossen, hurra!, das ist das Ding, vielen Dank, schönen Abend noch, wir gehen feiern. Und beim Elfmeterschießen wird der ganze Zimt noch mal aufgefahren: Seitenwahl, Schützen nominieren, wer fängt an, liegt der Ball richtig, steht der Torwart wirklich auf der Linie, hat er vorher gezuckt, hat der Spieler angetäuscht, Latte, Pfosten. Selbstverständlich, das macht die Chose so spannend. Und so verdammt ungerecht: zwei Teams messen sich, waren anscheinend gleich gut, unterm Strich steht nach 120 Minuten ein Unentschieden, nur bei der zwingenden Entscheidung macht ein einziger Pfostenschuss alles zunichte. Demütigend, hochgradig demütigend.

In Dortmund kann man sich dagegen breitschultrig geben und behaupten, nicht nur als erster deutscher Verein die Champions League gewonnen zu haben, sondern dazu noch ganz regulär. Ganz ohne Glücksmoment. Im Elfmeterschießen entscheidet der Zufall; der Titel fällt einem zu. Nach 90 Minuten entscheidet die Form. Die bessere, manchmal auch nur: clevere Mannschaft schnappt sich den Titel. So hat es der BVB am 28. Mai 1997 gemacht. Juventus Turin im Finale geschlagen, souverän mit 3:1. Das hat beim FC Bayern, dem Stern des Südens, jahrelang niemand hinbekommen. Erst können die Bayern 1999 keine drei Minuten lang ein 1:0 verwalten, dann brauchen sie zwei Jahre später erst einen Handelfmeter, um sich in die Verlängerung zu retten, wo ihnen dann kein entscheidendes Tor gelingt. Und im Elfmeterschießen dann, ja, ja, der Kahn, das war was. Schon gut, Glückwunsch, die Champions League 2001 geht nach München.

Was uns zum nächsten Punkt bring: Wembley hin oder her, eins müsst ihr aber noch lernen, *amigos*, nämlich ...

59. GRUND

Weil Borussia weiß, wie man die CL in München gewinnt.

... wie man *in* München die Champions League gewinnt. Kann doch nicht sein, Chelsea 2012 im Finale im eigenen Stadion zu empfangen. So ein Geschenk. Und ihr findet keine fünf Schützen, die Mann genug sind? Zu Hause, im Stadion, wo ihr jeden Rasenhalm kennt, bekommt ihr weiche Knie beim Elfmeterschießen!?!

Dann nicht, echt. Drum bleibt es das Geheimnis des BVB, wie man in München triumphal die Champions League gewinnt beziehungsweise: nicht verliert.

60. GRUND

Weil Márcio Amoroso mit nur 18 Treffern Torschützenkönig geworden ist.

Leibärzte, wie alle anderen Ärzte ebenso, unterliegen ihrer Schweigepflicht. Wenn sie aber brasilianische Leibärzte sind und doch Auskunft zum Leibverarzteten geben, sagen sie oft sehr schöne Sachen. »Márcio muss noch ein paar Dinge klären, sich nach der ganzen Aufregung psychisch sammeln und Kraft tanken«, beispielsweise. Was Nivaldo Baldo, hier zitiert in der BILD am SONNTAG, sagen wollte, lässt sich nur zwischen den Zeilen ablesen, so vage formulierte er die »*Noch zu erledigen*«-Liste von Márcio.

Paar Dinge klären kann der sinnvolle Termin bei der Versicherung sein ob der momentanen Arbeitsunfähigkeit – damit kann aber auch ein Gang zur Reinigung gemeint sein. *Psychisch sammeln* kann der sinnvolle Fokus zurück auf den Sport sein – damit kann aber auch ein weiterer gelber Schein gemeint sein.

So oder so, der Kassenpatient, von dem Dr. Baldo im November 2003 sprach, war ein gewisser Márcio Amoroso, seinerzeit brasilianischer Profifußballer im Dienste der Borussia. Wobei Michael Meier ihm das Präfix gern gestrichen hätte. Professionell fand der damalige BVB-Manager die monatelange Abstinenz seines Spielers eher weniger. »Borussia Dortmund legt keinen Wert auf Spieler, die dem Arbeitgeber so wenig Respekt entgegenbringen, wie wir es in diesem Falle mehrfach erleben mussten«, erklärte Meier. Ein paar Tage später löste der Verein Amorosos Vertrag im Einvernehmen mit dem Spieler auf.

Brasilianische Fußballer sind eine beneidenswerte Spezies in der Welt des runden Leders. So leichtfüßig, so ballsicher, so instinktiv, dabei schnell und voll von blindem Spielverständnis, nie verlegen um spektakuläre Stafetten – ihr Können lässt unsere deutschen Tugendkraftordnungskicker derart klein und langweilig und unvermögend aussehen, dass man sich fast schämen muss, drei Weltmeisterschaften an dieser Nation vorbeigeschmuggelt zu haben.

Brasilianische Bundesliga-Fußballer sind dagegen eine kaum beneidenswerte Spezies. Sie sind mit den gleichen Attributen ausgestattet wie oben just erwähnt. Allerdings bringen sie, zu ihrem Nachteil, in vielen Fällen ein sehr, sehr, sehr sonniges Gemüt mit sich. Geblendet vom sommerlichen Trainingslager in Südeuropa, präsentieren sie sich, frisch nach Europa gewechselt, gut gelaunt unter blauem Himmel. Sobald die Temperaturen allerdings Ende August unterhalb der 25-Grad-Marke kratzen, kommen sie gern mal verspätet zum Mannschaftstraining, weil sie zu Hause noch schnell den Vertrag überfliegen mussten, ob dort nicht doch eine 32-Grad-Garantie-Klausel drinstand.

Brasilianer in der Bundesliga sind zudem oft gottesfürchtig. Leider reicht ihre religiöse Zuversicht selten aus, als dass sie der Idee Glauben schenken würden, Gelenkverletzungen ließen sich nach dem Weihnachtsurlaub nicht auch in Bad Oeynhausen, sondern nur in heimatlicher Strandnähe kurieren.

Aus ähnlichen Gründen trennten sich auch die Wege zwischen Amoroso und dem BVB. Als sich Amoroso im dritten Jahr seines Vertrags bereits nach dem vierten Spieltag am Innenband verletzte, beschloss er, lieber doppelt vorsichtig zu sein und die Vereinsarzt-Diagnose doch noch einmal mit Leibarzt Baldo durchzusprechen. Vor Ort in Brasilien, versteht sich. Und als Amoroso dann einmal im Herbst 2003 in Brasilien angekommen war, blieb er dort. Über Monate hinweg. Dortmund, ganz der fürsorgliche Arbeitgeber, bat ihn – man war angeblich gerade dabei, die genauen Zahlen für die Weihnachtsfeier an den Veranstalter durchgeben zu müssen –, sich doch mal wieder zu melden. Ja, der Glaube versetzt vielleicht Berge, aber noch lange keine Brasilianer ins Flugzeug nach Frankfurt. Daraufhin lockerte Leibarzt Baldo dann doch seine Schweigepflicht, um seinen Schützling demnächst wieder in Dortmund anzukündigen. Daraus wurde irgendwie nichts, der Frühling kündigte sich bereits langsam an, noch mehr Hin und Her, aber kein Amoroso. Im April 2004 war der Vertrag schließlich nichtig zwischen der Primadonna und dem Bevaube, dem aus brasilianischer Sicht *Bockigen Vertragspartner Borussia*.

Irgendwie hatte das Abenteuer Amoroso eh einen seltsamen Anfang genommen. Die etwas undurchsichtige Bilanzierung des damaligen Rekordtransfers (51 Millionen Mark) samt Übertragung der Transferrechte für Evanilson warf eigentlich den ersten Schatten voraus. Aber dann lief es ja gleich von Anfang an! Tor hier, Tor da, wieder und wieder Amoroso, Amoroso, Amoroso. Immer für einen Treffer gut, immer an der richtigen Steller, mit dem Kopf, mit dem Fuß, als Abstauber, Vorbereiter, Elfmeterschütze, Tempodribbler – was schaute das alles mühelos und abgezockt aus?! 18 Tore machte Amoroso in seinen ersten 31 Bundesligaspielen.

Das reichte tatsächlich für die Torjägerkanone, die er sich mit Martin Max teilte. Sein zweites BVB-Jahr lief sehr durchwachsen, teils verletzungsbedingt, teils Trainingsallergie-bedingt. Den Geduldsbonus für die verlängerte Sprechstunde beim brasilianischen Leibarzt hatte sich Amoroso allein durch die erste Saison verdient. In dieser an spielerischen Höhepunkten armen Spielzeit 2001/02 waren es eher Wille und Kampfgeist, der der mittelprächtigen Truppe am Ende noch den ersten Tabellenplatz sicherte. Weder gegen Schalke noch gegen die direkten Verfolger Leverkusen und München gewann der BVB eines der beiden Spiele, drei Spieltage vor Saisonfinale lag das Team sogar fünf Punkte hinter Tabellenführer Bayer 04. Für die Aufholjagd und den Rest taten die Amoroso-Tore demnach ihr Übriges, Dortmund wurde mit einem Punkt Vorsprung Meister.

Natürlich müssen wir festhalten, dass nicht alle Brasilianer ausschließlich konditionstrainingsfaule Sonnengötter mit Heimatkomplex sind. Womöglich hat Amoroso die falsche Visitenkarte dagelassen. Fernab von den ärztlichen Kompetenzfragen gab es nämlich auch so manch magischen Moment mit ihm. Wer erinnert sich nicht gern daran, als sich das Westfalenstadion – freudetrunken wie ein Abiturient am letzten Schultag – vor ihm verneigte und selbst die aus Italien angereisten Gäste anerkennend applaudierten: Ein lupenreiner Hattrick gegen den AC Mailand im Hinspiel des UEFA-Pokal-Halbfinales, es war der Abend des Márcio Amoroso. Im Mittelfeld verteilte Tomáš Rosický die Bälle nach Belieben, Ewerthon legte auf, Amoroso verwandelte hier, da und dort. Zur Pause Dortmund 3 – Mailand 0. Jörg Heinrich, die Antwort der Effizienzteutonen auf brasilianischen Schlendrian, schoss in der 62. Minute den Treffer zum 4:0-Endstand. Heute sind sie es offiziell, an diesem Abend im April 2004 sahen die Herren Inzaghi, Gattuso, Maldini und Pirlo auch schon ganz, ganz alt aus.

61. GRUND

Und überhaupt, »keiner spielt so schön wie Amoroso«.

Wer samstags 15.30 Uhr im Stadion ist, gerade weil er nicht kicken kann, also kein Spieler, sondern Fan ist, sollte sich dringend stimmlich mit ins Geschehen einbringen. Geht schon in der Stadtbahn los mit den ersten Zigarettenbiersingsang, Stimmung kommt erwiesenermaßen von Stimme und so. Bisschen warmmachen halt, langsam auf Touren kommen, obwohl das schwarzgelbe Herz eh automatisch ausschlägt wie ein Geigerzähler, je näher es dem Westfalenstadion kommt.

Es gibt viele wichtige Schmählieder für des Gegners Mannschaft, die in ein jedes Fan-Gesangsbuch gehören. Nur: Die schönsten

Schlachtrufe sind immer noch die leise tönenden Bewunderungschoräle. Den Rivalen niederzusingen ist ein kurzes Vergnügen, die Lobeshymne im Stadion anzustimmen, das weckt bleibende Erinnerungen an fast vollkommene Zeiten.

Auch wenn die Halbzeiten mit Amoroso, in denen einfach alles rund lief und Dortmund nach Jahren endlich wieder einen gefürchteten Stürmer in der Startelf hatte, schon mehr als zehn Jahre hinter uns liegen, haben wir ihn immer noch im Ohr, diesen vollkommen deutschen Schlagerorgel-Rhythmus, ausgerechnet einem Brasilianer mit Samba im Blut gewidmet – und jetzt alle:

Amoroso, Amoroso
Keiner spielt so schön wie Amoroso
Jeder will nur so sein wie er
Doch keiner spielt so schön wie Amoroso

Wie wahr es war.

62. GRUND

Weil Jan Koller nicht nur ins Tor traf, sondern auch drin stand.

In den Momenten, in denen andere Teams einen Bus im Tor parken, stellt der BVB eine zwei Meter hohe tschechische Eiche rein. Jedes Spitzenteam dieser Welt plant diese Eventualität ein: Was passiert, wenn der Torwart sich verletzt? Normale Reaktion, logisch: den Ersatzmann von der Bank reinholen. Nur was, falls der sich dann verletzt, oder keine Auswechselungen mehr möglich sind? Dann muss sich eben einer der Feldspieler das Torwarttrikot überstreifen und im Tor stehen.

Jens Lehmann ist fast zwei Meter groß, und der übliche Fußballhitzkopf an diesem 12. Spieltag im November 2002. Jan Koller ist über zwei Meter groß, und das kluge Köpfchen beim Auswärtsspiel gegen die Bayern. Oliver Kahn ist noch kleiner als Lehmann, und der lachende Buddha beim Spitzenspiel zwischen dem Tabellenführer und den Dortmunder Verfolgern.

Die Partien FCB – BVB sind ja auch deshalb immer so schöne Ereignisse, weil ihnen schon vorab das größte Erregungspotenzial vorausgeht. Das sich mitunter gern auf den Rasen überträgt. Nicht in allen, aber in vielen Jahren, ging es dabei *nur* um die Tabellenspitze, in anderen Fällen sah man in München gar die sogenannte Vormachtstellung im bundesdeutschen Fußball bedroht, zuletzt wieder während der Sturm-und-Drang-Phase der Klopp-Ära. Man kann bei Duellen der beiden Teams also erst einmal davon ausgehen, dass es kurzweilig zugeht. Von den Bayern weiß man ohnehin, dass sie sich als Uwe-Seeler-Traditionself lieber auf internationaler Bühne präsentieren.

Matthias Sammer hatte die Borussen an diesem Novembernachmittag im Münchner Olympiastadion mächtig offensiv aufgestellt mit gleich drei Stürmern – Ewerthon, Amoroso und Koller vorn, dahinter Rosický in der Raute aus Reuter, Dedê, Heinrich und Frings. Letzterer wurde nach Fouls in der 39. und anschließend in der 41. Minute mit Gelb-Rot vom Platz gestellt. Dabei hatte Sammer den gelbverwarnten Dedê, der sich mehrfach mit Hasan Salihamidžić die Beine verharkt hatte, bereits nach 36 Minuten ausgewechselt, um einem Platzverweis für den Brasilianer auszuschließen. Trotzdem behauptete sich der BVB, durch Jan Kollers Absatzkick früh in Führung gegangen, fast eine Stunde lang in Unterzahl, bis Roque Santa Cruz in der 62. Minute zum Ausgleich traf. Vier Minuten später nahm das bis dato eher zerfahrene Spiel endlich die für Dortmund-München-Duelle übliche Theatralik an: Das von der BVB-Hintermannschaft reklamierte Abseits von Claudio Pizarro, der einen Gewaltschuss von Willy Sagnol kurz vor Jens Lehmanns

Linie unhaltbar ins Tor gelenkt hatte, nahm Schiedsrichter Michael Weiner – korrekterweise – nicht ernst. Stattdessen pfiff er 2:1 für die Bayern. In diesem Moment sah Lehmann, der Schwarz-Gelbe im orangefarbenen Trikot, anscheinend rot und rannte aus dem Fünfer bis zur Mittellinie, um sich beim Referee zu beschweren. Statt der Lehmann'schen Klage beizupflichten, zeigte Weiner dem bereits verwarnten Keeper eine weitere Abstufung in der Farbenleere: Gelb-Rot wegen Meckerns. Dortmund 1:2 hinten, nur noch mit neun Spielern auf dem Platz – und zu allem Überfluss nach drei getätigten Auswechselungen ohne Möglichkeit, Ersatztorwart Weidenfeller reinzuholen. Für Oliver Kahn auf der anderen Seite des Spielfeldes offensichtlich ein seltener Moment innerer Genugtuung. Die Szene des vom Platz trottenden Frühduschers Lehmann entlockte Münchens King Cool, welch seltene Geste, tatsächlich ein säuerlich-süßes Schweppes-Grinsen.

Inzwischen hatte sich – so sah es das Dortmunder Eventualitätenprotokoll damals vor – Jan Koller das Torwarttrikot übergezogen und hielt einen Ball nach dem anderen, zeigte eine superduperhammerstarke Riesenglanzparade, als Wuchtschütze Michael Ballack den von links kommenden Ball vom Sechzehner unten rechts in die Ecke knallte. Koller, 2,02 Meter, tauchte ab wie eine junge Robbe und hielt den Ball vor der Brust in den Armen. Absolute Heldentat. Kurz vor Abpfiff, Dortmunds letzte Ecke, und beinah wäre der Tscheche noch fast zum Komplett-Lehmann, dem Tor köpfenden Torhüter, geworden: Koller, im Trikot mit der Nummer 1, rannte in den Strafraum der Bayern, sprang hoch – aber sein Kopfball, den Samy Kuffour ebenso erwischte, verkam zur Kerze in Kahns Fünfer. Es blieb beim 2:1 für die Bayern.

Dortmund geschlagen, Koller ungeschlagen. Im nächsten *Kicker*-Heft wurde der Stürmer in die »Elf des Tages« gewählt – als bester Torwart.

63. GRUND

Weil die Idee für goool.de nicht halb so beknackt war wie der Name.

In den späten 90er-Jahren gab es einen großen Kuchen zu verteilen. Eigentlich war es weniger ein Kuchen als eine saftige Torte – also auch etwas für Schaumschläger, so was schmeckt ohne Sahne ja nicht. Weil man bei Borussia Dortmund gerade sein eigenes Kaffeekränzchen vorbereitete, bei dem sich jeder einkaufen konnte für ein Stück vom Stück vom Glück, ließ man von der Konditorei *New Economy* anliefern.

In einem Wort: Alle Welt ging an die Börse, um am Neuen Markt Rendite, Rendite, Rendite einzufahren, und der BVB ging mit. Da das Börsengeschäft generell ein riskantes Spiel ist und die Anleger etwas für ihren Mammon sehen wollen, muss man Sicherheiten schaffen. Das wussten und dachten sich auch die Vordenker des schwarz-gelben Unternehmerstrebens, Präsident Gerd Niebaum und Manager Michael Meier.

Wir brauchen alternative Geschäftsfelder für den Verein, waren sich die beiden Strategen sicher, damit sich der Kursverlauf der Aktie unabhängiger vom sportlichen Erfolg entwickeln können würde.

Heißt, sollte es in der Liga nicht laufen, auf den anderen Feldern das Geschäft aber brummen, stünde das Unternehmen trotzdem gut da, der Kurs bliebe stabil, die Aktionäre zufrieden. Gute Idee, erst mal. Und man muss die beiden Herren Niebaum und Meier auch loben. Obwohl finanziell sehr, sehr viel falsch gelaufen ist unter ihrer Ägide, sollte man ruhig kurz eine Runde Applaus lockermachen für ihren Pioniergeist. Den ersten deutschen Fußballverein an die Börsen bringen? Den Wagemut bringen nicht viele auf, Respekt. Wer nicht wagt, der nicht und so weiter und so fort.

Nun denn, die Geschäftsfelder. »Wir wollen zunehmende Unabhängigkeit aufbauen«, versprach Niebaum den Anlegern, und schwups legte der BVB sich eine Reihe von alternativen Standbeinen zu. Dazu gehörten unter anderem ein Mannschaftshotel, ein Reiseunternehmen und eine Beteiligung an einem Rehabilitationszentrum. Der Clou aber, und hier bewiesen die BVB-Oberen abermals wackeren Avantgardismus, war die Gründung einer eigenen Textilfirma, die den angestammten Trikothersteller ersetzen sollte.

»goool.de« hieß die Firma, deren Versprechen und Name so aufgeblasen waren wie der Leib von Kim Dotcom noch heute ist.

Bevor die Dortmunder Profis ihre Trikots von goool.de (genau, nur echt mit drei »o« – voll fälschungssicher!) geschneidert bekamen, trugen sie die Hemden von der amerikanischen Firma mit der Siegesgöttin im Unternehmenstitel. Die hatten sich überlegt, ihr Engagement beim BVB zu verkleinern.

Warum beim Großkonzern betteln? In Dortmund geht man die Dinge an, der US-Deal wurde gekappt, der Verein übernahm die Initiative und setzte goool.de in die Spur. Für den Schritt warb man bei Fans und Anlegern mit der Zusage, bessere Qualität zum kleineren Preis zu liefern und zusätzlichen Gewinn durch die Ausstattung diverser Vereine mit »goool«-Trainingsklamotten zu erzielen.

Wie bei so manch Idee aus jener Zeit wünschten sich bei diesem Unterfangen Konzept und Umsetzung *Guten Tag* über einen breiten Graben hinweg. Die Vereine, die goool.de ausstattete, waren kleinere, unterklassige Vereine. Was die Trikots der BVB-Elf betraf, waren sich viele Fans relativ einig: Nee, gehen nicht, die Dinger. Auf schwatzgelb.de, der lustigen, klugen Weiß-was-geht-Postille im Netz, gibt es einen Eintrag zum Thema. Der lässt sich zum einen aus über die Nullersparnis für die Borussen-Fans, wenn der Verein gleich vier Trikots auf den Markt wirft, die sich der echte, wahre und treue Anhänger selbstverständlich allesamt zulegt. Zum anderen unterscheide sich die Qualität »kaum von billigen Massen-Duplikaten aus dem Türkeiurlaub«, lautete das Urteil aus dem BVB-Forum. Und weiter: »So schallte es beim Testspiel in Basel bereits erstmals aus der Fankurve ›Wir haben die hässlichsten Trikots‹.

Selbst einige der Herren Profis konnten sich ein sattes Grinsen da nicht verkneifen.«

Keine Topidee. Immerhin eine, die bis dahin noch kein anderer Verein gewagt hatte. Und warum nicht mal aus der Ruhrprovinz ausbrechen und weltmännisch den Stoffriesen dieser Erde zeigen, wie man in Westfalen 'nen Knopf annäht? Der Versuch war es allemal wert, selbst wenn es nicht funktioniert hat.

Weder nennenswerte Marktanteile konnte der BVB mit goool.de den etablierten Anbietern abknöpfen, noch klingelte die Kasse übermäßig. 2008 wurde der Textilbetrieb komplett eingestellt und die Firma unter anderem Namen im Firmenportfolio des Vereins angesiedelt. Die Dortmunder Spieler liefen von 2000 bis 2004 in den hauseigenen Leibchen auf, dann durften erneut die US-Amerikaner ran. Die sind heute bereits passé, inzwischen kümmert sich ein deutsches Traditionsunternehmen um die Ballonseide der Borussen. Und das ziemlich genau ab dem Zeitpunkt, als ihr Schützling den Namen Marco Reus unter seinen Vertrag beim BVB setzte. Ein schöner Zufall.

64. GRUND

Weil man erst mal Schulden machen muss, um sie erfolgreich abbauen zu können.

Als Alice den Kaninchenbau hinunterstürzt, um sich in ihr unschuldiges Abenteuer im Wunderland zu begeben, gelangt sie nach einem langen, langen Fall an eine Tür, für die sie viel zu groß ist, um hindurchzupassen. Auf einem Glastisch sieht die junge Heldin aus Lewis Carrolls Buch ein kleines Fläschchen, markiert mit den Worten »Trink mich«. Bevor sie einen Schluck nimmt und sich »zusammenschiebt wie ein Fernrohr«, schaut sie nach, ob »nicht irgendwo ›Vorsicht! Gift!‹ draufsteht«.

Als Charles Dickens' schmächtiger Waisenjunge Oliver Twist im Armenhaus einen Nachschlag erbitten möchte, um groß und stark zu werden, und seine Breischüssel hinhält, wird er gewalttätig gemaßregelt. Gerade weil er so schmal und klein ist, kann er sich nicht behaupten. Er bleibt wehrlos. Was lesen wir ab aus diesen beiden Romanfiguren? Der Wunsch, sich zu verändern, und sei es allein von der Größe her, steckt in uns allen. Aber er hat seinen Preis. Am besten ist es, unabhängig von anderen zu sein.

In der Realität verlaufen die Dinge nicht ganz wie bei Dickens und Carroll, ähnlich allemal. Als Borussia Dortmund im Jahr 2005 in ein dunkles Loch stürzte, war das nicht der Anfang eines tollen Abenteuers wie bei Alice, sondern das Ende. Das Loch war ein schwarzes, gefüllt mit roten Zahlen. Der Verein hatte mehr als 150 Millionen Schulden angehäuft; in der Absicht, zu wachsen und bei den Großen mitspielen zu können. Niemand hatte bei den Mitteln, um dahin zu gelangen, geschaut, ob da nicht irgendwo »Vorsicht! Gift!« draufstünde.

Und so wurde Mitte der 90er-Jahre kräftig investiert, expandiert, auf Pump gelebt, von der Hand in den Mund. Immer die großen der Branche vor Augen – da wollen wir hin, so soll es hier auch sein! Freddie Röckenhaus, der für seine Berichterstattung um die Finanzmisere des BVB den Henri-Nannen-Preis erhielt, schrieb in der *SZ* über Dortmunds Wunsch nach Wachstum und die daraus resultierenden Bilanzlöcher: »Die rasante Investitionspolitik des Deutschen Meisters von 2002 hat seit dem Börsengang in nur drei Jahren bereits 200 Millionen Euro verschlungen, davon 130 Millionen aus dem Börsengang selbst und gut 23 Millionen aus dem Verkauf des vereinseigenen Westfalenstadions an die Leasing-Gesellschaft Molsiris. Zuletzt hatte Dortmund unter dem Sammelposten ›Sponsoring-Einnahmen‹ einen Gutteil des neuen, mit insgesamt 38 Millionen Euro dotierten Fünf-Jahres-Vertrags mit dem Ausrüster Nike in der Jahresbilanz der vergangenen Saison 2002/03 vorweggenommen. Der Vertrag ist erst ab 2004/05 datiert.«[22]

Die billigsten Bilanztricksereien mussten herhalten, um flüssig zu bleiben. Teure Stareinkäufe, hohe Gehälter, ausbleibender internationaler Erfolg, ein abzubezahlendes Stadion, fragwürdige finanzielle Entscheidungen – all diese Dinge trieben den BVB in der Ära von Präsident Gerd Niebaum und Manager Michael Meier immer tiefer in das schier endlose Loch. Bis die Banken und Gläubiger fast so weit waren, den Kaninchenbau auszuräuchern.

Mit dem Management-Wechsel und der damit ausgerufenen Devise, nur noch auszugeben, was eingenommen wird, um radikal Schulden abbauen zu können, konnte die drohende Insolvenz abgewendet werden. Heute ist der BVB dabei, seine Restschulden abzubezahlen, während der Umsatz weiter steigt und der sportliche Erfolg auf dauerhaft solider Basis zu stehen scheint.

Fußball ist keine Wunderwelt, in der grinsende Katzen und gesellige Hutmacher zum Tee bitten, sondern ein knallhartes Millionen-Geschäft, an dem Arbeitsplätze hängen. Wahrscheinlich bleibt von dieser dunklen Episode in der mehr als 100-jährigen Vereinsgeschichte die zynische Erkenntnis, dass man erst einmal Schulden machen muss, um sie abbauen und den Neuanfang mit natürlichem Wachstum wagen zu können.

65. GRUND

Weil »nur noch« 40 Millionen Euro Verbindlichkeiten schon als Erfolg gewertet werden.

Wie sich die Zeiten ändern. Aus dem finanziellen Sorgenkind ist ein beinah gesundes Unternehmen geworden. Umsatz, Gewinn, alles auf Rekordniveau! So zumindest lasen sich die Zahlen zum abgelaufenen Geschäftsjahr auf der Bilanzpressekonferenz nach der Double-Saison 2011/12: mehr als 30 Millionen Euro Gewinn, den Konzern-Umsatz über die 200-Millionen-Marke gehievt, und den

Schuldenberg auf 40 Millionen Euro gedrückt. Hurra allüberall! Falls es so weitergehe, hoffte Geschäftsführer Hans-Joachim Watzke, werde der Verein bald ganz ohne Verbindlichkeiten dastehen.

Eine unerwartet erfolgreiche Champions-League-Saison, wie sie 2012/13 war, ließen Scheine über Dortmund regnen. Bei der Mitgliederversammlung im November 2013 verkündete der Verein dann, nunmehr schuldenfrei zu sein. Und schon geht das Rennen wieder los: Kader breiter aufstellen, die Spieler verlängern, das kostet, das kostet. Ist eine Saison international der Ofen aus, fangen die Schluckbeschwerden gleich von Neuem an – kaum Einnahmen, teure Mannschaft.

Noch läuft es, *tutto bene*. Wäre dem BVB ja nur zu wünschen, sich über kurz oder lang als ernst zu nehmender Gegenpart zum FC Bayern zu etablieren, fußballerisch wie finanziell – und das nicht nur über zwei, drei Spielzeiten, sondern diesmal bitte auf Dauer.

6. KAPITEL

HÖHER, JÜNGER, WEITER: SCHWARZ-GELBE BESTMARKEN

66. GRUND

Weil die A-Jugend fünfmal hintereinander Deutscher Meister geworden ist.

Die Frischzellenkur des BVB unter Jürgen Klopp wirkt ein bisschen wie eine wundersame Entdeckung der Neuzeit, ein genialer Einfall der Post-Finanzchaos-Ära. Mitnichten eine Idee aus dieser Zeit. Dortmunds Nachwuchsarbeit geht weit darüber hinaus. Wo kommt schließlich ein Lars Ricken her? Oder ein Nuri Şahin, der bereits einige Jahre vor Klopps Jugend-forscht-Projekt beim BVB anheuerte? Aus der Nachwuchsabteilung des BVB.

Fußball ist Volkssport, die Talente liegen beziehungsweise kicken auf der Straße rum. Man muss sie nur aufsammeln, eintüten und in einer sogenannten Akademie über die Pubertät bringen und mit Taktikverständnis, Kondition, Disziplin, Manieren und mittlerer Reife ausstatten. Schon kann man die Miniprofis in die Welt entsenden. Wirklich durchsetzen im Profifußball, man darf es nicht vergessen, tun sich letztendlich nur die wenigsten Pennäler.

Versteht sich von selbst, dass sich der BVB eine Akademie leistet, um die Hoffnungsträger zu fördern. Zur Akademie kommt noch das sogenannte BVB-Jugendhaus, was ein bisschen sehr nach BVB-JVA klingt, aber nur fußballerische Ausbildung vermittelt und kein Strafvollzug ist. Für die sportliche Leitung der gesamten Jugend-Abteilung ist übrigens seit Ende seiner Profikarriere Lars Ricken zuständig. So langsam ist Ricken nun doch in die Jahre gekommen für einen Fußballer, sieht aber weiter so jung aus wie einige der Mittelstufenjungs, über die er die Verantwortung trägt.

Richtig rund lief es beim schwarz-gelben Nachwuchs so ziemlich parallel zur Pump-Ära Mitte der 90-er, als die A-Junioren vom BVB den alten Rekord vom VfB Stuttgart einstellten und fünfmal hintereinander die Deutsche Meisterschaft gewannen. Jedes Jahr zu stark für die Final-Konkurrenz aus Bremen, Leverkusen, Mannheim und von den beiden Münchener Vereinen. 1994 bis 1998 im Finale ungeschlagen, fünfmal hintereinander Deutscher Meister der A-Junioren. Die Stuttgarter hatten die Trophäe nur viermal zwischen 1988 und 1991 geholt. Seit der furchterregend dominanten Serie ist es etwas stiller um die A-Jugend beim BVB geworden. Zuletzt gab es 2009 ein Endspiel um die Meisterschaft, das allerdings gegen Mainz 05 1:2 verloren ging. Im selben Jahr musste sich das gleiche Team dazu im Finale um den DFB-Junioren-Vereinspokal gegen Freiburg geschlagen geben. Hätte besser laufen können.

Allzu schlecht, trotz ausbleibender Titel, kann die Jugendarbeit des BVB wohl nicht sein. Immerhin war 2009 jemand beide Male mit von der Partie, der heute zwar kein Dortmunder mehr ist, aber genau dort zum teuersten Transfer innerhalb der Bundesliga gereift ist: ein damals 16 Jahre alter Mittelfeldspieler namens Mario Götze.

67. GRUND

Weil Dortmund immer noch den jüngsten Bundesligaspieler stellt.

In Dortmund war die Maßnahme eher aus der Not geboren, die finanzielle Situation erlaubte jahrelang keine großen Einkäufe auf dem Transfermarkt. Heute ist es gang und gäbe, junge Spieler möglichst früh an den Profikader heranzuführen und mit den etablierten Spielern trainieren zu lassen. Im Ernstfall hält dann aber doch die alte Garde den Kopf hin. Meistens.

Manchmal dürfen, oder müssen, sie doch ran. Als Nuri Şahin am ersten Spieltag der Saison 2005/06 im Wolfsburger Stadion den Anpfiff von Schiedsrichter Wolfgang Stark hört, geht er in die Geschichte der Bundesliga ein. In diesem Augenblick war Şahin der erste und ist bis dato der einzige 16-Jährige, der in der Bundesliga gespielt hat. Die Statistik weiß es genau: Der in Lüdenscheid geborene Junge mit türkischem Pass war an jenem Nachmittag im August sagenhafte 16 Jahre, elf Monate und zwei Tage jung. Der Einzige, der nah an diese Marke kam, war Jürgen Friedl von Eintracht Frankfurt – bei seinem Ligadebüt 1976 genau 17 Jahre und 26 Tage auf der Welt. An dritter Stelle steht übrigens ein weiterer BVB-Spieler: Ibrahim Tanko, 17 Jahre und zwei Monate jung, wird von Trainer Ottmar Hitzfeld beim 5:0-Heimsieg gegen Stuttgart eingewechselt. Ob das jetzt eine begrüßenswerte Entwicklung ist oder doch keine so gute Idee, Jungs da auf den Platz zu stellen, die in dem Alter doch eigentlich mit ihren Kumpels an der Aral das erste Sixpack trinken und am Montag wieder in die Schule gehen sollten. Stattdessen fünfmal die Woche Training, viel Disziplin und Druck, noch bevor sich auf der Oberlippe der erste Flaum verdichtet? Wird nicht jeder mit fertig. Tanko auch nur bedingt. Er bekommt die unehrenhafte Entlassung beim BVB, weil ein Dopingtest THC nachweist. *Haste Cannabis in der Blutbahn, kannste grätschen wie 'n Truthahn* – nämlich gar nicht.

Der Nimbus Jahrhunderttalent kann schnell etwas Ominöses bekommen, falls es dem Nachwuchsspieler dann doch schwerfällt, sich gleich durchzusetzen gegen alte Haudegen. Beispiel Şahin: Von der B-Jugend zu den Profis; zwei Jahre später für Spielpraxis nach Rotterdam ausgeliehen; zwischendurch in der zweiten Mannschaft; dann wiederentdeckt, plötzlich Kopf der Mannschaft und genialer Spielmacher, der mit 22 Jahren zu Real Madrid wechselt; wird von da nach einem Jahr für Spielpraxis an Liverpool ausgeliehen; heute zurück im BVB-Kader als Leihgabe aus Madrid, weil er meint, »nur in Dortmund zu 100 Prozent zu funktionieren«.

Ebenso ziemlich weit oben in der Liste der jüngsten Bundesligaspieler ist auch Mario Götze, auf Platz 10 mit 17 Jahren, 5 Monaten und 9 Tagen bei seiner ersten Partie im September 2009. Es muss gar nicht immer schiefgehen mit den Jungstars. Götze fiel in seiner

Dortmunder Zeit weniger durch süßliche Rauchschwaden oder sonstige Flausen auf als durch atemberaubend schöne Spielzüge auf dem Platz. Hätte gern so bleiben können. Schwer zu ertragen, aber er suchte sein Glück woanders.

68. GRUND

Weil vier der sechs jüngsten Liga-Torschützen Borussen waren.

Logo, wer früh auf dem Platz steht und nicht ganz auf den Kopf gefallen und vielleicht kein Torwart ist, reiht sich auch in die Liste der jüngsten Torschützen in der Liga ein. Auch diese Rangfolge führt Nuri Şahin an, der zwei Monate nach seinem Debüt im BVB-Trikot das erste Mal traf. Hinter dem zweitplatzierten Schalker Julian Draxler sowie Stuttgarts Timo Werner folgen drei Ex-Borussen direkt aufeinander: Lars Ricken, natürlich Ibrahim Tanko und Marc-André Kruska – allesamt nicht einmal 18 Jahre alt beim Debüttreffer.

69. GRUND

Weil Hans Tilkowski als erster Torwart »Fußballer des Jahres« war.

Er stammt aus einer Zeit, als es für Torhüter noch normal war, ohne Handschuhe zu spielen. Es war auch die Zeit, als Torhüter noch Spieler waren, die irgendwann irgendwie im Tor landeten. Ein spezielles Torwarttraining gab es für den Sport, der in Deutschland noch nicht das Massenphänomen heutiger Tage war, in den 30er- und 40er-Jahren noch nicht. Die Spieler, die sich für die Torwart-Position entschieden, hatten vorher alle auf den staubigen, zertrümmerten Straßen als Feldspieler das Kicken gelernt. Selbst in den unteren Ligen waren Auswechselungen selten. Verletzte sich der Torwart am Finger, sprang ein anderer Spieler ein. Der Torwart spielte dann auf der entsprechenden Position für ihn weiter.

Vielleicht ist das einer der Gründe, warum Hans Tilkowski, BVB-Towart von 1963 bis 1967, den Ruf als König des Stellungsspiels hatte. In seinem Jugendverein, dem SV Husen 19, spielte er als Stürmer, sprang eher zufällig im Tor ein. Und hatte bald seine Position gefunden. »Der Torwart ist ein auf sich allein gestellter Mannschaftsspieler«, sagte Tilkowski. Als Feldspieler im Tor konnte er das Spiel anders lesen, die Züge des Gegners besser antizipieren und somit das Verhalten der Stürmer voraussahnen.

Von Kaiserau und Herne in der Oberliga wurden anschließend die 60-er die großen Jahre des Torwarts Tilkowski. Mit Gründung der Fußball-Bundesliga 1963 wechselt er zur Borussia. Alteingesessene Fans werden sich vor allem an die legendären Spiele im Europacup der Landesmeister 1963/64 erinnern. Besonders vielleicht an die 1. Runde. Nach den beiden Vorrunden-Siegen gegen Oslo muss der BVB gegen Benfica Lissabon antreten, eine Mannschaft mit übermächtiger Offensive zu der Zeit: Simões, Santana, Augusto zaubern alle für die ballverliebten Portugiesen sowie der grandiose Eusébio. Ein Stürmer, der für Lissabon in 365 Spielen sagenhafte 383 Tore schoss.

Eins davon beim Hinspiel in Lissabon, Dortmund fährt mit einem 1:2 gut bedient gegen die überlegenen Portugiesen wieder nach Hause. Benfica hat Pech mit Latten- und Pfostentreffern, scheitert aber auch mehrfach an Tilkowski. Vier Wochen später schafft Dortmund das Unmögliche und ringt Lissabon, diesmal ohne Starspieler Eusébio, im Stadion Rote Erde 5:0 nieder. Innerhalb von fünf Minuten steht es 3:0. Kurz nach der Halbzeitpause erhöht der BVB, bevor Wosab in der 58. Minute zum 5:0 trifft. Sensation, eine deutsche Mannschaft besiegt ein Team von der iberischen Halbinsel auf dem Niveau.

Das Halbfinale gegen den späteren Finalsieger Inter Mailand geht zwar verloren, aber Tilkowski macht gerade in diesen Spielen von sich reden. In den Jahren bei Borussia schließt er keine Saison schlechter als auf dem vierten Tabellenplatz ab, 1965 gewinnt er den DFB-Pokal und ein Jahr später den Europapokal der Pokalsieger. 1965 bekommt er auch eine besondere Auszeichnung überreicht. Tilkowski wird zu Deutschlands Fußballer des Jahres gewählt, als erster Torwart überhaupt. Erst zehn Jahre später gelingt Sepp Maier das gleiche Kunststück.

Diese Auszeichnung erweckt auch Sepp Herbergers Interesse an dem 1962 in Chile nicht eingesetzten BVB-Torhüter von Neuem. Weil ihn Nationaltrainer Herberger nicht berücksichtigt hatte, wäre Tilkoswki damals fast vom Turnier zurück nach Deutschland geflogen, bekam aber keinen Flug. Bei der WM 1966, Herberger hat ihn erweicht, in die DFB-Auswahl zurückzukehren, spielt Tilkowski dann sein berühmtestes Spiel, das Finale von Wembley.

»Das Wembley-Tor im Finale gegen England bleibt mir immer in Erinnerung. Es hat mein Leben geprägt«, schilderte Tilkowski, der 2010 seinen 75. Geburtstag feierte, ZEIT ONLINE einmal den Stellenwert dieses Spiels in seiner Karriere. »Geoff Hurst kam in der Verlängerung auf mich zu und zog von der Strafraumgrenze ab. Ich war noch mit den Fingerspitzen am Ball, konnte ihn aber nicht festhalten. Er prallte von der Latte ab und sprang von der Linie zurück ins Feld. Ich schaute über meine linke Schulter nach hinten und sah es genau: Es war kein Tor!«[23]

Tilkowski, niemals um Star-Rummel bedacht, unter seinen Mannschaftskameraden geschätzt für sein souveränes Auftreten, wird das natürlich immer wieder gefragt. War er drin? Als Torwart würde er natürlich genau das sagen: Es war kein Tor. Aber *er* sollte es wissen. Niemand war näher dran.

70. GRUND

Weil der höchste Saisonsieg auf das Konto der Borussia geht.

Toller Rekord: Den höchsten Saisonsieg der Bundesliga-Geschichte! 12:0, zwölf zu null! Da kann sich die Borussia mächtig stolz auf die Gorillabrust klopfen. Glückwunsch, Gladbach, das war einsame Spitze. Genau, Gladbach gegen Dortmund, Borussia gegen Borussia, zwölf zu null.

Gibt es doch nicht, ein Spiel mit zwölf Gegentoren. Doch, aber eben nur einmal. Das 12:0 (6:0) der Gladbacher über den BVB am 29. April 1978 ist in der 1. Bundesliga bislang einmalig. Spiele mit zwölf Treffern gab es wiederum mehrfach. Hier eine kleine Auswahl, die fünf höchsten Niederlagen (mit zwölf Toren) in der höchsten deutschen Spielklasse:

- Borussia Mönchengladbach – Borussia Dortmund 12:0 (Saison 1977/78)
- Borussia Dortmund – Arminia Bielefeld 11:1 (1982/83)
- FC Bayern – Borussia Dortmund 11:1 (1971/72)
- Borussia Dortmund – 1. FC Kaiserslautern 9:3 (1963/64)
- 1. FC Köln – TB Berlin 8:4 (1976/77)

An vier der fünf höchsten Niederlagen beteiligt – auch eine imposante Dortmunder Leistung, irgendwie.

Kurios bei der Niederlage gegen Gladbach: der schnell aufkommende Schiebungsverdacht. Logo, wer sich so wehrlos vernaschen lässt, muss damit rechnen, Bestechlichkeit vorgehalten zu bekommen. Gladbach hatte schließlich, vor der Partie am letzten Spieltag der Saison, noch eine Minimalchance, Tabellenführer Köln zu überholen und Meister zu werden. Beide Teams waren punktgleich, Köln jedoch mit einer um zehn Tore besseren Tordifferenz. Gladbach musste am letzten Spieltag gegen Dortmund also gewinnen, und das sehr hoch, falls Köln gegen St. Pauli auch gewinnen sollte. Das 12:0 hätte bei einem knappen 1:0-Sieg der Kölner für den Gladbacher Titel gereicht. Allein fünf Tore von Jupp Heynckes in seinem letzten Bundesligaspiel waren dann doch nicht genug, Köln gewann das Spiel 5:0 und sicherte sich damit den Titel vor Udo Latteks Gladbachern, denen drei Tore zur Tabellenspitze fehlten.

Der BVB landete zum Saisonende auf Platz 11. Die Niederlage blieb natürlich nicht folgenlos: Die Spieler bekamen eine Strafzahlung aufgedrückt, mussten in Frankfurt beim DFB Stellung nehmen ob des Bestechungsverdachts. Trainer Otto Rehhagel wurde am nächsten Tag entlassen – zum Abschied schenkte ihm der Boulevard die hübsche Demütigung *Otto Torhagel*.

Kleiner Nachtrag zur Dortmunder Ehrenrettung: Beim 11:1-Sieg gegen Arminia Bielefeld 1982 stand es zur Halbzeit gerade mal 1:1. Zehn Tore einer Mannschaft in einer Halbzeit – unübertroffener Bundesliga-Rekord des BVB.

71. GRUND

Weil Matthias Sammer als einziger Borusse und letzter Deutscher Europas Fußballer des Jahres war.

Vom Ehrgeiz zerfressen zu sein, kann man erst mal grundunsympathisch finden. Sunday Oliseh sagte einmal, dass für Matthias Sammer nur Erfolg zähle, Spaß kenne der als Trainer gar nicht. Der Nigerianer wurde nie richtig warm mit Sammer. Was auf Gegenseitigkeit beruht haben dürfte.

Zumal der Gedanke natürlich komplett falsch ist, dem Ehrgeizigen seine Erfolgsansprüche madig zu machen, bloß weil der Kinderkram wie Spaßfaktor und Gute-Laune-Training nichts übrig hat. Fit for fun – ach nö, nicht Sammers Masche. Der Dabeisein-ist-alles-Quatsch funktioniert schon deshalb nicht, weil sich sonst niemand anstrengen würde und müsste. Klar spielt man, um zu gewinnen. Immer, jede Partie.

Und der Spaß, wo bleibt der? Ist doch schließlich nicht alles so heiß, wie es gekocht wird, oder? Null. Nur muss man dem Ehrgeizigen ein Grundmaß an Spaß bei der Sache unterstellen. Sonst ergäbe die Aufopferung keinen Sinn, sonst wäre Sammer Handballer geworden, oder Dachdecker oder Rechtsanwalt.

Dass Sammer in seinem Ehrgeiz nun mal antrat, um gewinnen zu wollen, und sich mithin den Arsch aufriss, damit es auch ja klappte – großartig, besonders für die BVB-Pokalvitrine. Problem für die ganzen Schönwetterfußballer und Soloartisten: Wer diesem unbedingten Willen nicht folgen mochte, hatte unter Sammer ganz sicher keinen Spaß bei der Sache. Ist doch ganz einfach, im Sport blickt niemand zurück und sagt: »Mensch, was war das für eine spaßige Saison, obwohl wir nur Sechster geworden sind.« Weil nur Erfolgsmomente im Zeitstrahl der Geschichte ihren Platz finden, war Sammer mit seinen Ansprüchen tonangebend. Der Leitwolf setzt die Agenda, der Rest hat mitzuziehen. Gewiss fiel ihm diese Rolle durch sein enormes Talent zu. Aber man muss sie auch annehmen.

Auf dem Niveau, auf dem sich Sammer als Spieler bewegte, zählt das Mittelmaß nicht. Ganz oben oder gar nicht. Niemand spendet Applaus für den zweiten Platz. »Unter Fußballspielern gibt es Künstler und Kämpfer«, umschrieb der *Tagesspiegel* Sammers Eigenart. »Matthias Sammer zeichnete sich dadurch aus, dass er beides war. Ein filigranes Arbeitstier, ein rackernder Ästhet. Sammer beherrschte den Pass über 50 Meter genauso wie die Grätsche an der Eckfahne. Seine Herkunft und sein Talent, seine Ausbildung in der Kinder- und Jugendsportschule der DDR und sein explosives Temperament verschmolzen mit den Erfahrungen als Profi im Westen zu einer echten Führungsfigur.«[24]

Als ebendieser sammelte er Titel über Titel ein. Er hat alles gewonnen, was es im Clubfußball zu gewinnen gibt. Stimmt, der UEFA Cup fehlt ihm im Trophäenschrank. Allerdings ist dieser

»Pokal der Verlierer«-Pokal eh wenig schmückend für einen wie Sammer. International blieb ihm ein großer Titel verwehrt. Die Wiedervereinigung kam für den Dresdner ein paar Monate zu spät, ansonsten wäre er womöglich 1990 auch Weltmeister in Rom geworden. Welchen Stellenwert er für den BVB in seiner aktiven Zeit (1993 bis 1998) besaß und welchen hervorragenden Ruf er im internationalen Fußballgeschäft genoss, zeigt die Auszeichnung als Europas Fußballer des Jahres nach der gewonnenen EM 1996. Damit ist er der einzige Borusse und seit vielen, vielen Jahren letzte Deutsche, dem diese Ehrung widerfuhr. Glück für Dortmund, dass Sammer Fußballer geworden ist. Und nicht Handballer, Dachdecker oder Rechtsanwalt. Obwohl, einen meckrigen Hausmeister hätte er hundert pro hinbekommen.

72. GRUND

Weil Sammer jüngster Meistertrainer der Bundesliga ist.

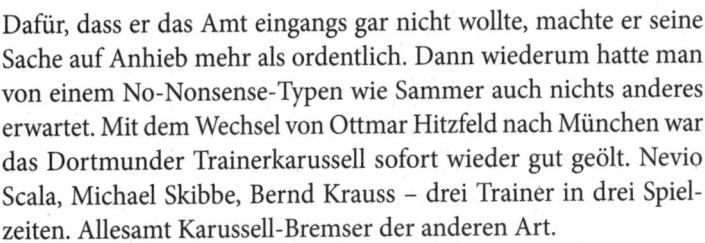

Dafür, dass er das Amt eingangs gar nicht wollte, machte er seine Sache auf Anhieb mehr als ordentlich. Dann wiederum hatte man von einem No-Nonsense-Typen wie Sammer auch nichts anderes erwartet. Mit dem Wechsel von Ottmar Hitzfeld nach München war das Dortmunder Trainerkarussell sofort wieder gut geölt. Nevio Scala, Michael Skibbe, Bernd Krauss – drei Trainer in drei Spielzeiten. Allesamt Karussell-Bremser der anderen Art.

April 2000. Der 13. Tabellenplatz und eine 1:3 Heimniederlage gegen Unterhaching sind für Krauss das Aus. Fünf Spieltage vor Saisonende (1999/2000) macht Feuermelder Udo Lattek noch einmal den Feuerlöscher beim BVB. Sammer, aufgrund anhaltender Knieverletzungen inzwischen als Profi zurückgetreten, wird sein Assistent. Das Duo holt acht Punkte in fünf Spielen, es reicht für

Platz 11 am Saisonfinale, fünf Punkte Vorsprung auf einen Abstiegsplatz. Lattek geht anschließend zufrieden mit gefüllter Lohntüte seinem vorherigen Leben als pensionierte Trainerlegende nach, Sammer lässt sich mehr oder weniger überreden, neuer Cheftrainer zu werden. Im Sommer nimmt er an einem verkürzten Lehrgang des DFB für ehemalige Nationalspieler teil und erwirbt die Trainerlizenz.

Der Start in seine erste Saison verläuft holprig, auf ein 4:1 in Cottbus folgt eine 2:3-Heimniederlage gegen 1860 München, am sechsten Spieltag geht der BVB zu Hause 0:4 gegen Schalke unter, zwei Monate später mit 2:6 bei den Bayern. Danach fängt sich die Mannschaft, legt eine kleine Serie hin, am 34. Spieltag reicht es für Platz 4. In der Dortmunder Geschäftsstelle ist man zufrieden, Champions-League-Qualifikation geschafft. Die Saison 2001/02 wird Sammers Meisterstück als Nachwuchstrainer: Die Spiele sind kein Spektakel, knappe Siege, viel 2:1-Fußball, aber Neuzugang Márcio Amoroso (aus Parma für einen Ablöserekord geholt) traf, wie es ihm gefiel. Sammers Team stand an keinem Spieltag weiter unten in der Tabelle als Platz vier und holte insgesamt 70 Punkte, was knapp für die erste Meisterschaft seit der Ära Hitzfeld reichte. Deutscher Meister und gerade 34 Jahre alt. Zu der Zeit und in dem Alter hatte man als Philosophiestudent vielleicht zehn Jahre Berufserfahrung als Kellner, unter Erich Ribbeck galt man als Nachwuchshoffnung. Aber 34 und Meistertrainer? Unerhört, heute wie damals – der jüngste Meistertrainer seit – genau – Udo Lattek. 1971/72 Meister mit Bayern München und damals 37 Jahre jung.

Einziger Makel in Sammers Meistersaison: das knapp verlorene UEFA-Cup-Finale gegen Feyenoord Rotterdam.

73. GRUND
Weil der noch mal was bei den Bayern machte?!

Titel hier, Titel da, ungeachtet seiner vielen Errungenschaften kann man hier ruhig noch einmal aus Dortmunder Fan-Perspektive festhalten, dass der harte Hund Sammer es mit Kampfgeist und Aufopferung immer sehr genau nahm, seine Loyalität im Zweifelsfall gut gesteckte Grenzen kennt.

So sah es nämlich aus: Der Mann, der mit Dortmund die Champions League gewann, stand plötzlich im Dienste des FC Bayern München. Nicht, dass die Borussia irgendwelche Besitzansprüche auf den Fußballer Matthias Sammer erheben könnte. Aber bitte, der FC Bayern?

Weil Christian Nerlinger, gebürtiger Dortmunder, Ex-BVB-Profi und zeitweise Uli-Hoeneß-Klon samt Schütterhaar, Wohlstandsplauze und adaptiertem Bazi-Dialekt, es nicht vollbracht hatte, der Münchner Mannschaft ein Mittel gegen die Dortmunder Dominanz zu verabreichen, musste im Sommer 2012 ein neuer sportlicher Leiter her. Der FCB bediente sich beim DFB und verpflichtete Sammer aus dem laufenden Vertrag an die Säbener Straße. Auf seiner Antrittspressekonferenz als neuer Sport-Vorstand betonte Sammer: »Ich möchte hier noch einmal betonen: Wenn der FC Bayern ruft, ist es etwas Besonderes. Das ist was anderes, als ob der Postmann mal klingelt.«[25]

Im Englischen gibt es die Redewendung »the postman always rings twice«, der Postbote klingelt immer zweimal. Was nichts anderes heißt, als dass man immer auch eine zweite Chance bekommt.

Beim BVB hat Sammer alles erreicht, sich eine zweite Chance gewähren lassen braucht er nicht. Bei den eingefleischten Borussen noch mal klingeln aber auch nicht. Oder doch?

74. GRUND

Weil: wenn schon absteigen, dann mit einem Schalker.

Bei dieser lockeren Trainerdichte im Fußballgeschäft ist es schon fast überraschend, dass einer wie Felix Magath nie seinen Weg nach Dortmund finden brauchte. Inzwischen ist die Sorge halbwegs gebannt, als Ex-Schalker wird er nicht unbedingt auf die Idee kommen, beim BVB anzuheuern.

Wobei er da nicht der Erste wäre, der sein Glück in Gelsenkirchen suchte, um es in Dortmund nicht zu finden. Auf Schalke wird es wohl zur allgemeinen Belustigung beitragen, dass der BVB ausgerechnet 1972 mit einem gebürtigen Gelsenkirchener und ehemaligen S04-Spieler als Cheftrainer aus der Bundesliga abgestiegen ist.

Ob Herbert Burdenski in der Schalker Folklore Heldenstatus besitzt oder als Häretiker gilt, weil er die blau-weiße Religionslehre mit dem Dortmunder Engagement verraten hat, ist nicht sicher. Ganz sicher verbürgt ist seine Pleitenrückrunde 1971/72. Mit Horst Witzler war der BVB nach schlechtem Start kontinuierlich auf die Abstiegsplätze zugesteuert und musste es sich zur Winterpause aber »nur« auf Platz 15 kuschelig machen. Witzler wurde trotzdem seiner Aufgaben entbunden.

Nachfolger Burdenski, von 1935 bis 1943 Mittelfeldspieler im Schalker Dress, hatte die Dortmunder Murmeltiere irgendwann wachgerüttelt im Januar, da standen schon zwei Niederlagen und drei Unentschieden aus den ersten fünf Spielen zu Buche. Zu wenig, um aus dem Tabellenkeller herauszukommen. Die glorreichen Zeiten, die sich im Europapokalsieg 1966 zuspitzten, waren ja längst verblasste Erinnerungen, der Abstiegskader bestand nach dem massenhaften Abwandern der alten Spielergrößen um Emmerich, Libuda und Held aus einer eilig, unter Finanznot zusammengekauften Truppe. Einer Truppe ohne Bundesligatauglichkeit, der sechs Siege und 20 Niederlagen nur für Platz 17 reichten. Abstieg mit einem ehemaligen Schalke-Spieler als Trainer – und vier Jahre Bundesligaabstinenz. Schlimme Vorstellung, rundum wahr aber.

Für den Gelsenkirchener Burdenski der zweite Abstieg als Trainer nach der Pleite mit Rot-Weiss Essen im Vorjahr.

Immerhin kann er sich eins gutschreiben für die kurze Zeit als BVB-Trainer: Den 11:1-Schlaginsgesicht der Bayern kurz vor der Winterpause geht noch auf die Kappe seines Vorgängers Witzler.

7. KAPITEL

PRESSING, »GRANDIOS SAISON«, DOUBLE: WESTFÄLISCHE RENAISSANCE

75. GRUND

**Weil das Team zwar nicht Rekordmeister ist.
Aber mal kurz Rekord-Meister war.**

Unbestritten, die Bayern in München bleiben das Maß der Dinge im deutschen Fußball. Daran ändert auch die jüngste BVB-Renaissance unter Jürgen Klopp nichts. Das heißt, sportlich gesehen ist das natürlich von Saison zu Saison unterschiedlich. Was Infrastruktur, Führung und Finanzen angeht, steht der FCB Bayern seit Jahrzehnten an der Spitze in der Liga, glasklar reflektiert in der hochpolierten Trophäensammlung der Münchner: 50 Jahre deutsche Bundesliga und fast die Hälfte der Titel ist an der Isar gelandet. Peinlich für den Rest des Betriebs. Halbwegs bemerkenswert immerhin, wie die Dortmunder in der Double-Saison dem Rekordmeister aus München ein paar Rekorde madig gemacht hat.

Solch eine Spielzeit, wie sie Vize-Bayern 2011/12 hingelegte, wäre in den meisten anderen Vereinen ein großer Erfolg. Zweiter in der Liga, im Pokal und in der Champions League. Aber eben immer nur – Zweiter. Weil Dortmund aber nicht nur die Meisterschaft aus dem Vorjahr verteidigte, sondern auch noch den DFB-Pokal gewann, wurden all die Münchner Errungenschaften leichtfüßig überschattet. Obendrein setzten die Borussen noch ein paar Bestmarken.

Am 32. Spieltag stand der BVB bereits fest als alter neuer Deutscher Meister. Erst am letzten Spieltag war dann wirklich klar, welch historische Meisterleistung Hummels, Großkreutz & Co. da vollbracht hatten. Umgerechnet auf die Drei-Punkte-Regel kam der FC Bayern in den Jahren 1971/72 und 1972/73 auf die Rekordmarke von jeweils 79 Punkten. Dortmund erspielte am Ende der Meister-Saison 81 Punkte. Den Rekord von 25 Siegen in 34 Spielen der Bayern (1972/73) egalisierte Dortmund und stellte gleich zwei neue auf – die beste Rückrunde (15 Siege, 2 Unentschieden) und

28 Spiele am Stück ohne Niederlage innerhalb einer Saison. Mit elf Auswärtssiegen und insgesamt 37 Punkten aus Auswärtsspielen stellte der BVB noch zwei Bestmarken ein.

Zahlen, Zahlen – zahlen, bitte. Sonst noch was? Ja, logo. Die Dortmunder, allerdings im Jahr zuvor, sind die jüngste Meistermannschaft der Liga-Geschichte, Durchschnittsalter 22,9 Jahre. Und laut DFL noch die – na ja, wie soll man sagen – nettesten: oben aufs Double gab es den Fairplay-Preis des Ligaverbandes.

Dortmund, stolz wie Oskar, feierte die Meisterschaft, den Pokal und all die feinen Statistikwerte. »Heute ist Außergewöhnliches passiert«, sagte Trainer Klopp am letzten Spieltag, »wir haben 81 Punkte geholt, das wird vermutlich sobald keine Mannschaft erreichen.«[26] Sobald nicht, nein. Nur zwölf Monate später. Da hatten die Bayern fast alle Rekorde wieder einkassiert, übertroffen und neue aufgestellt. Es war zum Mäusemelken. Egal, Konkurrenz belebt das, und so weiter und sofort. Auf geht's! Rekord-Meister schlägt Rekordmeister schlägt Rekord-Meister schlägt ...

76. GRUND

Weil Kevin Großkreutz kein Großkotz war.

Unser aller Herz schlägt für ehrliche Charaktere. Besonders auf dem Fußballplatz. Schließlich, ihr Können in allen Ehren, würde der Fußball nie und nimmer derart Faszination ausüben, bestünde eine Mannschaft aus elf Schönwetterfußballern, die sich technisch perfekt den Ball zuspielen, aber null Leidenschaft entfachen. Jede Mannschaft braucht eine echte Type in ihren Reihen. Einen Straßenfußballer, eben keinen brasilianischen Hütchenspieler, vielmehr einen, der bolzen kann. Ein Kampfschwein, ein Fighter, der die anderen zehn auf dem Platz und die Fans auf den Rängen mitreißt, bei dem im Steckbrief unter Hobby »Rudelbildung« steht.

Beim BVB konnte man im Klopp-Kader wohl niemandem sonst als Kevin Großkreutz diese Rolle anvertrauen. Und er selbst pflegte sie mit großer Hingabe. Wer sich das Echtheitsprädikat »Dortmunder Jung« in den Colt ritzen kann, steht ja geradezu in der Pflicht, sich für Verein, Mannschaft und Stadt aufzureiben.

Kevin Großkreutz, Jahrgang 1988, kommt aus Dortmund – geboren, aufgewachsen, sozialisiert. Er fängt mit vier an, Fußball zu spielen, steht als Kind auf der Südtribüne, durchläuft diverse Jugendmannschaften der Region, bis 2002 spielt er bei Borussia Dortmund, wechselt zu Rot Weiss Ahlen, wo er über die zweite Mannschaft in den Profikader gelangt und schließlich in der 2. Bundesliga spielt. Und weil man den Dortmunder Jung aus Dortmund holen kann, aber nicht Dortmund aus dem Dortmunder Jung, holt ihn der BVB 2009 zurück an die Strobelallee.

Dem Begriff »Publikumsliebling« haftet ja durchaus das Bild eines Blindgängers an – *du gibst dir sooo viel Mühe, und dafür lieben wir dich irgendwie, auch wenn es urkomisch anzuschauen ist*. Man denke nur an den glücklosen Skispringer Eddie Eagle. Großkreutz, technisch nicht der stärkste Linksaußen, wurde es nicht einfach gemacht, durch Spielzüge zu glänzen, wenn neben ihm Leute wie Marco Reus ganz wundersame Dinge mit dem Ball anstellten. Nur darf man Kevin Großkreutz keineswegs als sympathischen Blindgänger verkennen. Was ihm im Gegensatz zu den Riberys dieser Welt womöglich an Können am Ball fehlt, macht er durch seinen Kampfgeist und seine Laufbereitschaft wett. Pfeilschnell rannte er für den BVB mit Marcel Schmelzer die linke Seite ab, zog das Spiel immer wieder durch Sprints an, was für Jürgen Klopps Idee von Tempofußball mit schnellem Umschalten von Defensive auf Offensive genau richtig war.

Nach dem Auswärtssieg im Oktober 2012 im verschneiten Freiburg bekam er für seine bei Minusgraden in Kurzarmtrikot insgesamt zurückgelegten 12,7 Kilometer und die am Spieltag unübertroffene Spitzengeschwindigkeit von 34,9 km/h den Spitznamen

»Schneepflug« verpasst. Weniger vorstellbar für einen Ballästheten wie Reus, dennoch versinnbildlichend für Großkreutz' Talent – nicht immer schön anzuschauen, aber notwendig, dieser Schneepflug, und effektiv noch dazu.

Die Erhöhung zu einem der klaren Publikumslieblinge, und der auf der anderen Fanseite einhergehenden Stilisierung zur Hassfigur, verdankte Großkreutz seinem Wirken abseits des Rasens. Ein Beispiel? Es reicht eigentlich, nur diesen einen Satz zu zitieren, um zu verdeutlichen, was gemeint sein könnte. In einem Fragebogen der SPORT BILD[27] kreuzte er auf die Frage, was passieren würde, wenn sein Sohn sich eines Tages als Schalke-Fan entpuppen sollte, die unmissverständlichste Antwort an: »Kommt er ins Heim.«

Direkter konnte man ein paar Wochen vor dem anstehenden Derby nicht ins Schwarz-Gelbe treffen. Unschön, aber schlussendlich nie genau geklärt, sein Ausbruch gegen den Ex-Schalker Gerald Asamoah im Pokalhalbfinale gegen Fürth. So bringt man es in der Facebook-Gruppe »Ich hasse Kevin Großkreutz« immerhin auf 50.000 Interessenten. Nicht überall kam dieses Polarisierungspotenzial gut an. Unter Thomas Tuchel wurde Großkreutz nicht mehr berücksichtigt. Nachdem er den BVB 2015 schließlich verließ, spielte er in vier Jahren bei vier Vereinen. Sagt das auch etwas über seinen Charakter aus? Bestimmt. So oder so, in Dortmund hat man wohl lange keinen im wahrsten Sinne derart außergewöhnlichen Spieler mehr gesehen.

77. GRUND

Weil er sich beim Gewinn der Meisterschaft eine Mönchsglatze hat rasieren lassen.

Wir Nichtfußballer kennen das ja eher von missglückter Teilnahme am Junggesellenabschied. Montagmorgen, zurück im Büro, und der

Kollege schaut ungläubig, weil, nun ja, eine Augenbraue fehlt: »Was ist dir denn passiert?!« Ach das, hihi, lügt man schnell – nur 'ne Wette verloren.

Tja, und dann gibt es Menschen, die so etwas für einen guten Zweck tun. Dortmunds Pferdelunge Kevin Großkreutz zum Beispiel. Großkreutz ist so etwas wie der Gröfadeb – Größter Fan der Borussia. Der Mittelfeldspieler ist gebürtiger Dortmunder, liebt seinen Verein, seit er denken kann. Als Kind fährt er mit zu Auswärtsspielen, bekommt jedes Jahr das aktuelle Trikot zum Geburtstag, geht mit BVB-Schultüte zur Einschulung. Wenn man dann wie er Jahre später in den Profikader aufsteigt, ist der Gewinn der Deutschen Meisterschaft mit ebendiesem seit eh und je vergötterten Team für einen Fußballer so etwas wie Weihnachten, Geburtstag und Abitur in einem.

Und für derart schöne Ziele lässt man sich schon einmal zu haarigen Entscheidungen hinreißen: Großkreutz geht eine Wette ein und verspricht im Herbst 2010, sich erst wieder die Haare schneiden zu lassen, wenn der BVB Meister wird. Sieben fußballerisch schöne und sieben frisurtechnisch erschreckende Monate müssen die BVB-Fans aushalten, ehe Roman Weidenfeller im Mai 2011 die Schale in den Himmel reckt. Bis dahin hat Großkreutz eine Matte, wie man sie aus Dokumentationen kennt, in denen unfrisierte Urmenschen grunzend einen brennenden Busch anstarren. Noch auf dem Spielfeld erlöste ihn Felipe Santana mit einem elektrischen Rasierer von seiner ausufernden Haarpracht – nur um ihm eine halbe Mönchsglatze zu verpassen: kahlgeschoren bis zum hintersten Kopfansatz, im Nacken allerhöchstens luftig gestutzt. Optisch noch katastrophaler als mit Neandertalermatte.

Zu ertragen nur im feucht-fröhlichen Freudenrausch über die erste Meisterschaft nach neun Jahren.

78. GRUND

Weil er sich die Skyline von Dortmund auf die Wade hat tätowieren lassen. Noch mal: die Skyline!

In Düsseldorf denkt man immer, die schönsten Mädchen ganz Nordrhein-Westfalens kämen aus der Stadt am Rhein. Weil Claudia Schiffer da irgendwo herkommt, oder so. Dabei weiß doch jeder, dass die hübschesten, klügsten Frauen aus Dortmund kommen.

Nicht so prächtig schneiden die Westfalen ab, wenn es um die schönste Stadt geht. In einer Umfrage gaben zum Beispiel 83 Prozent der Düsseldorfer an, dass sie ihre Stadt schön fänden. Und die Dortmunder? Gerade mal 63 Prozent hielten hier die eigene Stadt für schön. Den Spitzenwert erreichte Hamburg mit 93 Prozent. Nach dem Zweiten Weltkrieg lag Dortmund in Trümmern. Der Stadt ging durch die Bomben der Alliierten ein Großteil ihrer alten Substanz verloren. Für die historischen Altstadtteile strömen Hunderttausende Touristen eher in Städte wie Heidelberg oder Rothenburg ob der Tauber, weniger nach Dortmund.

Und doch kann man seine Stadt, trotz aller Macken und Bausünden, abgöttisch lieben. Ganz so wie Kevin Großkreutz es tut. Noch ganz im Meistertaumel nach der glorreichen Saison 2010/11, ließ sich jedermanns liebster BVB-Ultra zu einer ganz großen Geste hinreißen. Während der Sommerpause ließ er sich ein Tattoo stechen, aus Verneigung vor seiner Heimat, und wählte ausgerechnet – die Dortmunder Skyline. Mitten auf der rechten Wade, inklusive Reinoldikirche, Zeche Germania, Florianturm und BVB-Stadion.

Die Skyline einer Stadt, die weder für ihre reizvolle Silhouette noch für klassische Schönheit bekannt ist, ausgerechnet die verhunzte Skyline!

Ehrlich: Uns fällt keine radikal-romantischere Liebesbekundung für einen Fußballer zu seiner Stadt ein, als sich ihr Wahrzeichen auf das Schussbein zu tätowieren.

79. GRUND

Weil Marco Reus Borusse geblieben ist ...

Einmal Borusse, immer Borusse. So steht es hier auf dieser Seite, schwarz auf weiß, so soll es sein, anders geht es wohl nicht. Einmal Borusse, immer Borusse also. Ja, Gott sei Dank, stöhnt der Fußballfan zu Recht. Was wäre sonst aus Marco Reus geworden? Vielleicht ein Bayer? Vielleicht ein Katalane? Müßig, Spekulationen, Spekulationen. Er hat ja die richtige Entscheidung getroffen in jenem Sommer 2012.

Als Michael Frontzeck, vielleicht *die* Verkörperung von »einmal, immer Borusse«, die Gladbacher in ihre zweite Saison unter seiner Führung schickte, spielte die Mannschaft soliden Fußball. Nur reichte das nicht. Trotz einiger vielversprechender Jungtalente wie Neustädter, Bobadilla und Reus drohte der Mannschaft der Abstieg in die 2. Liga. Frontzeck, geschwächt durch Verletzungspech im Kader und einige knappe, unglückliche Niederlagen, musste gehen. Geholt wurde ein Fußball-Stratege, einer der das Spiel gedanklich auseinandernimmt, ähnlich wie ein Schachspieler die Züge des Gegners antizipiert. Lucien Favre ist solch ein Analytiker. Das System, das der Schweizer Trainer fortan in Gladbach spielen lässt, ist taktisch komplex und auf Akribie ausgelegt. DER SPIEGEL nannte ihn in einem Porträt einmal einen Pedanten.

Von dieser Akribie profitierte auch Marco Reus. Als Favre am Anfang seiner Trainerkarriere stand, absolvierte er eine Art Praktikum bei Johan Cruyff, dem ehemaligen Trainer des FC Barcelona, um sich abzugucken, wie man durch Ballbesitz und Kurzpassspiel zum Erfolg kommt. Unter Favres Führung wurde aus Reus, dessen Profikarriere in der 2. Liga bei Rot Weiss Ahlen begonnen hatte, einer der torgefährlichsten Mittelfeldspieler der Liga: beängstigend ballsicher, kombinationsstark, kompromisslos im Abschluss. Nicht zu vergessen seine exzellente Schusstechnik. Wir erinnern uns immer noch an seinen zum Tor des Monats gewählten Schuss im Rückrundenauftakt gegen Bayern München: Manuel Neuer, der – wie immer so gern und oft getont wird – mitspielende Torwart, will einen Rückpass aus der Abwehr am äußeren Rand des Sechzehners in Richtung Mittellinie schießen, wird aber von Patrick Herrmann gestört. Der Ball rollt flach vor Marco Reus' Füße, der das Leder mit einer kurzen Berührung vorlegt und aus 24 Metern aufs leere Tor schießt. Der Ball nimmt im Strafraum eine schöne Kurve an, springt einmal kurz hinter dem Elfmeterpunkt auf und landet rechts oben im langen Eck, während Neuer noch zurück zur Torlinie trampelt wie ein Nilpferd, das gerade gemerkt hat, den Hühnerstall offen gelassen zu haben. Nach elf Minuten führen die Fohlen 1:0. Die Bayern gehen 1:3 in Gladbach unter.

Ein halbes Jahr später, in seinem dritten Bundesligajahr, wird der damals 23-Jährige für die Saison 2011/12 mit großem Abstand vor Mats Hummels zu Deutschlands Fußballer des Jahres gewählt. An diesem Zeitpunkt war bereits lange klar, dass ein mit solch fußballerischen Fähigkeiten gesegneter Spieler wie Reus Begehrlichkeiten bei den großen Clubs wecken und nicht ewig in Mönchengladbach zu halten sein würde. Am Ende sicherten sich nicht die Bayern, wie lange von vielen Seiten vermutet, Reus' Dienste, sondern der BVB. Gründe für die Entscheidung, nach drei Spielzeiten von Mönchengladbach nach Dortmund zu wechseln, gab es eine Reihe. Einer davon, na klar: Einmal Borusse, immer Borusse.

80. GRUND

... und man ihm dafür sogar seine Frisur verzeiht.

Beim Durchblättern alter Panini-Hefte oder, ganz neumodisch, beim Durchklicken spaßiger Bildergalerien im Internet stößt das Zwerchfell auf die ein oder andere Einladung zur Überreaktion.

Olaf Marschalls Paul-Breitner-Gedächtnis-Dauerwelle. Joachim Löws Gardinenschnitt samt Schnauzer anno 1981. Uli Steins Tolle im Nacken. Stefan Effenbergs Tiger im Nacken. Marcelinhos sekundärfarbener Kamm. Alain Sutters Kelly-Family-Lianen. Um nur ein paar zu nennen.

Um zu erklären, in welche Kategorie Marco Reus' Frisur fällt, wird erlaubt sein, etwas auszuholen. So abgefahren ist die schließlich. 1987, ein warmer Sommer in Großbritannien. Der große Regisseur Stanley Kubrick ist nervös, heute soll die erste Klappe für seinen neuen Film fallen. Der Altmeister hat seit sieben Jahren keinen Film mehr gedreht. Er erinnert sich an den kraftraubenden Dreh mit Jack Nicholson. Der neue Film *Full Metal Jacket* wird ein Antikriegsfilm; kein leichtes Unterfangen, ein ambitioniertes Projekt. Kubrick dreht die Szenen in chronologischer Reihenfolge, den Anfang macht eine Einstellung in der Frisierstube einer Ausbildungskaserne. Der Film spielt 1967/68, gegen Anfang der Hippiebewegung, gegen Ende des Vietnamkrieges. Die angehenden Soldaten des US Marine Corps werden nach der Trainingsphase gen Vietnam geschickt, zuvor werden ihnen die langen Haare auf militärtaugliche Kürze geschoren. Das Licht ist also eingestellt in der Filmkulisse, die Kamera ist genau auf die Protagonisten gerichtet, dahinter stehen Männer in weißen Kitteln, die auf Zuruf der Zauberformel »Action!« anfangen, mit elektrischen Rasierern zu hantieren. Der Regisseur lässt bitten und die Scherenköpfe bahnen sich ihren Weg vom Nacken entlang der Seite bis zu den Koteletten, bis Kubrick urplötzlich »Halt! Aufhören! Abbruch!« brüllt. »Hier, der da vorne«, er zeigt auf einen goldblonden Knaben, »der hat ja gefärbte Haare – das geht nicht, sofort austauschen!«

Da ist es schon zu spät, die Seitenpartie ist abrasiert. Bevor er das Filmstudio verlassen muss, bittet der Anrasierte den Friseurdarsteller noch um die Möglichkeit, die Frisur zu asymmetrisieren, sprich: die andere Seiten ebenso zu trimmen. Was stehen bleibt, ist ein sonnengelber, etwa zehn Zentimeter langer Haarteppich über der hellbraunen Mischlingsnaturfarbe, der von der Stirn bis zum oberen Ansatz des Hinterkopfes reicht und mit viel Pomade zur linken Seite plattgekämmt wird. So, genau so sieht die Frisur von Marco Reus aus. Total verboten, Gott sei Dank ist Reus solch ein Magier am Ball, dass man ihm eh nur auf die Füße schaut.

Selbst international findet dieser Schnitt, den wir verbotenerweise natürlich doch erste Sahne finden, unglaublichen Anklang: Im Juni 2012, am Nachmittag nach dem EM-Viertelfinale in Polen und der Ukraine, saß Nationalspieler Reus in der Nachlesepressekonferenz[28] und beantwortete Fragen zum Sieg gegen die Griechen. Bis ihn eine ausländische Journalistin etwas radebrechend auf seine Haarpracht ansprach: »Hat Ihnen schon jemand gesagt, dass Ihre Frisur viel schöner ist als Mario Gomez?« Höchstwahrscheinlich wollte sie sagen »viel schöner als *die von* Mario Gomez«.

Obwohl: Der erste Satz von ihr stimmt selbstverständlich. Der zweite ist dann doch etwas weit hergeholt.

81. GRUND

Weil der ehemalige Jugendspieler für 17 Millionen Euro wieder eingekauft wurde. Und das noch ein guter Preis war.

Vorher fragt man sich schon, was wäre wenn. Vielleicht wird Marco Reus ja der neue Marko Marin. Wechselt, verletzt sich, spielt nicht, wird gesund, spielt nicht gut. Alles möglich. Denkt man. Dann muss man sich eingestehen: nicht das erste Mal, dass man sich getäuscht hat.

Für Borussia Dortmund ist Marco Reus ein 17 Millionen Euro schwerer Fehler. Es dauerte nicht lange, bis die Bundesliga von seinem Talent überzeugt war, zu offensichtlich besaß der etwas schmächtige Jüngling überragende Schnelligkeit, Spielübersicht und Torgefahr. Schon in seiner ersten Saison nach dem Wechsel aus Ahlen entwickelte sich Reus zur Stammkraft im Gladbacher Mittelfeld. Einzig seine Krankenakte ließ den ein oder anderen Skeptiker zweifeln, ob Marco Reus das Zeug haben würde, ein Großer des deutschen Fußballs zu werden. So muss es wohl Joachim Löw gegangen sein. Der Nationaltrainer hatte ihn nach nur zwei Einsätzen für die U21 im Mai 2010 für das Spiel gegen Malta in den A-Kader berufen. Und noch drei weitere Male, jedes Mal konnte Reus die Reise zur DFB-Elf verletzungsbedingt nicht antreten. Nach der enttäuschenden Halbfinalniederlage gegen Italien war er auf deutscher Seite wiederum einer der wenigen Gewinner der EM in Polen und der Ukraine, obwohl er in der Vorrunde nicht einmal aufgestellt wurde und erst gegen Griechenland zum Einsatz kam. Hinterher fragte man sich schon, was wäre wenn. Was wäre gewesen, wenn er in der Startelf gestanden hätte, wie im Viertelfinale, wo er durch seine Läufe und Pässe die griechische Abwehr überforderte und ein sehenswertes Volleytor schoss? Reus ist nämlich einer für die wichtigen Tore.

Das hat auch der BVB gemerkt. Es hat ein paar Spieltage gedauert. Der Wechsel von Borussia Mönchengladbach zu Borussia Dortmund war keine ausgemachte Sache. Auch die Bayern hatten ein nicht unerhebliches Interesse, den gebürtigen Dortmunder an die Isar zu holen. »Wenn der FC Bayern München einen Spieler verpflichten will, dann wird er ihn auch verpflichten!«, tönte Christian Nerlinger, Bayerns damaliger Manager zur Personalie, ohne den Namen zu nennen. »Wir haben in allen Belangen genug Überzeugungskraft, da spielen zwei, drei oder vier Millionen in der Ablösesumme keine Rolle.«

Es war also keine teure, dafür eine prestigeträchtige Ohrfeige, die die Münchner sich einfingen, als Reus ihr offenes Werben missachtete und sich entschied, im Sommer 2012 zurück in seine Heimat zu gehen. Dortmund überwies rund 17 Millionen Euro an den Niederrhein – und durfte sich geärgert haben. Nicht etwa, weil

Reus ein paar Spieltage brauchte, um sich an die Spielweise seiner neuen Mannschaft zu gewöhnen, sondern weil irgendwo in Vereinsarchiven der vergilbte Pass des Jugendspielers Marco Reus lag.

Mit sieben kam er zum BVB und spielte in diversen Jugendmannschaften, bis er 16 Jahre alt war. Vom Hof gejagt hat ihn damals niemand, wie hier und da geschrieben wurde. Aber eine Perspektive konnte ihm ebenso wenig jemand bieten; zu klein, zu hager, hieß es, um sich durchsetzen zu können. Reus wollte spielen, im zweiten B-Jugend-Jahr heuerte er bei Rot Weiss Ahlen an, von dort ging es nach Gladbach.

Die 17 Millionen hätte man sich freilich sparen können für den Spätentwickler. Hinterher weiß man bekanntlich immer mehr. Und wie erwähnt, ist Reus sein Geld bis dato mehr als wert gewesen für die Borussia. Allein die drei Vorrunden-Treffer in seiner ersten Champions-League-Saison jeweils zum 1:0 dürften ihren Anteil am Weiterkommen des BVB gehabt und somit einen Großteil der Ablöse wieder hereingespielt haben. Kein Jahr später lag sein Marktwert übrigens bei knapp 30 Millionen Euro.

82. GRUND

Weil in Dortmund Mario super geworden ist.

Das Religionsstiftende des Fußballsports manifestiert sich neben der Anhängerschaft zum Verein auch im Personenkult. Alle paar Jahre, wenn es hochkommt, taucht eine Figur auf, magisch anziehend und messiashaft, dass sie die Massen um sich versammelt wie der Heiland anno dazumal. Diese Erlöser-Rolle fällt im Grunde nur Spielern zu. Der letzte Trainer, auf den sich womöglich alle einigen konnten, war Giovanni Trapattoni nach seinem Wutausbruch. Aber zurück zu der Figur des Spielers: Urplötzlich steht dort ein Kicker auf dem Platz, der die Fans des Gegners nicht weniger verzückt als die eigenen. Der Sachen mit dem Ball anstellt, dass sich selbst die Konkurrenz von den Plastikschalen aufzustehen bemüht, um halb anerkennend, halb staunend zu beklatschen, was dieser Halbgott auf dem Platz aufführt. Er macht den Unterschied aus am Scheideweg »Sieg oder Niederlage«. Er reißt sein Team schon allein deshalb mit, weil es seinen Mannschaftskollegen oberpeinlich ist, wie viel besser er im Vergleich zu ihnen spielt, und sie sich noch mehr anstrengen, um nicht wie Freizeitkicker neben ihm auszusehen. Den eigenen Fans macht er das vielleicht kostbarste Geschenk: den realistischen Traum von einem vollen Trophäenschrank. Und die gegnerischen Fans, die seinen Verein mit Leidenschaft hassen, besänftigt er, ohne dass sie es merken. *Die kann ich nicht ab, aber was der da macht, ist himmlisch.*

Wie lässig er mit dem Ball umgeht, wie geschickt er ihn passt – bei ihm sieht es nie nach Arbeit aus, das aberwitzige Talent.

Dortmunds Ausnahmespieler, der all die gerade genannten Eigenschaften auf sich vereinte, hieß Mario Götze. Womöglich der technisch brillanteste, den der BVB je hatte.

Kaum zu glauben, wenn man zurückschaut, dass es mal eine Zeit gab, in der Mario Götze keine Rolle spielte beim BVB. Und zwar in seiner ersten Profisaison 2009/10. Da durfte der damals 18-Jährige nur fünfmal in der Liga auflaufen. In dieser Zeit wurde sein Name bereits hoch gehandelt als Synonym für Jahrhunderttalent. Im Alter von sechs Jahren zog Götze mit seiner Familie aus dem Allgäu nach Dortmund. 2001 spielte er das erste Mal für eine der Jugendmannschaften der Borussia. Zweimal in dieser Zeit, als U17- und U18-Spieler, gewann Götze die Fritz-Walter-Medaille für den besten Nachwuchsspieler des Jahres. Mit diesen Vorschusslorbeeren wurde Götze in den Kader der Profis berufen – und außerhalb des Platzes weitgehend von der Öffentlichkeit abgeschottet. Matthias Sammer, seinerzeit noch Sportdirektor des DFB, sagte dem *Kicker im August 2010,*[29] Götze sei »eines der größten Talente, das wir je hatten«. Ein Satz, wie er in ähnlicher Weise die Runde bei Sebastian Deisler gemacht haben dürfte. Der BVB ordnete ein Interview-Verbot für Götze an. Er sollte sich in seiner ersten Saison fernab des Medienrummels an den Bundesligaalltag gewöhnen können. Inzwischen, ein paar Spielzeiten waren ins Land gegangen, durfte er mit jedem reden.

Selbst mit dem FC Bayern. Im April 2012 erst hatte er seinen Vertrag bis 2016 verlängert. Wie sich später herausstellte, war der Preis, den der BVB dafür bezahlen musste, eine Ausstiegsklausel. Ein Jahr später, am Tag vor dem Halbfinalspiel gegen Real Madrid, bluteten die Dortmunder Fan-Herzen: »Götze wechselt nach München«, lauteten die Schlagzeilen.

Dortmunds mit Abstand bester Spieler verlässt den Verein nach zwölf Jahren Richtung Isar. Ein Schlag ins Gesicht für alle, die gedacht hatten, fünf aufeinanderfolgende Siege gegen die Bayern hätten ein unsichtbares Band der Verschworenheit um diesen BVB-Jahrgang gelegt.

Schwarz-Gelb durch und durch, echte Liebe. Schmarrn, wie man wohl in München sagt. Es gibt im Fußball eben doch verführerischere Sirenen, als für Dortmund zu spielen.

Dass ein Spieler wie Götze, trotz langfristigem Vertrag, nicht ewig zu halten sein würde, müsste allen klar gewesen sein. Nur, Brutus, welcher Stich ins Herz schmerzt nicht?

Mit Stolz hätte man ihn nach Barcelona ziehen lassen. *Ein Weltklassespieler – da geht er hin, hier bei uns ist er dazu geworden, wir haben ihm sein Handwerk beigebracht.*

Von Dortmund zu den Bayern aber? Hinterlässt nichts mehr als den fahlen Geschmack der vorsätzlichen Konkurrenzschwächung und die schmerzliche Erkenntnis, dass der BVB auf einem gewissen Niveau für andere Clubs vorerst bloß ein Ausbildungsverein mit hervorragendem Ruf bleibt. So gut, dass Götze 2016 zurück nach Dortmund wechselte, um sich noch einmal ausbilden zu lassen.

83. GRUND

Weil Mario Götze uns den Kaugummi-Trick schenkte.

Wie außergewöhnlich Götzes Fähigkeiten waren, lässt sich einfach erklären. Als Fußballer hasst man genau zwei Dinge: Niederlagen und Training. Die Steigerung davon sind Heimniederlagen und das sogenannte Training ohne Ball. Bei einem Zauberfuß wie Mario Götze ist das Bedürfnis zu dribbeln natürlich groß. Wie könnte er also diesen nervösen Drang unterbinden? Na mit einem Kaugummi zum Beispiel. Aber nicht so, wie man jetzt denken würde: Kauen, kauen, kauen, dann gehen die zehn Runden um den Platz fix vorüber. Oh nein, das wäre zu einfach. Das konnte Götze viel besser.

Man dürfte vermuten, dass in Zeiten von iPad-Früherziehung in Kindergärten dieses Video, das im Winter 2012 durchs Netz kursierte, eine freche Fälschung irgendeines Nachwuchsnerds war oder eine findige PR-Aktion von Götzes Sponsor. Dabei scheint das, was dort zu sehen ist, wahrhaftig stattgefunden zu haben: Abschlusstraining vor dem Champions-League-Spiel gegen Ajax, die Dortmunder traben über den Platz, eine Kamera ist genau auf das Geschehen gerichtet. An der Seitenlinie machen die Spieler kurz halt, drehen sich um und rennen weiter. In diesem Augenblick spuckt Götze kaum sichtbar seinen Kaugummi aus – und hält ihn mit dem rechten Spann in der Luft. Er tippt ihn an, einmal, zweimal, dreimal. Beim vierten Mal zieht er den Fuß hinterher, sodass die winzige Kugel über seinen Kopf fliegt und in seinem Mund landet. Łukasz Piszczek steht daneben, sein Blick sieht aus, als ob er einen Geist gesehen hätte, der sich als Pamela Anderson leibhaftig entpuppt, so schockiert schaut er auf Götzes Kunststück.

Ist das Video echt, ja oder nein? Da ist doch gar nicht die Frage. Wie schafft Götze es, dass der Kaugummi nicht am Schuh kleben bleibt? *Mario, what's your secret?*

84. GRUND

Weil »Pummelfee« so ein schönes Wort ist.

Fast noch lustiger klingt ja eigentlich der Auslöser der ganzen Sache: Osteitis pubis. Lateinisch für Schambeinentzündung. Nur ist eine Entzündung des Schambeins keine angenehme Angelegenheit. Genau diese Erfahrung musste Mario Götze kurz nach Rückrundenauftakt im Winter 2012 machen. Durch die Verletzung fiel er fast die gesamte zweite Saisonhälfte aus.

Und wie das so ist, wenn man als Leistungssportler nicht im Training schuftet, kann man nach ein paar Monaten schon mal ein einige Pfunde mehr auf die Waage packen. Das hatte Götze, dem Trainer Klopp für den langwierigen Heilungsprozess Extraurlaub genehmigte, offensichtlich getan. Rundum gesund kehrte er zurück ins Mannschaftstraining kurz vor der Sommerpause. In Anspielung auf seine neuen Plusterbäckchen bekam er von seinen Teamkollegen den wunderschönen Spitznamen Pummelfee verpasst. Ja, ein Mario Götze hat es eben faustdick hinter und vor den Ohren. Leider erfüllte uns die Pummelfee, wie bei übergewichtigen Elfen eigentlich so üblich, nicht den dicksten aller Wünsche: den Vertrag bis zum Ende erfüllen.

85. GRUND

Weil Kaiser Franz wusste, dass Dortmund das »stärkste Fußball-Paar der Welt« hat.

Das Internet ist eine Plattform für unzählige Kuriositäten. Viele sind gewöhnungsbedürftig, manche sehr komisch. Ein Phänomen, für dessen Verbreitung das Internet eine große Rolle spielt, nennt sich *Fan-Fiction (FF)*. Die Idee ist jahrhundertealt – Menschen erzählen Geschichten weiter, schmücken sie aus, erfinden Details dazu. Nur anstatt biblischer Gleichnisse oder grimm'scher Märchen stricken heutzutage Fans im Internet die Handlungen ihrer Lieblingsbücher weiter oder denken sich alternative Enden für Filme aus. Alles kann, nichts muss: Romeo und Julia besinnen sich und gründen eine Familie, die Titanic versinkt in letzter Sekunde doch nicht im Atlantik.

FF ist inzwischen so weit ausgereift, dass es nicht nur historische, literarische oder popkulturelle Stoffe verwertet, sondern sich auch an der Wirklichkeit bedient. In den Untiefen des Internetzes findet sich etwa ein uneingeschränkt empfehlenswertes, höchst amüsantes Stück *Fan-Fiction*, in dem die bekannterweise befreundeten BVB-Stars Mario Götze und Marco Reus mit einem Geburtstagsgutschein in der Hand eine Tanzstunde aufsuchen. Genau, eine Tanzstunde. Man ahnt es kaum: Auf dem Platz virtuose Meister, entpuppt sich das BVB-Ballett auf dem Parkett arg hüftsteif beim Walzerwiegen. Dazu noch die keifende polnische Tanzlehrerin, die ja gar keiner verstehen kann – welch herrliches Treiben!

Weil das Internet sich auch immer ein bisschen in das Mäntelchen der Anonymität hüllt, ist der Verfasser ebenjener Zeilen nicht zweifelsfrei auszumachen. Es könnte sich also um Neven Subotić handeln. Der hat sich zumindest dazu bekannt, Götzes und Reus' Treiben zu bewundern. Nach einem Reus-Hattrick beim 3:0 gegen Frankfurt in der Saion 2012/13, wobei Götze zweimal Vorarbeit leistete, wurde Subotić nach dem Spiel von einem Reporter auf die Fähigkeiten der beiden angesprochen. »Ja, das ist unglaublich, was die am Ball können«, sagte der Dortmunder Innenverteidiger sichtlich beeindruckt vom mühelosen Zusammenspiel seiner Offensivkollegen. »Ich bin selbst Fan.«

Das sind sehr nette Worte. Aber wer sich wirklich etwas auf Lob im deutschen Fußball einbilden mag, der muss es sich von höchster Instanz einhandeln. Da gibt es, ja mei, in Deutschland nur einen: den Kaiser. Und Franz Beckenbauer sparte nicht mit verbaler Ehrerbietung für die zwei mit dem blinden Verständnis: »Dortmund hat mit Marco Reus und Mario Götze das stärkste Fußball-Paar der Welt«, sagte er in einem Interview mit der BILD im November 2012.[30] »Bei Barcelona bilden Messi, Xavi und Iniesta ein Dreieck. Aber als klassisches Duo im Mittelfeld sehe ich keine Besseren als den torgefährlichen Reus und den Strategen Götze zusammen. Wie sie Ajax Amsterdam mit 4:1 in der Champions League zerlegt haben, hat mir imponiert.«

Danke für die Blumen, Kaiser Franz, lassen wir so stehen. Selbst wenn dieses Paar zusammen nur eine Saison lang mit dem Ball über den Platz hexte.

86. GRUND

Weil Shinji Kagawa nur 350.000 Euro gekostet hat und anschließend für 15 Millionen Euro weiterverkauft wurde.

Die deutsche Automobilindustrie macht vor, wie das Erfolgsmodell der Zukunft aussehen könnte: Wer als Unternehmen international etwas auf sich hält und auf Wachstum setzt, kommt an Asien als Markt nicht vorbei. Und so ist es nunmehr für die ganz großen Fußballclubs schon seit geraumer Zeit ein Standard der Saisonvorbereitung, das strapaziöse wie anscheinend äußerst lukrative Trainingslager auf den fernen Kontinent zu legen.

Aus diesem Grunde durfte der erste Gedanke gestattet sein, dass der BVB die Trikotverkäufe in Asien mit ein paar Taschenspielertricks anzukurbeln versuchte, als er im Sommer 2010 vermeldete, einen 1,72 Meter kleinen, ehemaligen Zweitligaspieler aus Japan verpflichtet zu haben. Logo, dachte man, und was habt ihr demnächst noch so vor, um in Asien ein paar Extrakröten zu machen – Kevin Großkreutz nach China schicken, um ihn Werbespots für Mundwasser drehen zu lassen?

»Wir bekommen mit Shinji Kagawa einen torgefährlichen Offensiv-Allrounder«, ließ Sportdirektor Michael Zorc via Pressemitteilung im Mai 2010[31] verkünden, »dem wir zutrauen, dass er als junges Talent den Durchbruch in der Bundesliga schafft.« Klang erst einmal nicht unambitiös. Und die angebliche Aufwandsentschädigung von 350.000 Euro für einen 21-jährigen Nachwuchsspieler schien ebenso verkraftbar. Seine Bilanz bei Cerezo Osaka von 55 Toren in 125 Pflichtspielen sprach auch für den Japaner.

Na ja, und was soll man abschließend sagen? Shinji Kagawa hat niemanden enttäuscht. Welch ein Glücksgriff für die Borussia, solch einen flinken, weitsichtigen, torgefährlichen Mittelfeldmann entdeckt zu haben. Gleich zwei Tore in seinem ersten Europa-League-Spiel waren nur der Vorbote für das, was Kagawa in zwei Jahren beim BVB abliefern würde. Dabei waren es nicht nur seine Tore, mit denen er die Südtribüne zum Singen brachte, sondern auch Momente wie das vierte Tor beim 5:1-Heimsieg gegen Wolfsburg im November 2011: Dejagah verliert den Ball am BVB-Sechzehner an Schmelzer, der auf den am Mittelkreis stehenden Kagawa spielt. Kagawa nimmt den Ball zwei Schritte mit, kurz vor der Mittellinie schlenzt er ihn mit dem rechten Außenrist durch die vorgerückte VfL-Abwehr haargenau in den Laufweg des anstürmenden Lewandowski. Der muss nur noch an Torwart Benaglio vorbei, entscheidet sich für einen Lupfer, 4:1 für den BVB.

Klopps Idee vom präzisen, schnell ausgeführten Tempofußball über drei Stationen zum Tor war wie gemacht für Kagawas Spielweise. Ein wohlüberlegter Einkauf des BVB, wie es schien. Der natürlich auch die Konkurrenz aufhorchen lässt. Der Japaner, übrigens bei Weitem nicht der erste Asiat in der Bundesliga, das war sein Landsmann Yasuhiko Okudera (1977, 1. FC Köln), fand vor allem Interesse im Ausland. Kagawas Dreijahresvertrag wurde nach zwei Spielzeiten aufgelöst, Manchester United hatte angeklopft. Als Spieler, Anfang 20, drei Jahre zuvor noch aktiv in der zweiten japanischen Liga, sagt man da wohl nur ungern Nein. Und als Verein sicher auch nicht – wenn die kolportierte Summe stimmen sollte. Rund 15 Millionen Euro für einen Spieler, der einst 350.000 Euro wert war? *Sayonara*, Kagawa.

87. GRUND

Weil Borussia Dortmund nichts von Todesgruppen hält.

In dem Journalisten-Wort »Todesgruppe« schwingt ja so herrlich viel gladiatorenhaftes Pathos mit, wie man sich im Fußball nur vorstellen kann. Da misst sich eine Gruppe von Anwärtern, auf Leben und Tod, was ja – mal nicht ganz so überhöht betrachtet – nur Sieg oder Niederlage bedeutet. Aber nee, wenn schon, dann Todesgruppe, voll auf die Zwölf: Zittern, bangen, Triumph für den einen, Beerdigung für den anderen – Urne oder Pokal.

»Eigentlich fehlt nur noch der FC Barcelona – Borussia Dortmund erwischte bei der Auslosung für die Gruppenphase der Champions League mit Real Madrid, Manchester City und Ajax Amsterdam eine Todesgruppe. FCB und Schalke hatten mehr Glück.« So titelte die *WAZ* Ende August 2012 über Dortmunds, *hüstelhüstel*, unlösbare Aufgabe. Die unverheißungsvolle Ankündigung der Geschehnisse (»fehlt nur noch«, »Todesgruppe«, »mehr Glück«) ist im Grunde nur ein Rückfallmechanismus für Fans, Verein und Fachsimpler. Das geht dann so:

Vorspann: Du, sag ich dir gleich, wird nix, vor einem Jahr noch einen gegen Piräus und Marseille abgebrochen, da brauchst du gegen Real und City gar nicht erst aufzulaufen.

Höhe- bzw. Tiefpunkt: Ein Elend, war doch klar, ich guck schon gar nicht mehr, Dienstag hab ich eh Kegeln und mittwochs läuft auf n-tv bestimmt eine interessante Weltkriegs-Dokumentation.

Schlussakt: Siehste, was hab ich die ganze Zeit gesagt, Todesgruppe, kannste nix machen – na ja, bisschen Kohle werden sie ja verdient haben, nächstes Jahr sind sie noch mal reifer, jetzt einfach auf die Liga konzentrieren und vielleicht noch mal den DFB-Pokal holen. Innere Genugtuung am Stammtisch. War vorher doch so abgemacht: Todesgruppe, hasta la vista, baby. Gleich drei nationale Meister aus dem Lostopf zugespielt bekommen? Da muss man nicht weiterkommen, das ist Königsklasse, hier gibt es Butter bei die Fische, für Geplänkel donnerstags SPORT1 anschalten.

Weil wir in diesem Fall aber von keinem geringeren Verein als Borussia Dortmund reden, gelten oben genannte Ausflüchte nicht. Der BVB, tatsächlich 2011 kläglich in der Vorrunde gescheitert, weiß mit dem Begriff »Todesgruppe« nichts anzufangen. Was ist das bitte? Real, Ajax, City? Wer soll das sein? Ganz einfach: der Tabellenzweite, -dritte und -vierte. Ja, Götze, Reus & Co. segelten geradezu leichtfüßig und aus deutscher Sicht mit sonst nur von Werder Bremen gewohntem Champagnerfußball durch die Gruppe D in der Champions-League-Vorrunde 2012/13: vier Siege, auswärts zwei unglückliche Unentschieden, keine einzige Niederlage.

Todesgruppe, pff, also wirklich …

88. GRUND

Weil die Mannschaft aus dem Nichts als Geheimfavorit in der Champions League gehandelt wurde.

Unter Trainern kann es nur ein kleines Spiel sein: Die Wahrnehmung für den Gegner noch etwas erhöhen, die eigene Truppe damit zur Vorsicht ermahnen. *Die sind nicht irgendwer, verstanden?*

Wenn das Wort »Geheimfavorit« in der Champions League fällt, ist es meistens wie beim Konklave: Wer als Papst reingeht, kommt als Kardinal wieder raus. Geheimfavoriten werden maximal gehandelt, nie ausgezeichnet. Die alten Füchse, das sind die mit dem längeren Atem.

Das älteste Schlitzohr im Bau ist Alex Ferguson. Der Schotte ist kein Mann großer Reden, jedenfalls nicht vor Journalisten. Die drei Sätze, die er den Schreiberlingen von der *Daily Mail* schenkte, klangen etwas karg, aber einen gewissen Respekt kann man aus ihnen dennoch herauslesen: »Der Geheim-Favorit ist definitiv Dortmund. Ich glaube nicht, dass sie der Bundesliga so viel Aufmerksamkeit schenken. Ihre Konzentration gilt der Champions League und ihre europäische Verfassung war bislang sehr gut.«

Übersetzt: Freiburg, Düsseldorf und Mainz, schön und gut, lästige Ligapflichten, die wollen in Europa was reißen, Freunde, die sind griffig.

Es war schon eine seltsame Saison, die Spielzeit nach dem Double. In der Liga abgeschlagen hinter den Bayern, die allen meilenweit davon gerannt waren. Dortmund insgesamt zu oft unkonzentriert, nicht konstant genug. Zwei Niederlagen gegen Schalke, das Aus gegen die Bayern im DFB-Pokal, keine gute Bilanz. Den dritten Meistertitel in Folge hatte niemand erwartet, schließlich war bekannt, dass die Münchner mit *so einer Krawatte* in die Saison gehen würden. Dass national gar nichts bei rausprang, schon enttäuschend für das sehr schnell wieder erfolgsverwöhnte Publikum.

Nur dort, wo sie niemand gehandelt hatte, in einer Vorrunden-Gruppe mit den Meistern Ajax Amsterdam, Manchester City und Real Madrid, da lief es am mühelosesten: Ohne Niederlage ins Achtelfinale, zwei knappe Unentschieden, Tabellenerster vor Madrid.

Die Geheimfavorit-Feuerstelle, an der sich die Dortmunder Fans nach verkorksten Wochenendauftritten weiter wärmen konnten, hatte übrigens nicht Ferguson entfacht, sondern Real-Trainer José Mourinho. »Dortmund ist nicht nur offensiv stark, wir müssen auf die ganze Mannschaft achtgeben. Sie haben schnelle, physisch starke Spieler«, diktierte der Portugiese vor der ersten Partie gegen den BVB in die Blöcke der Journalisten. »Dass sie diese Gruppe momentan anführen, zeigt doch alles. Wenn sie ins Achtelfinale kommen, dann traue ich ihnen auch den Titel zu.«

Vor dem Achtelfinale das nächste Lob. Schachtjor-Donezk-Trainer Mircea Lucescu prophezeite korrekterweise, dass die zweite Partie zwischen dem Team aus der Ukraine und den Schwarz-Gelben einen der Endspiel-Teilnehmer hervorbringen würde: »Das Team, das heute gewinnt, wird ins Champions-League-Finale einziehen.«

Anschließend im Viertelfinale gegen Málaga dann die ungewohnte Situation – plötzlich war man so etwas wie der Favorit unter den zwei Außenseitern.

Schon lustig, von der Lachnummer in der Saison 2011/2012 ein Jahr später zum heißesten Scheiß auserkoren unter den Großen der Champions League. Nur: Was nützt der Nimbus des Geheimfavoriten, wenn am Ende in Wembley dann, ach ... hören wir auf, es hatte nicht sollen sein.

89. GRUND

Weil Borussia Dortmund 2011 erst *einen* Titel gewonnen hat ...

Dem Charme der Bescheidenheit erliegen wir nur allzu gern. Schließlich ist Bescheidenheit eine Tugend, die wir Deutsche mögen. »Ach, hören Sie doch auf«, heißt es dann zurückhaltend, »Sie übertreiben, so toll war das doch gar nicht von mir.« Das offenbart Bodenständigkeit, zeugt von Güte und drückt den freien Willen zum Verzicht aus. Eigenschaften, die nicht jedem zusagen. In ein schlechtes Licht rücken sie den Menschen zumindest nicht.

Was man nicht vergessen darf, ist, dass Bescheidenheit auch ein Schutzmechanismus sein kann. Zum Beispiel um das eigene Unvermögen nicht weiter zu offenbaren oder um das tatsächliche Können erst im richtigen Moment zur Überraschung aller ausspielen zu können.

Wer im Fußball nicht gern mit den Wölfen heult, greift bevorzugt auf Bescheidenheit zurück. Stichwort: Saisonziel. Die Aufsteiger wollen »nicht absteigen«, die Fast-Absteiger der Vorsaison wollen »erst mal nicht absteigen«, das Mittelfeld, na ja, ist das Mittelfeld und bleibt es auch meistens, und oben steckt sich nur der FC Bayern das Ziel, Deutscher Meister zu werden. Der Rest möchte »zusehen, nächste Saison international zu spielen« oder »die direkte Qualifikation für die Champions League schaffen«. So weit so bescheiden.

Wie in Dortmund. Gern oben mitspielen, aber nicht festnageln lassen. Kommt doch mal aus der Deckung raus!, denkt man sich. Falsch, alles falsch – Bescheidenheit, so ging die Argumentation, kann auch als strategische Maskerade benutzt werden. In der Saison 2010/11 bestand man in Dortmund darauf, doch gar nicht sooo gut zu sein: Wir sind ein ganz junges Team, bleibt mal alle auf dem Teppich, sonst ist der Fall umso bitterer. Das eigene Unvermögen nicht weiter offenbaren, genau.

Und wer insgeheim auf den BVB in dieser Saison gesetzt hatte, wurde am ersten Spieltag nicht enttäuscht. Sondern sehr enttäuscht. 0:2 zu Hause gegen Bayer Leverkusen. »Souverän kontrollierten die abgeklärten Leverkusener die jungen Wilden aus Dortmund, die es immer wieder durch die Mitte versuchten, auch im weiteren Verlauf«, schrieb *kicker online*[32] über die Partie. Trotzdem reichten »Dortmunds Mittel in der Folge nicht aus, um Leverkusens sichere Defensive ins Wanken zu bringen.« Das war der allgemeine Eindruck, der sich durch die ersten Spiele in der Vorrunde der Europa League bestätigte: Gut gespielt, gekämpft, gelaufen, am Ende zu jung und unerfahren, um den Todesstoß zu setzen und ganz oben zu stehen.

Dem BVB kam diese Außenansicht ganz recht. Langsam, aber sicher fing der Motor nämlich an zu rattern – und dann war er da, der Vollgasfußball, den Klopp sehen wollte und versprochen hatte. Selbst als die Borussia nach acht Spieltagen an Platz 1 stand, wollte sich niemand der Dortmunder Verantwortlichen festnageln lassen auf das, was am Ende relativ klar war: der Gewinn der Deutschen Meisterschaft.

Mit der Tiefstapel-Taktik besann sich der BVB ganz auf die Außenseiterrolle, nie von der Möglichkeit sprechend, Meister werden zu können, bis es rein rechnerisch nicht mehr anders ging – rechts angetäuscht, links vorbei. Eine außergewöhnlich gute Bundesliga-Saison für die jungen Borussen.

90. GRUND

... in der Saison darauf *zwei* ...

Und schwups, stehen zum Auftakt 2011/12 alle auf der Matte und fragen: Was ist geplant, welches Saisonziel hat die Borussia nach der Überraschungsmeisterschaft?

Und wieder das alte Spiel: Nein, das war schon super, aaaber irgendwie auch Zufall, noch mal kann das nicht sein. Hat der BVB vielleicht gedacht. Zumindest wurde wieder nur das bescheidene Ziel ausgegeben, sich bitte für die Champions League zu qualifizieren. Dass man das auch als Meister tut, erwähnte niemand, das Substantiv »Titelverteidigung«: aus dem Wortschatz gestrichen.

Bis, logo, es keine Umkehr mehr gab – Deutscher Meister wird nur der BVB. Und Pokalsieger dazu! Der rote Faden, der sich durchzuziehen scheint: Je mehr sich die Dortmunder in Bescheidenheit übten, umso besser lief es. Erst ein Titel, dann zwei, dann ...

91. GRUND

... und dann *drei* Teams in der Champions League rausgeworfen hat.

Das Manko von Klopps Team blieb lange die Unfähigkeit, die Liga-Dominanz auf internationaler Ebene abzurufen. In der Europa-League-Vorrunde 2010 an der eigenen Unerfahrenheit, in der Spielzeit darauf in der Champions League an mangelnder Kaltschnäuzigkeit gescheitert. Wieder ein Jahr später, Saison 2012/13: endlich der Umschalt-Vollgas-gegen-den-Ball-Fußball, wie man ihn aus der Bundesliga kannte, auch auf europäischem Parkett, plus dem Quäntchen mehr Abgeklärtheit vor dem Tor, das bis dato fehlte gegen die Top-Mannschaften. So spazierte der BVB durch die Vorrunde, anschließend wurden Donezk, mit einer irren Aufholjagd Málaga und Madrid (durch vier Lewandowski-Tore!) frühzeitig von ihren internationalen Aufgaben entbunden.

Letzte Station: Das Finale in Wembley gegen die Bayern. Nun ja, es gab immerhin keine Klatsche gegen das Überteam der Saison aus München, das zuvor Barcelona auseinandergenommen hatte. Im Gegenteil, Dortmund war auch ohne Hoffnungsträger Mario Götze, dem der Oberschenkel zwickte, ebenbürtig, spielte anfangs dank effektivem Pressing sogar überlegen. Nur fehlte dem BVB abermals der *killer punch*. Die Rache für die allein fünf ungenutzten Torchancen aus den ersten 30 Minuten – und ultimativ der Stich in die Seifenblase – kam in der 89. Minute durch Arjen Robbens kullernden Treffer. 2:1 für Bayern, aus der Traum für Dortmund.

Für den Augenblick zumindest. Denn der Steigerungslauf in der Ära Klopp liest sich so – in seiner ersten Saison für Schwarz-Gelb an den internationalen Plätzen vorbeigeschrammt, dann für die Europa League qualifiziert, im Anschluss erst einen Titel gewonnen, ein Jahr später dann schon zwei, danach drei Gegner in der Zwischenrunde der Champions League rausgeworfen, im Finale unglücklich unterlegen. Aber: Immer einen draufgepackt. Das kann, den losen Faden mal weitergesponnen, als logische Zuspitzung doch nur den sehr baldigen Sieg der Champions League bedeuten, oder?

92. GRUND

... because they have a grandios Saison gespielt.

Es gibt manch Fußballbeobachter, der der Meinung ist, Roman Weidenfeller bekäme nicht genug Aufmerksamkeit geschenkt für sein Können. In der Nationalmannschaft sträflich übersehen, im Verein in den vergangenen Spielzeiten überstrahlt durch so Zauberfüße wie Mario Götze und Shinji Kagawa beziehungsweise die Tormaschinen Lucas Barrios und Robert Lewandowski.

Als Torwart hat man Pech. Einmal danebengegriffen, schon der Buhmann. Als Torwart ist man immer nur so gut wie die letzte Glanzparade. Dabei befindet sich Roman Weidenfeller, jetzt mit Anfang 30, vermutlich in der Verfassung seines Lebens. Und da er nun schon seit zehn Jahren für den BVB spielt, ist er natürlich auch einer, dessen Wort innerhalb der Mannschaft Gewicht hat. Muss Sebastian Kehl passen, springt RW als Kapitän ein. Was ihn wiederum zu einem gefragten Gesprächspartner für Journalisten macht.

Das dachten sich auch die Kollegen vom TV-Sender Dubai Sports, als sie am 32. Spieltag der Saison 2010/11 dem neuen Deutschen Meister Borussia Dortmund zum vorzeitigen Ligatriumph gratulieren wollten.

Dortmund, Stadion, nach dem 2:0-Heimsieg des BVB: Auftritt Feldreporter Dubai Sports, Auftritt Roman Weidenfeller –

Reporter: »Weidenfeller, I think it's phenomenal today, the win against Nuremberg and the win of the trophy ...«

Weidenfeller: »Yeah, it's really ... I think we have a grandios Saison gespielt.«

Viel mehr mag man dazu gar nicht ergänzen – a grandios Saison gespielt. Den Spott, logo, hatte Weidenfeller auf seiner Seite (Loddar »I hope we have a little bit lucky« Matthäus muss sich in irgendeinem bulgarischen Dorf scheckig gelacht haben). Aber es stimmte voll und ganz, was der BVB-Torwart da ins Mikrofon von Dubai Sports philosophierte: Im Vorjahr hatte die Borussia eine ordentliche Saison gespielt, mit ansehnlichem, wenn auch noch naivem Offensivfußball. Am Ende sprangen 57 Punkte raus, 42 Gegentore, neun Niederlagen, fünfter Platz. Geht klar, kein Ereignis allerdings.

In seinem zweiten Sommer als Cheftrainer des BVB hatte Jürgen Klopp dann offensichtlich an den richtigen Stellschrauben gedreht. Der vormals etwas ungestüme Angriffsstil wich der durchdachten, blitzartigen Umstellung von Defensive auf Offensive. Die jungen Spieler liefen um ihr Leben, Nuri Şahin zauberte nach Belieben, der kleine Kagawa entzückte die gesamte Liga, die Bayern wurden in der Allianz- bzw. die Schalker in der Schalke-Arena jeweils 3:1 abgefertigt. Deutscher Meister mit 75 Punkten, einer Tordifferenz von 45, gerade mal fünf Niederlagen. Das alles nach neun langen, meisterschaftslosen Jahren und einem Beinahbankrott.

Roman, you had so recht.

93. GRUND

Weil Rubbeldikatz am Borsigplatz.

Fußballlieder: Da wäre zum einen der Rumsbumskanalschifftourschlagertechno, wie ihn Norbert Dickel mit Vorliebe interpretiert. Geselliger Flippers-Beat, ein bisschen modernes Computerzeug druntergemischt, Fußballlyrik und schon sitzt das Ding. Die Formel ist bekannt, hat sich bewährt, kann man mögen.

Auf der anderen Seite stehen diese fünf lässigen Johnny Cashs, *dressed in black,* und man kann nicht anders, als zu denken, heiliger Bimbam, ist das stark, kann nicht jede Vereinshymne bitte von diesem Chefrockerquintett kommen?

Vor der Dortmunder Meisterschaft 2011 konnte man im Internet diese fünf älteren Herren beobachten, während sie wie einst Keith und Mick losjazzen – ein elektrisierender Rhythmus aus Leadgitarre, Bass, Synthesizer, Drums und Akkordeon. *Rubbeldikatz am Borsigplatz* von Casino Express war das inoffizielle Meisterwerk zur Meisterfeier. Ein großer, großer Ohrwurm, fein austariert und zurückhaltend arrangiert, aber so einfach wie echt, dass man gar nicht genug davon bekam. *Kommt Jungs, spielt's nomma!*

Casino Express muss eine ziemlich ausgeschlafene Band sein. Um der Nummer den richtigen *Umpf*-Effekt zu geben, setzten die Musiker bei der Aufnahme auf einen zugkräftigen Gaststar am Akkordeon: kein geringerer als Alfred »Aki« Schmidt, Dortmund-Inventar seit den 50er-Jahren und – man hört es immer wieder – Frauenschwarm der ersten Stunde. Die Zusammenarbeit mit Schmidt natürlich ein Glücksgriff: BVB-Fans akquiriert, die weiblichen Anhängerschaft sowieso und dazu noch einen hervorragenden Akkordeonspieler gewonnen. Wenn unter dieser Klappe nicht drei Fliegen schlummern, wissen wir es auch nicht …

Und wie kam es, dass Schmidt, zweifacher Meister, DFB- und Europapokalsieger, *Rubbeldikatz am Borsigplatz* mitvertont hat? Einfach: Casino Express und der ehemalige BVB-Mittelfeldmann sind alte Bekannte, wie er im Interview mit den *Ruhr Nachrichten* erzählte. »Schlagzeuger Fred Homann und Bandleader Werner Friederichs kamen auf mich zu und sagten mir, sie hätten ein Lied geschrieben, das perfekt zur Spielweise der Dortmunder Meistermannschaft passen würde. Auf die Frage, ob ich mitspielen würde, habe ich sofort mit Ja geantwortet.«

Und so, schubidubidu, war *Rubbeldikatz am Borsigplatz* geboren. Bleibt, verehrte Nicht-Westfalen, noch die dringende Frage, was das alles bedeuten soll, Rubbeldikatz? Die Duden-Redaktion war sich wohl auch nicht ganz sicher, *irgendwas mit ratzfatz, flott, extrem schnell*, packte das Wort vorsichtshalber mal auf eine Liste mit potenziellen Jugendwörtern des Jahres 2011.

Als am 15. Mai fast eine halbe Million Menschen auf Dortmunds Straßen unterwegs waren, um den neuen Meister zu feiern, stand Jürgen Klopp vorneweg auf dem Umzugswagen und feierte mit den Spielern. Alles feierte, erwachsene Männer lagen sich in den Armen, Bier, Musik, Gesang, Gebrüll allüberall um den Borsigplatz, die Geburtsstätte des Vereins.

Ein Reporter, der auf dem Umzugswagen mitfahren durfte für die Live-Berichterstattung, versuchte, den zu dieser Zeit deutlich promilligen Trainer ernsthaft in ein Gespräch zu verwickeln. Klopp machte das einzig Richtige: Er sagte, er habe kein Wort verstanden. Ja, sei sehr laut, dann kurz, probierte es der Reporter erneut, vielleicht ein kleiner Gruß in die Kamera, ginge das? »Deutscher Meister ist nur der BVB, nur der BVB«, singbrüllte Klopp ins blaue WDR-Mikro, drehte sich weg, um stimmbandentlastend zu husten, und fügte, wieder in die Kamera schauend, hinzu: »Und rubbeldikatz, rubbeldikatz, rubbeldikatz am Borsigplatz!«

Nicht so viel nachdenken, mitmachen! Erklären kann man es nicht. Es war einfach da. Rubbeldikatz und das unerwartete Fußballwunder dieser blutjungen Meistermannschaft.

94. GRUND

Weil die Meisterfeiern nicht weniger Vollgas als auf dem Platz waren.

Dass die Double-Saison 2011/12 eine der größten war, kann man in Dortmund nicht oft genug erwähnen. 34 Spieltage Rambazamba auf dem Platz, ein Sieg nach dem anderen, allein die fehlerlose Rückrundenserie und der 5:2-Nackenschlag für die Münchner im Pokalfinale – das versetzt dem Fan-Herzen die schönsten Schwingungen.

Am 32. Spieltag war es besiegelt, der Meistertitel ging wieder nach Dortmund.

Jetzt noch den DFB-Pokal holen, dann wäre das Double perfekt, so die kollektive Hoffnung in Dortmund. Die Feierlichkeiten, mit oder ohne Pokal, waren nach dem Berliner Finale angesetzt.

Der tagelange Freudentaumel über die Titelverteidigung und das ausstehende Endspiel gegen die Bayern war dann ein bisschen wie Sonnenbräunen – ein fein säuberlich choreografierter Akt: Vor dem eigentlichen Höhepunkt (Meisterfeier) zuerst im Schatten gut einölen (32. Spieltag, Meister, in Ruhe anstoßen), danach in der Sonne immer mal wieder Lotion nachlegen (wieder anstoßen vor/während/nach dem Pokalfinale), zwischendurch die Pause nicht vergessen (vom Pokalfinale von Berlin nach Dortmund zur eigentlichen Meisterfeier), wenn sich die stechende Mittagssonne gesenkt hat (Kater nach dem Pokal), vielleicht sogar noch einmal in die Sonne wagen, um die Bräune zu veredeln (Kater auswringen beim Autokorso am Borsigplatz).

Anzunehmendes Ergebnis nach beidem, dem Bräunen und der Meisterfeier: rote Birne.

Wie vollgasvollrauschausnahmezustandsmäßig diese Meisterfeier mit den Double-Heimkehrern am 13. Mai 2012 war, konnte man vorab ganz gut an den sonnenbebrillten Zechgesichtern der Spieler ablesen und einem älteren Herrn. Der stieg auch um 15.58 Uhr aus der Boeing 737 aus Richtung Berlin. Nur trug er im Gegensatz zum Rest vom Fest als einziger Krücken. Die schwarzgelben Gehhilfen waren Reinhard Rauball verschrieben worden, nachdem ein Arzt ihm einen Adduktorenabriss diagnostiziert hatte. Zugezogen bei der Rasenparty nach dem 2:0 über Gladbach am 32. Spieltag. Vorbildlicher Einsatz des Vereinspräsidenten, der Bierdusche zu entgehen.

Aber zurück zur eigentlichen Feier. Bei solchen Veranstaltungen müssen erst noch schnell der Eintrag ins goldene Buch samt Bürgermeisterfoto und das ganze andere Pipapo aus dem Weg geräumt werden, bis der Autokorso mit dem Mannschaftsbus an der Reihe steht.

Und genau das ist der Moment, in dem der gemeine Fan, der Jedermann von der Südtribüne, zum zwölften Mann wird. Weil: *Heute feiern wir, die Mannschaft, mit dir – nicht du mit uns; danke für 17 Heimspiele, danke für die Auswärtsfahrten, danke fürs Brüllen, Singen, Feiern. Leinen los, das ist deine Party!*

So kam es, an diesem 13. Mai 2012. Ab zum Borsigplatz, zu Fuß, auf dem Fahrrad, mit dem Sonderzug, auf Krücken.

Eine halbe Million Menschen feierte die Halbgötter in Schwarz-Gelb mit den zwei Trophäen bei ihrer Rundfahrt durch das herausgeputzte Dortmund. Der große Hans Leyendecker fasste diese BVB-Ekstase einmal so zusammen: »Eine Stadt ist zum Verein geworden.« Der Doppeldeckerbus schob eine schwarz-gelbe Welle vor sich her. Jeder hatte sich am Morgen das beste Trikot aus dem Schrank genommen; es regnete Konfetti, Bier und Glückseligkeit; Männer weinten vor Freude, Feinde hielten sich in den Armen; 70 mutige Wahlhelfer, die bei der am selben Tag stattfindenden NRW-Landtagswahl hätten den Urnengang begleiten sollen, mussten sich spontankrank melden im Namen der inneren Euphorie; die Tollkühnsten kletterten in die Baumkronen, um auf Augenhöhe mit Kevin Großkreutz anzustoßen; für einen Moment verschwand alles um einen herum, Raum und Zeit hatten keine Bedeutung mehr.

Kurzum, das ist auch alles, was unser Gehirn noch verarbeiten konnte. Die restlichen Bilderfetzen des Freudenrausches über das erste Double der Vereinsgeschichte verlieren sich im Promilletaumel. Irgendwann am Montagnachmittag setzt die Erinnerung wieder ein – nein, kein Traum, das Tattoo lässt sich nicht abwaschen, das ist echt: »Double-Sieger 2012«.

So muss es sich abgespielt haben, nicht anders.

Wer sich erinnern kann, war nicht dabei.

95. GRUND

Weil man erst mal 5:2 in einem Finale gegen die Bayern gewinnen muss.

Der FC Bayern der Spielzeiten 2010/11 und 2011/12 war ein seltsames Biest. Eigentlich ein Raubtier, ganz ohne natürliche Feinde, ein vor Kraft strotzender Riese, dominant und überlegen. Gleichzeitig ein Schwergewichtsboxer, der im Kampf überraschend und viel zu früh in den Seilen hängt. München, Ende der 00er-Jahre: Der Schutt, vielmehr: die Buddha-Figuren, und andere Überbleibsel der Klinsmann-Ägide waren beiseite geräumt, im Sommer 2009 mit Louis van Gaal ein Trainer der alten Ajax- und Barça-Schule verpflichtet worden. Zwar ein strenger Zeitgenosse, jedoch einer, der das holländische System des *Totaalvoetbal* in den zeitgenössischen Fußball überführen würde können.

Und er tat es. Louis van Gaal machte das System fit für die Jetztzeit, adaptierte es für das Modell FC Bayern, indem er die Grundlagen des totalen Fußballs aus den späten Sechzigern, frühen Siebzigern an das technisch viel ausgereiftere und schnellere Spiel der Moderne anpasste. In einer zwar relativ ausgeglichenen Saison 2009/10 dominierte der FC Bayern nach Belieben, gewann souverän das Double, wurde im Grunde in der Champions League nur durch Inter Mailand von Taktikschlauberger José Mourinho gestoppt – während man beim BVB in Jürgen Klopps zweiter Saison den ein oder anderen Achtungserfolg feierte, aber insgesamt noch zu ungestüm und unerfahren auftrat.

Im Grunde hätte es für den FC Bayern so weitergehen sollen im zweiten Jahr unter van Gaal. Aber der Riese kam unterwartet ins Straucheln – bis ihm plötzlich der BVB vollends die Beine wegriss. Nicht erst, spätestens jedoch am 24. Spieltag in München bei der 1:3-Heimpleite. München entließ später van Gaal, Dortmund feierte Klopp für die erste Meisterschaft seit 2002. Der BVB hatte eine gute Saison gespielt, der FC Bayern auch, allerdings ungewohnte Schwächen offenbart, unter anderem in Köln verloren, in Kaiserslautern, zu Hause gegen Mainz.

In der Saison 2011/12 das gleiche Spiel – Bayern machte alles richtig, Dortmund aber rein gar nichts falsch. Die Münchner spielten eine Saison, mit der sie in allen anderen Jahren wahrscheinlich Meister geworden wären, 23 Siege, 73 Punkte. Nur gab es wieder ungewöhnliche Niederlagen, zu Hause und auswärts gegen Gladbach, in Mainz und Hannover. Sowie zwei gegen den BVB, die Pleiten Nummer drei und vier innerhalb von zwei Spielzeiten.

Dortmund spielte eine fehlerlose Saison. Der Weggang von Nuri Şahin, einer der entscheidenden Spieler im ersten Meisterjahr unter Klopp, wurde ohne Probleme weggesteckt. Die Dortmunder, obwohl ihr überfallartiger Umschalt-Fußball nach dem Gewinn der Meisterschaft kein Geheimnis mehr war und leichter entschlüsselt wurde, hatten Klopps System inzwischen so sehr verinnerlicht, dass die meisten Gegner trotzdem nicht mit dem frühen Pressing und der enormen Laufbereitschaft der Dortmunder zurechtkamen. Der BVB gewann 25 Spiele, kassierte nur drei Niederlagen, die allesamt mit jeweils nur einem Tor Unterschied. 81 Punkte nach 34 Spielen markierten einen neuen Liga-Rekord.

Wie erwähnt, wenn man den FC Bayern zu dieser Zeit betrachtete, sah man eine merkwürdige Spezies vor sich. Der Verein brachte alle Anlagen und Voraussetzungen mit, in beiden Spielzeiten Meister zu werden. Dennoch musste man sich zweimal geschlagen geben gegen einen Dortmunder Gegner, der es auf internationaler Bühne noch an Münchner Reife vermissen ließ, in der Liga dafür das extra Quäntchen Hunger und Wille mitbrachte. Jürgen Klopp kaufte keine großen, teuren Stars, um das Team zu verstärken, er formte die vorhandenen jungen Spieler, entwickelte ihre Fähigkeiten, machte sie besser. Wobei er damit genau auf das Versprechen einzahlte, mit dem Jürgen Klinsmann versucht hatte, den FC Bayern in eine neue Ära zu überführen: die Spieler jeden Tag ein Stück besser zu machen.

Insofern konnte man das Pokalfinale im Mai 2012 zwischen Dortmund und Bayern, das Duell zwischen dem Tabellenersten und Tabellenzweiten der abgelaufenen Saison, zwischen dem neuen alten Meister und Rekordmeister, auch als Gradmesser der Philosophien sehen. Oder wie Uli Hoeneß es vor dem Spiel formulierte: »Es ist ein guter Maßstab, um zu sehen, wo der Hammer hängt.«

Das am Ende doch deutliche Ergebnis verhängt ein bisschen die Tatsache, dass in der ersten Hälfte im Berliner Olympiastadion die Bayern die bessere Mannschaft waren – und doch bereits mit 1:3 zur Pause zurücklagen. Die beiden Gegentreffer der Münchner deuten darauf hin, dass der BVB nicht unbedingt mit kompletter Dominanz spielt, vorne hingegen genug Chancen ausnutzt (was in den Vorjahren noch ein großes Problem war), um als Sieger vom Platz zu gehen. Was nicht heißen soll, dass sich das 5:2-Endergebnis bloß aus der besseren Dortmunder Chancenverwertung ergab.

Vielleicht hat man als Team mit einem besonderen Lauf auch mehr Glück als die Konkurrenz, Bayern-Dusel gern genannt. Aber nein, die Borussen gewannen den DFB-Pokal an jenem Abend sowie die beiden Meisterschaften, weil Klopp dem Team das Spiel gegen den Ball eingeimpft hatte (was im Finale 2014 allerdings nicht reichte).

Es dauerte ein, zwei Jahre, erforderte viel Disziplin und Laufbereitschaft. Inzwischen hat die Mannschaft sich dieses unbequem zu spielende System zu eigen gemacht. Der Gewinn des Doubles unterstrich nur, dass hinter den Erfolgen eine kluge Anordnung stand. Klopp hat sich ein funktionierendes Kollektiv geschaffen. In München verwalten sie weiter ihre Stars, die bei Laune gehalten werden müssen.

Mit Dortmund hat sich neben Bayern mit einem Mal ein weiterer Riese an die Ligaspitze gestellt. Ein Riese wie Bayern, mindestens noch einen Kopf kürzer, der mit den Meisterschaften laufen lernte, bis er in der Saison 2012/13 selbst bemerkte, wie schnell man ins Straucheln geraten kann.

96. GRUND

Weil Marcel Schmelzer nicht weniger als Deutschlands Linksverteidiger war.

Bedrohte Spielertypen gibt es unter deutschen Fußballern zuhauf. Echte Charakterköpfe, antreibende Drecksshunde, sichere Elfmeterschützen, zuverlässige Eckballtreter.

Aber wir gehen schon einen Schritt zu weit.

Die größte Angst vorm Aussterben musste man sich im deutschen Fußball Anfang der 2010er-Jahre um die Position des Stürmers machen. Mario Gomez, Miroslav Klose – und dann? Ein Kießling war auch schon damals um die 30. Noch mal: und dann? Würde es für Julian Schieber oder Pierre-Michel Lasogga international reichen?

Wenn Gomez und Klose zu der Zeit in der Nationalmannschaft nicht konnten, wurde einer der offensiven Mittelfeldspieler zur sogenannten falschen Neun umfunktioniert und musste Stürmer spielen. So ging der kapitalistische Kreislauf seinen Weg – erst ging das Humankapital aus, dann wurde die Produktion komplett eingestellt. Wenn niemand da, kann es auch keiner machen. Gibt es keine Stürmer, gibt es keinen Sturm. Simple Rechnung.

Im offensiven und im defensiven Mittelfeld reiften lauter Asse nach. Im Tor hatte Fußballdeutschland noch nie ernsthafte Sorgen. Da wusste man höchstens nicht, ob auf dem Trikot mit der 1 »Kahn« oder »Lehmann« stehen sollte. Luxusproblem nennt sich das, werte Engländer.

Und die Verteidigerpositionen? Huch, ganz übersehen. Weil: Da war ja keiner, den man hätte übersehen können. Im Sturm gab es wenigstens noch Klose und Gomez – hinten links war gar keiner. Da war es so trostlos, da konnte nicht einmal was wegsterben. Da war nie was. International hatte die Position des Linksverteidigers ein paar namhafte Visitenkarten zur Hand: Jordi Alba (Spanien),

Marcelo de Silva Júnior (Brasilien), Ashley Cole (England) oder Gaël Clichy (Frankreich), alles Spieler mit Weltformat.

Im deutschen Fußball muss man tatsächlich lange suchen nach einem ausgebildeten Linksverteidiger. Wer hat da in der Nationalmannschaft nicht schon alles herumgedoktert? Seit der Ära Löw beim DFB gab es da zum Beispiel Thomas Hitzlsperger, Bastian Schweinsteiger durfte bei einem Spiel ran, Holger Badstuber musste aushelfen, Clemens Fritz, Dennis Aogo, Marcell Jansen, Marcel Schäfer wurden getestet, ansonsten war der von rechts auf links umgeschulte Kapitän Philipp Lahm gesetzt.

Und mit einem Mal machte ein gewisser Marcel Schmelzer auf sich aufmerksam. Schon bevor er zweimal mit dem BVB Meister wurde. Eigentlich könnte man Schmelzers Geschichte ganz ohne die Nationalmannschaft erzählen. Wie er in Dortmund unter Jürgen Klopp reüssiert, hinten fair und abgeklärt, vorne mit schnellem Flügelspiel und guten Flanken, wie unauffällig, aber effektiv er arbeitet und selbst in den ersten beiden Jahren in der Champions League ruhig seine Seite gegen die Großen abdeckt. All das könnte man anhand von Spielen, Situationen und Zweikämpfen erzählen. Schmelzer, geboren in Magdeburg, zwei Jahre vor der Wende, 2005 in die BVB-Jugend gewechselt, 2008 in den Profikader, Nachfolger von Dedê. Schmelzer, der Dortmunder Linksverteidiger.

Als sich Fußballdeutschland noch fragte, was wäre, wenn Lahm in München auf rechts spielen und in der Nationalelf gern auf der Seite bleiben würde, ja, dann kam man an dem Thema Schmelzer beim DFB nicht vorbei. Endlich jemand für die Position, ein Klopp-Schüler, laufstark, fair, mit Offensivdrang, der langsam, aber sicher auch mehr und mehr internationale Reife sammelte.

Lahm konnte auf der geliebten Position bleiben, der neue Mann arbeitete sich ein. Schmelzer, der deutsche Linksverteidiger. Die Rettung, für den DFB, für Fußballdeutschland. Eine Zeit lang, dann das – ein schlechtes Länderspiel gegen Österreich im Oktober 2012. Na ja, vermeintlich schlecht, Schmelzer gemessen an dem Kapitän der Nationalelf, Löws einstigen Musterschüler Lahm, der bei fünf großen Turnieren dabei war, damals fast 100 Länderspiele hatte. Schmelzer dagegen keine zehn. Schlechtes Spiel? So was.

Die Presse wies munter auf die doch nicht geschlossene Baustelle linker Außenverteidiger hin. Löw reagierte prompt und überraschend: mit persönlicher Kritik, festgemacht an einer Person. An Schmelzer. »Marcel Schmelzer hat zuletzt gegen Österreich kein gutes Spiel gemacht«, sagte Löw auf der DFB-Pressekonferenz beim darauffolgenden Länderspiel. Das hatte er nicht, konnte jeder sehen, keine neue Erkenntnis. Neu war Löws Meinung von Schmelzer. »Viel mehr Alternativen gibt es links im Moment jetzt auch nicht. In den nächsten Monaten müssen wir also mit Marcel Schmelzer weiterarbeiten.«

Müssen. Das saß. Notlösung Schmelzer, hier spielt jemand auf Bewährung. Die Presse, die vorher dem Dortmunder die schlechte Leistung gern bescheinigt hatte, stemmte die Arme in die Hüften – *miau, Herr Löw! Warum denn so persönlich, bisschen heftig, nich'?*

Alles Männer, die können das ab. Zwar gestand Schmelzer Monate später in einem Interview mit dem *Tagesspiegel*, dass er nach der Kritik »wirklich geknickt« gewesen sei und er genau wisse: »Ein Fehler, und es kann sein, dass du öffentlich wieder zum Deppen wirst.« Aber die eigentliche Antwort liegt halt doch auf dem Platz: Löws Aussagen parierte Schmelzer kurz danach mit einer fehlerlosen Partie gegen Real Madrid im Gruppenspiel der Champions League. Obendrein gelang ihm der Treffer zum 2:1-Endstand.

Wer danach noch Fragen bezüglich Schmelzers Fähigkeiten hatte, konnte sich an seinen Trainer wenden: »Was Marcel Schmelzer heute gespielt hat, ist von einem anderen Stern. Glückwunsch an Deutschland, solch einen Linksverteidiger zu haben.«

Im Gegensatz zu Löw schien Papa Kloppo ganz gut zu wissen, wann er den Pinsel rausholen muss, um damit ein wenig über die Bäuche seiner Schützlinge zu fahren.

97. GRUND

Weil Thomas Tuchel Marcel Schmelzer in ein russisches Männermodel verwandelt hat.

Die Deutschen mögen ihr Fast Food. Besonders beliebt, welch Binse, ist hierzulande die Pizza.[38] Leider schneidet die nicht so supergut ab in den einschlägigen Nährwerttabellen. Bisschen zu viel Kalorien, bisschen zu viel Fett.

Das, so schien es im Sommer 2015, hatte in Dortmund noch niemand mitbekommen. Zumindest war die Aufregung ganz schön groß, als bekannt wurde, dass Thomas Tuchel es nicht so mit Kohlenhydraten hält. Der Nachfolger von Jürgen Klopp bestand nach Amtsantritt auf Ernährungsumstellung für sein Team. Weniger Zucker, weniger Weizen, lautete das Gebot. Hieß im Umkehrschluss: deutlich weniger Pizza und Pasta auf dem Speiseplan für die BVB-Spieler.

Dass nach der vergessenswürdigen Saison 2014/15 die fetten Jahre vorbei sind, könnte man jetzt anführen. Aber Pizza streichen? Toughe Maßnahme. Andererseits fehlte einigen Spielern offensichtlich die gewohnte Leichtigkeit.

Schaut man sich die Spieler der Borussia aktuell an, merkt man, dass die Dynamik und Spritzigkeit zurück ist. Ob es an Trainer Tuchel lag und/oder an seinem überarbeitetem Essensplan? Schwer zu sagen. Fest steht jedoch, dass ein Profi im Kader besonders von der Umstellung profitierte: Marcel Schmelzer. An anderer Stelle in diesem Buch mit der steilen These als »der linke Außenverteidiger schlechthin« eingeführt, war er beinah nicht wiederzuerkennen. Der – kleine Einschränkung an dieser Stelle – linke Außenverteidiger, und das ist keine Übertreibung, sah wie neugeboren aus. Schmelzer war so unglaublich rank und schlank und definiert anzuschauen, beinahe hätte man ihn mit einem russischen Männermodel verwechseln können.

Das sind natürlich nur eitle Details, die eigentlich nichts auf dem Platz oder in diesem Buch zu suchen hätten. Wäre da nicht ein entscheidender Vorteil: Wie es aussah, hatten ihn die neuen scharfkantigen Wangenknochen derartig schnittig gemacht, dass wir es zu dem Zeitpunkt mit dem bislang besten Marcel Schmelzer zu tun hatten.

In einem Interview mit *SPIEGEL ONLINE*[39] im Herbst 2015 antwortete er jedenfalls auf die Vermutung, er spiele so gut wie nie zuvor, lediglich mit einem lässigen »да«.

Vielleicht hat er auch nur »das sage ich auch« als Antwort gegeben, wer weiß das schon. Unbestritten: mit der Ernährungsumstellung auf Tuchels Geheiß hin knallten seine Flanken in den gegnerischen Strafraum wie die Peitsche, die der russische Wintereinbruch sein kann – bei Einschlag eiskalt und unerbittlich.

98. GRUND

Weil Marco Reus für den BVB sogar den teuersten Führerschein der Welt aufschob.

Vorweg, quasi von Rechts wegen: Das Fahren ohne Führerschein ist eine Straftat. Punkt. Da gibt es absolut nichts zu beschönigen, das macht man nicht. Gott sei Dank scheint nichts passiert zu sein.

Aber mal ehrlich: Das ist doch mit Abstand eine der verrücktesten Storys aus der Bundesliga seit langer, langer Zeit. Da fährt Marco Reus zwischen September 2011 und März 2014 fünfmal mit seinem Sportwagen durch die Gegend und wird geblitzt wegen überhöhter Geschwindigkeit. Artig zahlt er seine Strafzettel. Niemand nimmt Anstoß.

Bis zum 18. März 2014. Der Mittelfeldspieler verlässt an dem Tag das Trainingsgelände der Borussia. Er fährt mit seinem Aston Martin Richtung Dortmunder City, auf dem Weg hält ihn die Polizei an. Vollkommene Routine: »Einmal die Papiere, bitte.«

Reus hat nur seinen Personalausweis dabei. Und jetzt kommt der skurrile Part. Nach mehreren Jahren fällt über die Anfrage bei der Leitstelle plötzlich auf: Der Junge hat gar keinen Führerschein. Nie gemacht, nie besessen, stellen die Beamten an Ort und Stelle fest. Reus ist mehrere Jahre ohne Fahrerlaubnis durch die Gegend gefahren, saß selbst bei Sponsoring-Terminen hinterm Steuer, ohne dass mal jemand auf die Idee gekommen wäre, zu fragen, ob, wann oder wie er seinen Prüfung bestanden hätte.

Ende vom Lied: Die Beamten erstatten Anzeige, Reus akzeptiert den Strafbefehl über 540.000 Euro und entschuldigt sich für sein Verhalten. Stellt sich heraus, mit 18 Jahren hatte er tatsächlich ein paar Fahrstunden genommen, jedoch nie eine Prüfung abgelegt.

Kurz nach dieser Posse schickte Reus sich an, genau das nachzuholen, um – je nach Sichtweise – eins der wohl teuersten Knöllchen zu legitimieren beziehungsweise einen der teuersten Führerscheine zu machen, den man sich vorstellen kann.

Als die Borussia in der Saison 2014/15 sehr, sehr schlecht dastand in der Tabelle, und das ehrt den Sportwagenschlingel schon wieder, schob Reus laut *SPORT BILD*[37] sogar seine Fahrstunden auf, um sich nach der Winterpause im Januar 2015 ganz auf den Verein zu konzentrieren.

Platz 17 in der Winterpause fand RollsReus nämlich nicht sonderlich abgefahren.

99. GRUND

Weil Klopps junges Team nur noch abgeklärter und so noch besser werden konnte.

Es war schon erschreckend anzusehen, wie brillant das junge Dortmunder Team mitunter spielte. Momente auf großer Bühne fallen einem ein, wie die konzentrierte Willensleistung gegen Real Madrid in der Vorrunde der Champions League 2012/13. Ein Jahr zuvor scheiterten die Borussen noch an der eigenen Trickserei und defensiver Naivität.

Oder nehmen wir beispielsweise die überfallartige Dominanz, wie in Klopps erster Meistersaison in Leverkusen, wo die Mannschaft in sechs Minuten drei clever gespielte Angriffe in drei Tore umwandelte. Das Gleiche 2013 zu Hause gegen Freiburg, nur dass dort fünf Minuten für drei Treffer reichten.

Auf der anderen Seite stehen dem ein paar Ausfälle entgegen, die zwar immer mal passieren können. Kein Team gewinnt all seine Spiele, weder der große FC Barcelona noch die Europawelteuropameister aus Spanien. In den meisten Fällen sind die Fehler des BVB hausgemacht. Die 2:3-Niederlage gegen den HSV im September 2012 ist so ein Beispiel: Der BVB ist den Hamburgern an diesem Nachmittag überlegen, spielt variabel, mal über die rechte Seite mit Perišić, mal zieht Reus nach innen und bedient Götze oder Lewandowski in der Mitte. Die Statistik zählt 22:6 Torschüsse für die Dortmunder, bar Kehl und Torwart Weidenfeller schießt jeder Dortmunder mindestens einmal aufs Hamburger Tor. Dass danach Rudnevs nur zweimal den Ball im Mittelkreis Richtung van der Vaart kicken muss, zeigt die schlampige Chancenverwertung.

In der Dortmunder Hälfte fielen die Hamburger Treffer nach einfachen Stellungsfehlern und unkonzentrierten Ballverlusten. Kontinuität fehlte Klopps Elf noch zu oft.

Der BVB hatte seine jungen Hoffnungsträger bis 2016 und teilweise darüber hinaus an den Verein gebunden. In seiner Grundstruktur spielte das Team so in ähnlicher Formation über drei, vier, fünf Jahre zusammen. Der Großteil dieser Truppe hat zwei, drei Titel gewonnen, in der Champions League gekickt, hier und da Länderspielpraxis gesammelt. Viel schlechter konnten die gar nicht werden. Erfahrung schüttelt Unvermögen ab, Routine bringt Kaltschnäuzigkeit mit sich. Dachte man. Dann gewannen die Bayern seit Dortmunds letzter Meisterschaft sechsmal hintereinander die Liga, der BVB wurde dreimal Zweiter in der Zeit. Kann nur besser werden.

100. GRUND

Weil Borussia auch Polonia Dortmund war.

Es gab mal eine Zeit, in der sie alle drei nicht besonders gut dastanden, die drei Polen beim BVB. Dann meinte es das Schicksal sehr gut mit ihnen und plötzlich jubelten alle über Polonia Dortmund. Zwei für den Rhythmus auf rechts, die das Spiel eröffnen, Tempo machen, rennen, rennen, rennen, sowie einer, der die Bälle nur noch einschiebt, und das irgendwie immer und mühelos und wunderschön.

Was älter ist, die Tradition fleißiger Polen im Ruhrgebiet oder Glücksspiel im Fußball? Gute Frage.

Ein Amalgam dieser beiden Gepflogenheiten ist Łukasz Piszczek. In Polen entdeckt von den Scouts der Berliner Hertha, kam er 2010 zu Schwarz-Gelb. Was zu dem Zeitpunkt öffentlich noch nicht bekannt war, war seine Selbstanzeige bei den polnischen Behörden.

Der Vorfall: Die Mannschaftsführung von Zagłębie Lubin soll beschlossen haben, die letzte Partie der Saison 2005/06 für umgerechnet 25.000 Euro zu kaufen. Piszczek war damals an den Verein ausgeliehen, stand bei dem Spiel allerdings nicht im Kader. Im Zuge der Manipulation soll aber auch er Geld bezahlt haben.

Der BVB hakte den Fall relativ schnell ab: »Der Vorgang ist uns bekannt. Lukas hat uns informiert, nachdem er seine Aussagen bei der Staatsanwaltschaft gemacht hat«,[33] erklärte Sportdirektor Zorc im Interview mit dem *Kicker*. Im Juni 2011 wurde Piszczek für sein Vergehen zu einer einjährigen Gefängnisstrafe auf Bewährung und sowie einer Geldstrafe von umgerechnet 25.000 Euro verurteilt. Durfte aber weiter Fußball spielen.

Gut so, weil seine Dienste für die Borussia inzwischen nur schwer zu ersetzen sind. »Ich kenne wirklich keinen anderen Abwehrspieler auf der Welt, der so spielt«, übereiferte sich Jürgen Klopp in einer Doku für einen polnischen TV-Sender über die drei Jungs. »Ich will nicht übertreiben, aber ein Beispiel: Dani Alves. Er ist auch permanent in Bewegung, immer in der Offensive, aber er ist defensiv nicht so stark«, erklärte Klopp und nannte Piszczek »einen Königtransfer«, schließlich kam er ablösefrei zum BVB.

Jakub Błaszczykowski, vor lauter Konsonanten gern »Kuba« genannt, Jahrgang 1985, kam 2007 aus Krakau nach Dortmund. Er hat noch unter Thomas Doll trainiert, danach Dortmunds Wachkuss unter Jürgen Klopp von der ersten Stunde an miterlebt. Zu Hause in Polen war Błaszczykowski Kapitän der Nationalmannschaft. Da ist man auf Spielpraxis angewiesen, sonst meutert die Truppe in Warschau. Spielpraxis bekam er aber nicht regelmäßig, ein Mario Götze machte sich eben auch ganz gut im BVB-Mittelfeld.

Und ein Götze verletzt sich mal am Schambein. Fortan kam »Kuba« auf seine Einsatzzeiten, die Mehrfachbelastung aus Liga, Pokal, Champions League hielten den flinken Passgeber selbst nach Götzes Genesung bei Laune. Seine zwischenzeitlichen Wechselgedanken hingen allerhöchstens mit dem Stiefel Häme zusammen, den er im Herbst 2010 über sich ergießen lassen musste, als er sechs Meter vorm leeren Tor den Ball über den Freiburger Kasten zimmerte.

Der Pass zu diesem epischen Nicht-Tor kam übrigens von Robert Lewandowski, dem Dritten im Bunde. Der war zwischenzeitlich genauso unzufrieden mit seinem Stammplatz auf der BVB-Bank. Im Sturm gesetzt damals Lucas Barrios, der mal in einem Kalenderjahr 37 Tore in 38 Spielen schoss. Jaaa!, genau, in der weltberühmten chilenischen Liga, zischte es aus Lewandowskis Ecke.

Als Barrios sich verletzte, durften sich die BVB-Fans schnell die Augen reiben, wie gut dieser bis dahin mittelprächtige Joker wirklich ist, lässt man ihn von Anfang an spielen. Barrios rotierte nie wieder permanent zurück in die Startelf, wechselte im Sommer 2012 nach China. Der spielstarke Lewandowski, der wie kaum ein europäischer Stürmer den Ball mitnehmen kann, wandelte sich zum heißesten aller Eisen, dem begehrtesten Angreifer auf Planet Erde, was den Großteil der Saison 2012/13 die Saga um seine Vertragsverlängerung nach sich zog. Geht er, bleibt er, wie lang bleibt er, wohin geht er, auf die Insel, oder doch ins Ausland zu den Bayern?

Inzwischen klar: Er ist weg. Echt? Vielleicht. Nee, definitiv. So gut wie. Bald. Hört man. Gar nicht mehr da? Kann auch sein.

Ungeachtet dessen war »Polonia Dortmund« nicht bloß ein hübscher Titel. Die polnische Achse über rechts hatte sich für den BVB zu einer rollenden Tormaschine entwickelt. In der Saison 2012/13 waren die drei an knapp der Hälfte aller Dortmunder Treffer beteiligt. Saubere Quote. Böller aus Polen – schon immer gefürchtet.

101. GRUND

**Weil selbst ein unglückliches 4:4
gegen Stuttgart noch ein Spektakel ist.**

Im Fußball kann man sich auf keinem Ergebnis dieser Welt ausruhen. Bei einer 6:0-Führung ganz vielleicht, alles da drunter: ein knappes Höschen. Nehmen wir mal den 4:0-Zwischenstand im

WM-Qualifikationsspiel zwischen Deutschland und Schweden im Oktober 2012: Zur Pause führt die Löw-Elf durch zwei Tore von Klose und einen Mertesacker-Treffer.

Dazu sollte man ergänzen: Darf selbst Mertesacker ein Tor schießen, weiß man, dass die gegnerische Hintermannschaft sich längst auf dem Rückflug befindet. Deutschland spielt 50, 60 Minuten lang zu schnell, zu ideenreich, zu zielstrebig für die Schweden, die nicht mehr mitkommen beim Schweinchen-in-der-Mitte-Spiel, das Schweinsteiger, Kroos & Co. ihnen aufzwingt. In der 55. Minute legt Müller für Özil auf, 4:0. Alles sieht an diesem lauen Abend im Berliner Olympiastadion nach einem glatten, verdienten Sieg der überlegenen deutschen Mannschaft aus.

Bis es Deutschland viermal eiskalt erwischt.

Der Treffer von Elm in der 93. Minute machte das Ergebnis zu einer Niederlage. Die Deutschen hatten das Spiel 4:4 verloren.

Wie schnell und furios eine Aufholjagd gehen kann, davon weiß auch Dortmund seit dem 30. März 2012 ein vierstrophiges Lied zu singen. Eine 2:0-Führung kurz nach der Pause gegen den VfB Stuttgart – na, da sind doch drei Punkte locker drin.

Und dann, hoppla, geht' es ab der 71. Minute acht Minuten lang furchtbar schnell – Ibišević, Schieber, Schieber. 2:1, 2:2, 2:3.

Schöner Mist, aber wir können ja auch ein bisschen Fußball spielen, dachten sich die Dortmunder, und legten nach: 82. Minute Hummels, fünf Minuten später per Dropkick der eingewechselte Perišić – 4:3, ja Wahnsinn! Jetzt bitte alle Fans mit Herzschrittmacher das Stadion verlassen. Hält ja keiner aus.

Hielt auch nicht.

Noch einmal vier Minuten später kommt der Ball zu Stuttgart-Joker Gentner, der umspielt Kehl und ballert das Leder unter die Latte, 92. Minute. Dann Schuss, Aus, Abpfiff!

Ganz klar, ein 4:4 kann man sich jederzeit einbrocken. Während die schwedische Aufholjagd der deutschen Führung einer blamablen Demontage der Löw'schen Ballkünstler glich, ging das unglückliche 4:4 der Dortmunder gegen die Stuttgarter vollkommen in Ordnung. Dortmund ließ sich nicht vorführen, Stuttgart schon gar nicht. Schlichtweg aufsehenerregender Fußball von beiden Mannschaften.

In Dortmund sind die Jahre sportlicher Schmalkost, als es Wörns und Kovač hinten, Federico und Klimowicz vorne richten mussten, noch sehr präsent. Der Jugendwahn unter Jürgen Klopps Aufsicht kassiert nicht wenige Gegentore, dafür duldet er Ergebnisverwaltung nach einem 1:0 sicher nicht. Das ist riskant, oft hingegen ein reines Fest.

So konnte man mit dem 4:4 gegen Stuttgart eine lebendige Idee der abstrakten Worthülse »Fußball total« bekommen: Großartige Atmosphäre in einem großartigen Stadion an einem großartigen Abend, zwei junge, offensiv spielende Mannschaften, die nicht aufgeben, rennen, leiden, kämpfen, hinten liegen, weitermachen, vorne liegen, wieder hinten liegen. Weiter, immer weiter – ping pong, peng peng. Hin her, Tor, Tor.

Bisschen Wehmut, verständlicherweise, es waren verpasste Punkte. Trotzdem lagen sich Gladiator und Löwe nach dem Spiel irgendwie glücklich in den Armen; die Fehde vertagt für die nächste Begegnung, wohl wissend, dass nicht nur Sieg oder Niederlage über ein furioses Spektakel entscheiden.

102. GRUND

Weil man Mats Hummels in München gewogen und für zu leicht befunden hatte.

Warum dem großen, breitbeinigen Superfußballer Cristiano Ronaldo bei der EM 2012 im Spiel Portugal gegen Deutschland und ein paar Monate später in den Partien gegen Dortmund im Madrid-Trikot kaum ein Stich gelang, hat einen simplen Grund.

Schon im Tunnel von der Kabine zum Platz blickte er irritiert durch den Gang. Da hinten, wer um alles in der Welt ist dieses Geschöpf, das kein Pfau, aber noch schöner ist, als ich es bin? Diese Frage beschäftigte ihn so sehr, dass seine Konzentration fürs Spiel nichts übrig hatte.

Der smarte Boy mit den definierten Gesichtszügen, der ihn so sehr aus der Fassung zu bringen schien, war nur Mats Hummels. Der Welt schönster Fußballer. Der legitime Nachfolger von Franz Beckenbauer, dem Kaiser.

Überraschenderweise konnte sich genau dessen Hofstall für Hummels' gute Gene nicht dauerhaft begeistern. Schönheit blendet, dachte sich wohl der FC Bayern, der junge Hummels wird gar nicht so gut sein, geben wir ihn ab, vielleicht leiht ihn ja jemand aus.

Offiziell geht die Geschichte wie folgt: Hummels, Jahrgang 1988, geboren in Bergisch Gladbach, fängt im Alter von sechs Jahren an, in den Jugendmannschaften des FC Bayern zu kicken, wo sein Vater Hermann als Nachwuchstrainer angeheuert hat. Unter Hermann Gerland wird Hummels Stammspieler in der Regionalliga-Mannschaft der Münchner, Felix Magath holt ihn daraufhin 2007 zu den Profis, ein Kurzeinsatz in der Liga folgt. Magaths Nachfolger Ottmar Hitzfeld kann Hummels keine Einsatzgarantie geben, also wird er im Januar 2008 ausgeliehen. Der 1,91-Recke landet im Ruhrgebiet, genaugenommen in *Doatmund*. Ein Jahr später, Jürgen Klinsmann, inzwischen Bayern-Trainer, hat angeblich keine Verwendung für ihn. Der BVB kauft Bayern Hummels ab, für vier Millionen Euro. Der Rest ist bekannt: Stammspieler, Leistungsträger, Meister, Double-Sieger, Nationalelf. Vier Millionen, ein Schnäppchen, wie sich herausstellt.

Aber hinter Hummels' Lebenslauf steckt ja eine ganz andere Geschichte. Die der Perspektive. Wer sich als Spieler Mitte/Ende der Nullerjahre freiwillig in die ausgebrannte Burg BVB gesetzt hat und sich selbst einredete, »ausgezeichneter Transfer, hier fließt bald wieder Honig«, der klang während des fortdauernden Katers nach dem Beinahbankrott reichlich vermessen. Dortmund hatte immer noch einen Haufen Schulden, bewegte sich sportlich im Mittelmaß. Guckte man sich die Voraussetzungen zwischen den Zeilen an, ergab sich ein anderes Bild – hier ist gerade Umbruch, kann ein bisschen stauben, aber bald steht die Hütte wieder, weniger protzig, dafür auf solidem Fundament.

Fällt normalerweise der Satz »das ist ein Verein mit Perspektive«, kann das zwei Dinge bedeuten: Entweder ist der Club dermaßen am Boden, dass selbst Peter Neururer keinen Bock hat, den eigentlich besiegelten Abstieg hinauszuzögern bzw. den aussichtslosen Aufstieg herbeizufantasieren. Oder der Verein ist ein angeschlagener Boxer, von dem jeder weiß, dass er das Zeug zum Champ hat, sich aber grad keine Handschuhe leisten kann. Also ein paar magere Jahre unter kleinem Mast im Windschatten der Großen segeln, sich langsam herantasten – am Ende allen Zweiflern auf die Zwölf geben. Das war der Dortmunder Weg.

Beim BVB hat man Hummels von Anfang an vertraut, obwohl er zum Zeitpunkt des Bayern-Verkaufs am Sprunggelenk verletzt war. Und komplett unumstritten war er ebenso wenig. Hummels ist enorm zweikampf- und kopfballstark, seine Passquote ließ jedoch lange zu wünschen übrig. Zu viele Bälle landeten beim Gegner, mitunter bedingt durch das riskant-schnelle Aufbauspiel unter Jürgen Klopp: Ball in der eigenen Hälfte erobern, steiler, oft hoher Ball ins Mittelfeld, von dort in den Sturm, Torschuss. Unter Joachim Löw musste Hummels den geordneten Spielaufbau durch flache Pässe sich erst aneignen. Was ihn nicht schlechter gemacht hat. Im Gegenteil, das Antizipieren der Spielzüge, die sichere Ballbehandlung brachten ihm jede Menge Vergleiche mit Franz Beckenbauer ein. Und wo muss der legitime Nachfolger des Kaisers spielen? Leider: in München. Hummels wechselte 2016 zurück zum FC Bayern, seinem Jugendverein. So läuft es manchmal: Ausbildung in München, Aufstieg in Dortmund. Erst verkannt, dann begehrt.

Natürlich hatte man an der Isar die rasante Entwicklung weiterverfolgt, sich sogar nach dem Verkauf noch einmal kurz um ihn bemüht. Die Bayern seien ihm wurscht, ließ er 2013 ausrichten. Der *schöne Mats* war inzwischen »durch und durch Borusse«, wie er sagte. »Ich habe von Anfang an gewusst, dass es die richtige Entscheidung war, zu einem anderen Verein zu wechseln«, erzählte Hummels der Zeitung *Die Welt*.³⁴ »Und dann habe ich sehr schnell gemerkt, dass es richtig war, nach Dortmund gekommen zu sein, weil ich spielen durfte. Ich konnte zeigen, dass ich gut bin. Als dann ein halbes Jahr später Jürgen Klopp zu uns kam, konnte man auch merken, dass es hier insgesamt bergauf geht.«

Beim Branchenprimus FC Bayern hat sich die Sicht heute geändert; die Stammspieler Kimmich, Müller, Alaba sind die besten Beispiele. Damals war die Herangehensweise noch eine andere, junge Spieler wurden herangeführt, trainierten mit, spielen durften dann die erfahrenen Altprofis.

In Dortmund ging es etwas pragmatischer zu: Falls die finanziellen Mittel nicht mitspielen, spielt wer mit? Der Nachwuchs, richtig. *Direkt aufs Feld schicken, macht mal, wird schon.* Verspricht nicht immer oder gleich Erfolg. Im Nachhinein war es allerdings ungemein clever, in der Umbauphase die blutjungen Spieler Praxis sammeln zu lassen, um anschließend in den Meisterschaftsjahren mit relativ abgezockten 21-, 22-Jährigen aufzulaufen.

103. GRUND

Weil der BVB Vorbild für Europa sein müsste.

Überdenkt man das Ganze einen Augenblick oder zwei, handelt es sich um eine der interessantesten Gegenwartserzählungen seit geraumer Zeit. Der BVB ist, liebes Europa, das angewandte Beispiel dafür, dass es funktionieren kann.

Im Frühjahr 2005 hatte das Finanzchaos in Dortmund seinen Höhepunkt erreicht. Allen anfänglichen Sanierungsbemühungen zum Trotz musste der BVB anhaltende Verluste hinnehmen. Das börsennotierte Unternehmen räumte in einer Pflichtmitteilung ein, dass »für die Borussia Dortmund GmbH & Co. KGaA eine Existenz bedrohende Ertrags- und Finanzsituation« eingetreten sei. Allein in der ersten Hälfte des laufenden Geschäftsjahres (1. Juli bis 31. Dezember 2004) hatte sich neuer operativer Verlust in Höhe von 27,2 Millionen Euro angehäuft.

»Das Schicksal des Traditionsclubs liegt in der Hand der Gläubiger«, erklärte BVB-Geschäftsführer Michael Meier. Der Verein stand kurz vor der Pleite. Alles lief auf den 14. März 2005 hinaus, einen Tag vor der Abgabefrist der Lizenzunterlagen für die Saison 2005/06 bei der Deutschen Fußball Liga (DFL). Ohne Liquiditätsnachweis drohte dem BVB der Lizenzentzug und somit der mögliche Zwangsabstieg aus der 1. Bundesliga.

Sämtliche Gläubiger hatten dem Sanierungskonzept des Vereins zugestimmt, um den Verein vor dem Konkurs zu bewahren und die Zahlungsfähigkeit zu sichern. Nur der Stadionfonds Molsiris musste an jenem 14. März noch in einer extra anberaumten Anlegerversammlung die Zeichner des Fonds abstimmen lassen, ob man das Sanierungskonzept der hoch verschuldeten Borussia mittragen würde.

Das Ergebnis fiel überraschend deutlich aus, knapp 95 Prozent der Anwesenden sprachen sich für die Rettung aus. »Das war das schwerste Auswärtsspiel seit der Relegation 1986. Ich möchte so einen Tag nicht noch einmal erleben«, erklärte Reinhard Rauball, der mittlerweile Gerd Niebaum als BVB-Präsident abgelöst und bei der Anlegerversammlung zusammen mit Hans-Joachim Watzke das Konzept vorgestellt hatte.

Das Votum sicherte dem BVB die Zahlungsfähigkeit und schlussendlich die Lizenz für die darauffolgenden Saison. Dortmund war mit einem blauen Auge davongekommen. »Jetzt ist Disziplin gefragt, unser Konzept umzusetzen«, sagte Rauball nach der Versammlung. »Uns wird jetzt bestimmt auf die Finger geschaut werden. Fest steht: Seit dem heutigen Tag ist der BVB nicht mehr der BVB, der er früher war.«[35]

Nein, das war er nicht mehr. Der Verein hatte jahrelang großspurig gelebt, den Kader mit teuer eingekauften und gut bezahlten Profis aufgebläht, um für Trophäen zu sorgen. Acht Jahre nach dem Gewinn der Champions League 1997 stand die Mannschaft im sportlichen Mittelmaß. Spieler mussten zwangsweise verkauft werden für den Erlös einer Transfersumme, im Gegenzug verpflichtete man billig ablösefreie Spieler. Was die Mittel halt so hergaben.

Und: Aus der Jugend wurden vermehrt Spieler in den Profikader integriert. Nach der Fast-Pleite rückte im Sommer 2005 zum Beispiel ein gewisser Nuri Şahin nach.

Wenn sich seit einigen Jahren die Ökonomen streiten, was im Zuge der Finanzkrise das passende Konzept für verschuldete EU-Staaten sein könnte, in Dortmund läge eventuell eine Antwort. Zwar dauerte es drei, vier Jahre. Aber mit einem Mal entpuppte sich der BVB als das gelebte Beispiel wider geplante Insolvenz. Was wäre es für ein Fehler gewesen, hätte der BVB 2005 keine Lizenz von der DFL bekommen und wäre in die Regionalliga zwangsabgestiegen, oder hätte in Konkurs gehen und komplett den Spielbetrieb einstellen müssen.

Dann wäre die Welt nie Zeuge des Dortmunder Fußballwunders geworden, hätte nie erfahren, was »Vollgasveranstaltungen« sind, hätte nie die Zuckerpässe von Reus, Götze und Gündoğan bestaunen oder sich in den kleinen Japaner Kagawa beziehungsweise Lewandowskis technische Eleganz verlieben können, wäre nicht auf die Double-Feier am Borsigplatz eingeladen gewesen, und und und.

Ein operierendes Unternehmen (wie einen Fußballclub) mit einem kompletten, komplexen Staatsapparat zu vergleichen, mag unseriös sein. Dennoch schwer auszumalen, um welche Chancen sich die existenzbedrohten Staaten der Eurozone betrogen fühlen müssen, ließe man sie fallen im Gegensatz zu überschuldeten Vereinen.

Der BVB hat in der Vergangenheit viel falsch gemacht mit seinem Geld, über die Verhältnisse gelebt, Kredit und Sympathien verspielt, Geld beim ärgsten Konkurrenten leihen müssen (Danke noch mal, Herr Hoeneß!) – und einen hohen Preis dafür bezahlt. Zudem hat der BVB Glück gehabt, weitermachen zu dürfen. Das ging so: Eier gehabt, das mangelhafte Personal gegen fähige Leute zu tauschen, Neuanfang gewagt, das Geld zusammengehalten, auf kleiner Flamme zusammengebraut, was vorhanden war, Schulden nach und nach verringert.

Die prekäre Situation hat sich beim BVB zur zukunftsweisenden Tugend entwickelt. Den Erfolg sollen Eigengewächse und talentierte Jungspieler bringen, die hinter dieser Idee zu einer eingeschworenen Mannschaft heranreifen. Hungrig, endlich wieder Großes zu erreichen.

104. GRUND

Weil Dortmund sage und schreibe Europas »hottest club« war.

Furcht und Schrecken sind leider nicht bedeutungsgleich. Mitte bis Ende der 90er-Jahre, da hatten die Dortmunder sich international einen Namen gemacht, es gab Partien, in denen sie furchterregend spielten. 1997 holten sie sogar die Champions League ins Ruhrgebiet. Danach spielten sie fast nur noch: schrecklich.

Dortmund erging es wie so vielen Vereinen, die jedes Jahr die Champions League andicken dürfen oder mit ein bisschen Ehrgeiz die Europa League aufmischen. Alles gängige Namen, La Coruña, Enschede, Bordeaux, Trondheim und wie sie alle heißen, die ein, zwei Jahre vielleicht sogar die dösenden Kater Madrid, Manchester,

Mailand ärgern dürfen, bevor man zwölf Monate später schon gar keine Notiz mehr davon nimmt, dass sie irgendwo in der ersten Qualifikations-Runde gegen Bröndby ausscheiden. Ein paar Jahre gehen ins Land, huch, lange nichts von Sparta Prag gehört, willkommen zurück in der Königsklasse. Dann Vorrunde raus, vier Jahre Funkstille auf großer Bühne, etc. pp.

Auf ähnliche Fahrstuhlmuster hatte sich der BVB Anfang der Nullerjahre auch programmiert, danach eine gefühlte Ewigkeit eher mit Bochum, Cottbus und Hannover um die Plätze neun bis 13 gerungen, als Jahr für Jahr nach Turin, London und Madrid reisen zu müssen.

Erst ab der Saison 2009/10 schien es so langsam, langsam wieder Klick gemacht zu haben. Da sich die unerfahrene Klopp-Elf sowieso im Lernprozess befand, brauchte es ein paar zusätzliche Jahre, um die vom Liga-Alltag abweichenden Gesetzmäßigkeiten der internationalen Bühne zu entschlüsseln. Die Abwehrreihen von Paris Saint-Germain sind halt doch noch einen Schlenz ausgeschlafener als die Hoffenheimer. Zwei Abhak-Spielzeiten in der Europa League (2010/11) und der Champions League (2011/12) vergingen, bis zur Zuckerguss-Vorrunde 2012/13, als Ajax Amsterdam, Manchester City und Real Madrid überrannt wurden.

Und das langte schon, um Dortmund – zumindest vorübergehend – wieder in den Club der Etablierten aufzunehmen. Wer versetzte dem BVB den Ritterschlag? Überraschenderweise das Land der Tafelrunde, die Heimat von Richard Löwenherz – England. Die Inselaffen, die geliebten, die so wenig von teutonischem Fußball halten. Was in Deutschland bereits jedes Kind wusste, dass der BVB der (Achtung, Klopp-Vokabel!) geilste Verein überhaupt ist, musste jetzt noch fix im Mutterland des Fußballs kundgetan werden. Die ehrenwerte Zeitschrift *FourFourTwo* (4-4-2) war sich nicht zu schade, diesen Part zu übernehmen und deshalb für die Schwarz-Gelben eine besondere Ausnahme zu machen: Normalerweise hievt das Fußballmagazin durchweg Einzelspieler auf ihre

Titelseite. Steven Gerrard here, Lionel Messi there. Für die Borussia wurde mächtig Platz geschaffen, sodass Jürgen Klopp, flankiert von Götze, Lewandowski, Reus und Kehl, im Februar 2013 süffisant lächelnd von Dover bis Durham neben *Times, Guardian* und *Sun* an den Zeitungskiosken lag.

Zwölf Seiten Borussia, mit viel geschmeidigen Worten für die »wahren Thronfolger Barcelonas«, wie das Magazin schrieb, die nicht von ungefähr die anderen Topclubs aufhorchen ließen. Die Schlagzeile: »Dortmund – Inside Europe's hottest club«.

Potzblitz. Wie bitte? Dortmund, der heißeste Club Europas? Der BVB 09, wie es auf der Trikotbrust gestickt ist?!

Nach Lichtjahren internationaler Bedeutungslosigkeit solch einen Lorbeerkranz geflochten zu bekommen, das tat gut. Der heißeste Club. Da wurde einem als BVB-Fan im wahrsten Sinne mächtig warm ums Herz. Dass *FourFourTwo* in England etwa den Belächelten-Status einer *BRAVO Sport* hat, sagen wir einfach keinem weiter, abgemacht?

105. GRUND

Weil der BVB mal ein paar Tage lang ein Patentamt führte.

Die Illusion, die Jürgen Klopp in seiner BVB-Ära spätestens mit dem zweiten Meistertitel 2012 den Fans geschenkt hatte, war sehr schlicht: wird immer so weitergehen.

Klingt erst mal wunderbar. Nur: Tut es ja nie. Kein Lauf dauert ewig an, irgendwann reißt die Serie. Im Fußball vollkommen normal und wichtig. Wenn schon keine Spiele, dann wenigstens ein bisschen an Bodenhaftung gewinnen.

Ärgerlich ist es immer, im grauen Alltag anzukommen. Nach den beiden supersouveränen Titeln 2011 und 2012 sowie dem Pokalgewinn musste beim BVB früher oder später der Katzenjammer losgehen. Einfache Spiele verloren, unkonzentriert im Abschluss, die Stolpersteinvokabel »Kontinuität« für das junge Team oftmals noch ein Fremdwort – schon stand Klopps Elf in der Folgesaison 2012/13 nur auf dem zweiten Tabellenplatz mit deutlichem Abstand zur Spitze. Dass man mit dieser Situation nicht zufrieden war im Westfalenstadion, zeugte von erfreulich hohem Anspruchsdenken. Andererseits alles andere als Grund zur Aufregung. Weder in Dortmund, mal nicht ganz oben zu stehen, noch in München, mal wieder ganz oben zu stehen.

Denkste. Zwei Jahre lang in der Liga die Bayern so zu dominieren und obendrein noch zu demütigen im Pokalfinale, das lässt die Brust mächtig anschwellen (BVB) beziehungsweise drückt aufs Gemüt (FCB). Nachdem der Ex-Schalker Olaf Thon im Dezember 2012 bei der offiziellen Auslosung fürs Viertelfinale des DFB-Pokals die Partie Bayern–Dortmund gezogen hatte, begann an der Isar sogleich das Händereiben. Man konnte fast das Gefühl bekommen, der FC Bayern leide ob der beiden Dortmunder Meistertitel plötzlich an einem gehörigen Minderwertigkeitskomplex. Dankenswerterweise bestätigte Uli Hoeneß genau diesen Eindruck. Nach dem knappen, verdienten 1:0-Sieg der Bayern musste er die nie angezweifelte Einmaligkeit seines Vereins in Fußballdeutschland unbedingt abermals unterstreichen: »Mit diesem Spiel haben wir die Vormachtstellung im deutschen Fußball zurück, die deutschen Verhältnisse sind geklärt.«

Howgh, Häuptling Rote Birne, habe gesprochen. Alles dominierende Bayern, unangefochtener Spitzenreiter in der Liga, Dortmund nach Jahren endlich wieder besiegt. Und jetzt Ruhe.

Der Einzige, der da im Anschluss an das Pokal-Aus in München und die Basta-Ansage von Hoeneß nicht mitspielen wollte, war selbstverständlich: Jürgen Klopp.

So kannte man den Trainer bis dahin gar nicht. Er schien tatsächlich ein wenig Frust zu schieben, dass der Borussen-Lauf ausgerechnet nach der Niederlage bei den Bayern für beendet erklärt wurde: »Im Moment hat das ja ein bisschen was davon, wie das die Chinesen in der Wirtschaft und der Industrie machen: Gucken, was die anderen machen, es abkupfern und dann mit mehr Geld und anderen Spielern den gleichen Weg einschlagen. Und schon wird man wieder besser für den Moment«, so Klopp am Tag nach dem Münchner Pressing-Festival.

Was sich schön beleidigt anhört, weil die Bayern nach fünf Niederlagen mal wieder gegen Dortmund gewannen, war in Wahrheit ja nur das, was alle Welt gesehen hatte, aber niemand aussprach außer Klopp: Der große FC Bayern schlägt den Emporkömmling BVB mit seinen eigenen Waffen – konsequentes Spiel gegen den Ball, null Raum für den Dortmunder Spielaufbau, das schwarz-gelbe Passspiel sofort unterbunden, und all das mithilfe des teuersten Störenfrieds der Liga, Javier Martínez.

Kein Grund allerdings, gleich das Patentamt für Pressing-Angelegenheiten nach Dortmund zu verfrachten. Weil: Erfunden hat es Klopp nun mal nicht, das frühe Stören der ballführenden Mannschaft. Die Presse griff das Thema dankbar auf, *Plagiatsaffäre! Klopp: München kopiert Dortmund*, was wiederum Münchens Trainer Jupp Heynckes gar nicht nicht schmeckte und ihn veranlasste, die Weisheit »Größe zeigen, auch nach Niederlagen« ins Westfälische zu senden. Klopp stand nun als schlechter Verlierer da, der als Einziger nicht wusste, dass lange, lange vor ihm Ernst Happel und Arrigo Sacchi mit ähnlicher Taktik ihre Erfolge feierten.

Sei es drum. Die Erkenntnis aus den abwechselnden Sticheleien vom Ruhrgebiet nach Bayern und wieder zurück war eh nicht, wer was wann erfunden oder kopiert hatte. Zwei Jahre lang von Dortmund dominiert zu werden, lässt man in München nicht an sich vorbeiziehen, ohne den eigenen Spielstil zu hinterfragen beziehungsweise Geld für Spieler in die Hand zu nehmen. Eine Spielzeit nicht Meister zu werden, ja, kann passieren. Zweimal die Schale abzugeben, das duldet der Hoeneß-Club nicht. Im Umkehrschluss war die Erniedrigung der Bayern durch Schwarz-Gelb unwillkürlich der Garant für Münchens Sensationssaison 2012/13.

Mehr hatte Klopp mit seinem China-Vergleich auch nicht gesagt, und gleichzeitig zur Freude des BVB aus seiner Ansprache heraushören lassen: Keine Sorge, der Ehrgeiz ist, dass die aus dem Süden jetzt nicht ewig da oben stehen (»wieder besser *für den Moment*«). Neue Saison, neues Glück.

Klopp, der kurzzeitig Gekränkte, ruderte zurück – *nur ein Halbsatz, ganz harmlos gemeint* – und entschuldigte sich öffentlich vor WDR-Reportern: »Jupp, falls du ARD hörst: Sorry«, und die Welt drehte sich wundersamerweise weiter. Heute ist die bayrische Abkupfern-Episode beim Patentamt ad acta gelegt und allenfalls noch das, was man in den Ball pumpt: heiße Luft.

8. KAPITEL

STARARCHITEKT, OPELIANER, GEHEIMRAT: PHÄNOMEN JÜRGEN KLOPP

106. GRUND

Weil Jürgen Klopp für Champions-League-Spiele Anzug mit 12-Tage-Bart kombinierte.

Man muss sich den Italiener Roberto Mancini als den allerschönsten unter Englands Fußballtrainern vorstellen. Ein Mann von äußerst schlanker Natur, mit gesunder Grundbräune im Gesicht, feinen Linien um die graublauen Augen, die sein Gegenüber mit lockendem Blick anschauen. Das gräuliche Haar trägt er italienisch: gescheitelt und im Nacken etwas länger. Bartwuchs kennt er nicht, ein Mann wie Mancini rasiert sich, wie seine Spieler trainieren – zweimal täglich, morgens und abends. Silberfuchs Mancini ist so etwas wie der Sky du Mont der Premier League. Alterslos, klassisch schön, traditionell elegant.

Weshalb die Model-Looks es dem Trainer von Manchester Citys ganz selbstverständlich verbieten, in sogenannter Freizeitkleidung außerhalb der eigenen vier Wände gesehen zu werden. An der Seitenlinie trägt er Anzug und Krawatte.

So auch bei den beiden Champions-League-Spielen gegen den BVB in der Vorrunde der Saison 2012/13. Ballonseide am Leib ist für den anmutigen Italiener eine Zumutung. Jürgen Klopp ist da weniger streng mit sich und seinem Körper. Am Wochenende, wenn es gegen Mainz oder Mönchengladbach ging, hüllte sich der Borussen-Coach gern in Trainingsanzug, Kapuzenpulli und Truckerkäppi. Unter der Woche, wenn es gegen Manchester oder Madrid ging, stand Klopp in kaum zu erkennender Aufmachung am Spielfeldrand. Dann ließ er die Umstandsmode in der Kabine hängen und warf sich in einen feinen Anzug mit Schlips und Weste. Die hat nicht einmal Mancini drunter. Ob es Vereinspolitik ist, an CL-Abenden Anzug zu tragen, ist nicht bekannt. Vielleicht ist es auch die Aussicht, auf einen Pfau zu treffen, wie Mancini eben einer ist. Da mag man in nichts nachstehen, so verdammt geschmeidig sieht der aus in seiner italienischen Wolle. UEFA-Vorschrift ist Klopps Anzugwahl in jedem Fall nicht. Das hat zumindest der Ex-Schalke-Trainer Huub Stevens bewiesen, der unerbittlich an seinem Adidas-Knisterstoff festhielt, Königsklasse hin oder her.

Die Anzug-oder-Trainingsanzug-Debatte ist ja nicht neu. Der Trainingsanzug vermittelt das Bild von einem, der sich nicht zu fein ist, keine Drecksarbeit scheut, Teil der Mannschaft ist, Substanz Showeffekten vorzieht. Der Herrenanzug drückt wiederum Autorität und Kompetenz aus, eine schonungslose Professionalität, die so gradlinig ist wie die Bügelfalte in der Stoffhose.

Eine andere Erklärung für den Kleiderwechsel könnte ebenso gut sein, dass Diplom-Sportwissenschaftler Klopp (Goethe-Universität!) in seiner Freizeit die Fachperiodika der Kollegen wälzt. Eine Studie der englischen University of Portsmouth hat ergeben, dass die Erscheinung eines Trainers mit dem Erfolg seines Teams zusammenhängt, so zitierte es *The Telegraph* am 21. Februar 2011. Demnach strahlen Teamleiter im Anzug besonders großes strategisches Geschick aus. Was an Spieltagen offensichtlich keine schlechte Idee ist, um Spieler indirekt zu motivieren und mental zu stützen. Trainer in Sportkleidung hingegen strahlen laut Studie ein hohes Maß an technischem Verständnis aus. Die Wissenschaftler kommen zu dem Urteil, dass ein Coach, der seine Übungseinheiten in Trainingsanzug absolviert und an Spieltagen Anzug trägt, den größten Erfolg von seiner Mannschaft erwarten kann.

Diese These geht zwar nicht einher mit der jahrelang gültigen Knapp-daneben-ist-auch-vorbei-Erfolgsbilanz des stets gestriegelten Joachim Löw. Traf insofern aber auf Klopp zu, als dass die Bundesligapartien, an denen er im Schlabberlook auflief, bloße Trainingsspiele waren auf dem Weg zum noch ausstehenden Gewinn der Champions League.

107. GRUND

Weil seit Jürgen Klopp Pressekonferenzen ein bisschen erträglicher sind.

Der Mensch ist wissbegierig, total neugierig, gern offen für Indiskretionen. Weshalb vermutlich der Ritus der Pressekonferenz eingeführt wurde. Da haben die Medienvertreter vor und nach dem Spiel die Möglichkeit, bei den Trainern und gelegentlich auch bei den Spielern Interessantes abzufragen. Die Möglichkeit, wohlgemerkt, besteht, genutzt wird sie selten. In den meisten Fällen wird dort gefachsimpelt, über Verletzungen und Trainingsrückstände parliert, über die Aufstellung spekuliert. Die wirklich spannenden, überraschenden Dinge kommen dort selten zur Sprache. Entsprechend den Fragen fallen die Antworten der Trainer eher mau aus – über außen kommen, gefährlich bei Standards, schnarch, scharch.

Auftritt: Jürgen Klopp, der Mann, der den BVB in jüngster Vergangenheit geprägt hat wie kein zweiter. Man kann Dortmunds Ex-Trainer aus verschiedenen Gründen für unsympathisch halten – seine Zorneswut an der Seitenlinie, sein betont kumpelhafter Umgang mit seinen Spielern –, mangelnden Unterhaltungswert attestiert man ihm nicht so schnell. 18 Jahre verbrachte der gebürtige Stuttgarter als Spieler und Trainer in Mainz. Im Rhein-Main-Gebiet, wo man singt und lacht, wird er sich eine Menge Frohsinn angeeignet haben. In Interviews und Pressekonferenzen hat Klopp zumindest eine Standardeinstellung: die der Grinsekatze. Er wirkt stets gut gelaunt, kann aber auch anders, wie diverse Ausraster an der Seitenlinie belegen.

In einer Zeit, in der das Fußballgeschäft immer schnelllebiger geworden ist, sind die meistens Treueschwüre reine Lippenbekenntnisse. Schuss, Tor und dann ein dicker Schmatz auf das Vereinslogo, ein kurzer Knicks vor der Fankurve. Nur: Wenn das richtige Angebot kommt, ist der Vertrag beim Konkurrenten heute schneller unterschrieben, als man »Sponsorenprämie« sagen kann.

Seine Art, dieses Wechselspiel zwischen Gelassenheit und purer Intensität, ist Ausdruck einer Erfolgsgier, die das noch unerfahrene Team mitreißen soll. Deshalb redet er, wie er redet – kumpelhaft, launig, mit dem Hang zur Selbstironie (»Mit schlechtem Fußball habe ich mich lange genug rumgeschlagen – und zwar mit meinem eigenen«).

Was wiederum für jede Menge unterhaltsames Material sorgt. Klopp schwatzt drauflos, sodass vor der Presse Vokabular fällt, das seinem Ottmar Hitzfeld nur schwer zu entlocken wäre. »Vollpfosten«, »Seuchenvogel«, »Kampfsau«, ein liebevoll gemeintes »Drecksack«, all das hat Klopp schon in Mikrofone gesprochen. Übel nimmt es ihm kaum jemand. Selbst wenn er seine Spieler mit Arschlöchern vergleicht. Es scheint schließlich nur ein Motivationstrick für die junge Bande zu sein. Jedenfalls erklärte Klopp nach dem Spiel in der Champions-League-Vorrunde gegen Real Madrid im Oktober 2012 vor versammelter Presse, mit welchem Mantra er seine Elf in der Kabine angespornt hatte: »Wer heute nicht richtig defensiv arbeitet, ist ein Arschloch.« Siehe da, der BVB siegte hart umkämpft 2:1 und zog am Ende der Vorrunde als Gruppenerster ins Achtelfinale ein.

Wenn es in Pressekonferenzen also schnell dröge zu werden drohte oder der Medienzirkus vollends überschnappte, war Verlass auf Klopps Klopper: Ah!, der T-Home-Cup, wer kennt ihn nicht? Klopp, offensichtlich: »Was kann man da gewinnen? Eine DSL-Telefonleitung? Ich ziehe nämlich gerade um.«

Auf das aufgeregte Gefrage der Journalisten, was er vom Spiel in München mit seiner ersatzgeschwächten Mannschaft überhaupt erwarten könne, entgegnete er damals, dass es immer schwierig sei, gegen die Bayern zu spielen, aber: »Wir haben uns überlegt, wir fahren trotzdem mal hin.« Es ist im Grunde nur dieses eine, kurze Wort. Mal. Mal hinfahren. Lässiger parieren geht erst mal nicht.

Macht euch mal keine Sorgen, wir fahren hin, kicken mit, was dann passiert? Wie sagt man in München? Schaun mer mal.

108. GRUND

Weil der vierte Offizielle ohne Klopp sogar noch unbedeutender wäre.

Der eisenharte Stehplatzfan kennt im Grunde keine freie Zeit. Alles dreht sich immer und überall und ständig und nur um Fußball und seinen Verein. In raren Momenten lässt er den Sport mal Sport sein und besinnt sich auf andere Dinge, bei denen es rundgeht und die 90 Minuten dauern. Ein Kinobesuch zum Beispiel. Hat der Fan tatsächlich seinen Weg in ein Lichtspielhaus gefunden, muss er sich anfangs kurz entsinnen, wie das geht, anderthalb Stunden still zu sitzen. Dann wird es schon dunkel um ihn.

Hat er die fußballfreie Zeit fast überstanden, da laufen ihm ungewohnte Berufsbezeichnungen durchs Blickfeld: Produzent, Regisseur, kennt man alles, nur was ist denn ein *Boom Operator*, und wofür ist der *Best Boy Grip* zuständig? Im Kinoabspann löst niemand diese Rätsel auf, die Namen ziehen vorüber.

In dem Augenblick ist der Fan sofort wieder beim Fußball. Er selbst kennt einen derart schleierhaften Beruf: Der vierte Offizielle am Spielfeldrand – was um Himmels willen macht der eigentlich?

Hätte man Jürgen Klopp am 12. November 2010 diese Frage gestellt, wäre seine Antwort womöglich gewesen: »Nicht seine Arbeit.«

Man kennt den Ex-Dortmund-Trainer aus Interviews als unterhaltsamen Gesprächspartner: charmant, reflektierend, milde gestimmt. An der Seitenlinie verfällt er mitunter in eine ganze andere Rolle. Dann ist er der aufgeriebene Heißsporn, der wild gestikulierend mit seinen Jungs mitgeht, brüllt, springt, applaudiert. Dass er dabei mit dem Schiedsrichtergespann hin und wieder aneinandergerät, ist hinreichend dokumentiert. Klopp wird ein zweifelhaftes Verhältnis zu den Unparteiischen nachgesagt.

An ebenjenem Freitag im November 2010 regnet es nicht zu knapp im Dortmunder Stadion. Klopp steht am Spielfeldrand, es ist ein kalter Abend, er trägt einen Daunenparka gegen die Kälte und eine Schirmmütze als Regenschutz. Noch steht es 0:0 zwischen dem BVB und dem HSV. In fünf Minuten wird die Dortmunder Führung durch Shinji Kagawa fallen, doch zuvor holt Hamburgs Zé Roberto Mario Götze von den Beinen, Schiedsrichter Deniz Aytekin lässt weiterlaufen.

Klopp steigt die Fehlentscheidung zu Kopf, er brüllt los, gerät in ein Wortgefecht, mantelt sich direkt vor dem vierten Offiziellen auf, Angesicht zu Angesicht, und drückt ihm dabei den Schirm seiner Kappe in die Stirn. Der bleibt ruhig, Klopp wendet sich mit irrem Blick ab, weiter im Text.

Nach dem Spiel, angesprochen auf den Ausraster, zeigte sich Klopp selbst erschrocken: »Das war nicht in Ordnung. Da gibt es keine zwei Meinungen«, sagte er auf »Sky«. »Ich bin ein Idiot.«

Der BVB-Coach gelobte Besserung und mehr Sensibilität für die wichtige Arbeit der Schiedsrichter-Assistenten. Die übrigens vom Fußballverband der FIFA unter anderem mit folgenden Rechten und Pflichten ausgestattet sind: Der vierte Offizielle kümmert sich um den korrekten Ablauf von Auswechselungen; kann als Ersatz ins Spiel kommen, falls einer der drei Schiedsrichter auf dem Feld ausfallen sollte; er informiert den Schiedsrichter, »wenn sich Personen in der technischen Zone ungebührlich verhalten«; und bei Bedarf – ganz wichtiger Punkt – »überwacht er den Einsatz der Ersatzbälle«.

Man kann sich sicherlich fragen, inwiefern Klopps verbale Eruptionen dem Sport schaden. Zumal er von Lutz Fröhlich, Schiedsrichter-Chef des DFB, kritisiert wurde, dass das »aggressive Potenzial« seines Verhalten auch im Amateurbereich »gewaltsame Exzesse« zur Folge haben könnte.

Die Dortmunder Mannschaft wurde vielerorts gelobt und gefeiert für ihren aufregenden Hurra-Fußball. Dass der nötige Biss für diesen intensiven, mitreißenden Stil nicht durch Klopp'sche Streicheleinheiten kommt, sondern eher wahrscheinlich durch seine hochemotionale Antreiberei, hinterfragt bei seinen Spielfeld-Ausbrüchen kaum jemand. Schmaler Grat: Schießen die Jungs Zaubertore, lachen alle über den irren Jubler Klopp – läuft es nicht rund, unken die Experten über den BVB-Trainer, da handle einer unsportlich-übermotiviert.

Klopp hielt sich zwei Jahre bedeckt, bis er sich im September 2012 beim 3:3 gegen Eintracht Frankfurt wieder mit dem vierten Offiziellen anlegte. Für den erneuten Seitenlinien-Hampelmann bekam er sogleich einen Platz auf der Tribüne zugewiesen.

Bei Jauch wären die Preisfragen »Wer ist Stefan Trautmann?« und »Wer ist Guido Kleve?« 10.000 bzw. 6000 Euro wert gewesen. In der Wirklichkeit waren das die Summen, die Wiederholungstäter Klopp als Strafe vom DFB aufgebrummt bekam für die Wortgefechte mit den beiden Herren aus dem HSV- und dem Frankfurt-Spiel.

Zumindest, man sollte sich nicht beklagen, wurde das Profil des vierten Offiziellen durch die kurzweilige Debatte geschärft – und Fußball-Deutschland wusste plötzlich, wer Trautmann und Kleve waren. Danach stand der Coach, so heißt es dann immer mit erhobenem Zeigefinger: unter Beobachtung. Alle guckten auf Klopp und seinen Nebenmann mit der Anzeigetafel.

Das muss man dem Meistermacher aus Dortmund schon lassen. Er hat nicht nur die meisten seiner Nachwuchskicker groß rausgebracht, auch den mysteriösen Berufsstand »Vierter Offizieller«.

109. GRUND

**Weil Klopp auch nur ein Mensch ist.
Die Autos aus Bochum muss ein anderer retten.**

Der Kloppo, da sind sich alle ziemlich einig, bis auf die vierten Offiziellen am Spielfeldrand, das ist ein lockeres Kerlchen. Lustig, unangestrengt, selbstironisch, kann man bestimmt gut 'n Bier mit trinken gehen.

Weil in etwa so das allgemeine Empfinden über den Charakter von Jürgen Klopp aussieht, taugt der gebürtige Stuttgarter sehr gut als Reklamefigur. *Der kauft das? Der Typ ist schwer in Ordnung, dem kauf ich das ab.* Hohe Sympathiewerte, wird man in Rüsselsheim gedacht haben, das gefällt uns, sollten wir drauf setzen, um unsere Autoverkäufe anzukurbeln. Opel klopfte beim BVB an und handelte einen Sponsoren-Vertrag zur Saison 2012/13 mit dem Verein aus. Zum sogenannten Markenbotschafter wurde Jürgen Klopp ernannt. Nicht die jungen, attraktiven Spieler, nein, der Trainer sollte die Marke nach außen präsentieren.

Die Wahl war logisch. Das Team trug Klopps Handschrift, seine Begeisterung für das Projekt »Jungbrunnen BVB« riss das Team mit. Er saß am Steuer, keine Frage. Beim BVB wie bei Opel. (Der Gedanke, er habe die Rolle des Markenbotschafters nur bekommen, weil seine Spieler zu jung sind, um überhaupt Fahrstunden nehmen zu dürfen, ist natürlich Quatsch.)

In jedem Fall war klar, dass der angeschlagene Fahrzeugbauer zur Zeit der Vertragsunterschrift den Umsatz ankurbeln wollte – und musste. Das Bochumer Werk drohte schon länger die vorzeitige Schließung durch den amerikanischen Mutterkonzern GM.

Und siehe da, kaum waren die ersten Werbefilmchen mit dem netten Gute-Laune-Klopp als Hauptdarsteller gezeigt worden, stieg das Opel-Thermometer: *Gute Nachrichten!, es funktioniert, langsam wird uns wieder heiß unterm Kragen, es geht bergauf.*

»Anders als bei den früher ausgewählten Sängerinnen, mit denen Opel in der Vergangenheit an der Zielgruppe vorbei agierte, messen wir dieses Mal echte Werbewirkung.« Zu dieser Erkenntnis kam das Unternehmen Forsa Brandcontrol. Die Werbung, hieß es, wecke beim Kunden deutlich das Interesse, einen Opel zu kaufen. Schon fing der Boulevard an, sich immer schneller zu drehen: »Werbung wirkt – Kann Klopp Opel retten?«

Den BVB vor der Bedeutungslosigkeit bewahrt, danach noch schnell die Traditionsmarke Opel wiederbelebt? Puh, das wäre ein ordentliches Pfund. Jürgen Klopp, der Hohepriester des Pressings, der Stararchitekt der Dortmunder Wiederauferstehung, dieser Mann schafft es, einen ganzen Autobauer zu retten?

Nein, nicht ganz, die übernatürlichen Fähigkeiten dieses Mannes sind begrenzt. Er ist, um es etwas Wort-am-Sonntag-mäßig zu sagen: auch nur ein Mensch. Schade für die Rüsselsheimer Autobauer. Ihr Bochumer Werk musste doch früher schließen als erhofft. Aber bitte, er hat getan, was er konnte, der *Kloppo simpatico*.

110. GRUND

**Weil Jürgen Klopp etwas mit
Übertrainer José Mourinho gemeinsam hat.
Und mit Überschauspieler Christoph Waltz sowieso.**

Bevor TV-Experte Oliver Kahn im Sommer 2012 am Ostseestrand die liebenswürdige Fehleinschätzung »Wir werden Europameister!!!« in die Welt zwitscherte, verließ sich das ZDF jahrelang in seiner Fußballberichterstattung auf einen anderen angesehenen Experten, die Geschehnisse einzuordnen. In seiner Schweizer Heimat ist Urs Meier ganz bestimmt nicht irgendwer. Siebenmal wurde er von den Eidgenossen zum »Schiedsrichter des Jahres« gewählt, allein sechs Jahre am Stück, 2002 pfiff er das Champions-League-

Finale zwischen Leverkusen und Madrid. Wie man sieht, ein ausgewiesener Fachmann, den ZDF-Moderator Johannes B. Kerner damals an seine Seite gestellt bekam.

Der dritte Herr zwischen dem *schönen Urs* und dem preisgekrönten Fernsehmann Kerner hatte bis dato gar nichts gewonnen in seiner Karriere, als man ihn 2005 zum TV-Experten ernannte. Machte nichts, Jürgen Klopp wurde trotzdem schnell Publikumsliebling. Sie tauften ihn »TV-Bundestrainer«. Weil er nach den Spielen bei der WM 2006 und EM 2008 so schön verständlich auf der interaktiven Taktik-Tafel bunte Kreise und Striche malte, damit der Fernsehzuschauer kapieren konnte, warum die Viererkette der Schweden so tief stand und sich Roberto Carlos bei Zidanes Freistoß besser nicht die Schuhe hätte zubinden sollen.

Fürs unterhaltsame, einleuchtende Erklären gab es zusammen mit Kerner und Meier für Klopp 2006 im Anschluss an die WM den Deutschen Fernsehpreis in der Kategorie »Beste Sportsendung«. In seiner Karriere als damaliger Mainzer Trainer die höchste Auszeichnung, sieht man mal vom Aufstieg des FSV in die 1. Bundesliga zwei Jahre zuvor ab. Plötzlich hatte Klopp zwar etwas mit dem heutigen Hollywoodstar und zweifachen Oscar-Preisträger Christoph Waltz gemeinsam – nämlich den Deutschen Fernsehpreis gewonnen zu haben (was er 2010 mit Günther Jauch für RTL wiederholte). Aber eben rein gar nichts als Trainer. Kritik ließ nicht lange auf sich warten. TV-Bundestrainer, lustige Runde, ja, ja, schön und gut, und sonst? Pustekuchen, Abstiegskandidat, höchstens unteres Mittelfeld mit seiner Mannschaft. *Sieh mal lieber zu, dass in Mainz der Laden läuft, bevor du im Fernsehen große Reden schwingst.*

Dabei ist Klopps Erfolg als Experte im Fernsehen noch vor seinem Erfolg als Vereinscoach der logische Werdegang für diese neue Trainer-Art, die er auf der BVB-Bank maßgeblich geprägt hat.

Die Borussia, die drei Titel in zwei Jahren holte, lebte von Klopps Einstellung – sportlich wie charakterlich. Er gab Taktik, Aufstellung und Spielweise vor, schwor die Mannschaft ein, riss die jungen Spieler mit. Im Gegenzug wurde er zum Aushängeschild des Vereins. In seiner Person ließ sich alles ablesen, was das moderne Dortmund ausmachte: Intensität, Bereitschaft, Siegeswille.

Ähnlich wie José Mourinho bei Manchester, Mailand oder Madrid stellt sich Klopp als Trainer gezielt vor seine Mannschaft, »auch und vor allem in Momenten der Niederlage«, wie der Stanford-Professor Hans Ulrich Gumbrecht am 5. April 2013 in seinem FAZ.NET-Blog *Digital/Pausen* in einem Essay über Klopp schreibt, da sich beide bedingungslos mit ihren Teams identifizierten.

Die zwei Trainer teilen sich eine ähnliche Vorgeschichte. Keiner von ihnen war als aktiver Spieler besonders hoch angesehen oder mit übermäßigem Talent ausgestattet. Vor den großen Erfolgen ging Mourinho durch die undankbare, aber lehrreiche Co-Trainer-Schule, spielte den Übersetzer von Sir Bobby Robson und landete so bei namhaften Vereinen, wo man seine Arbeit schnell erkannte und wertschätzte.

Klopp krebste als Spieler in der 2. Liga rum, studierte nebenher Sportwissenschaft und wurde über Nacht Trainer. Anerkennung bekam er durch einige Achtungserfolge mit Mainz, breitere Aufmerksamkeit für sein taktisches Verständnis und seinen smarten Auftritt holte er sich dann im Fernsehen als rhetorisch begabter Erklär-Experte.

Publizist Gumbrecht zog an dieser Stelle noch eine Parallele zwischen *Mou* und *Kloppo*: Beide ersetzen auf ihre Art den klassischen Führungsspieler vergangener Tage. Zwei Dompteure, die die Show bestimmen – der eine damals vom königlichen Staatszirkus Madrid, der andere vom westfälischen Kleintierzoo. Beide hatten individuelle Ausnahmespieler wie Götze, Reus, Sneijder oder Ronaldo auf dem Platz. Um den Gegner zu besiegen, tüftelt der portugiesische Taktikfuchs das entsprechende strategische System aus, in dem sich seine Stars bewegen können. Wo Mourinho den einen Ausnahmespieler à la Pelé durch taktische Führung ersetzt, gibt Klopp dagegen am Spielfeldrand den mitreißenden Antreiber, der seine Truppe mit der ihm eigenen Leidenschaft impft und Individualisten das mannschaftsdienliche Spiel beibringt.

Es fänden sich noch einige weitere Unterschiede, die die beiden Fußballlehrer trennen. Eine Sache hat Klopp Mourinho, einem der erfolgreichsten Trainer des vergangenen Jahrzehnts, allerdings in jedem Fall voraus. Chelsea, Mailand, Madrid, Manchester, alles große Namen im europäischen Clubfußball. Diese vier Vereine, bei denen Mourinho als Cheftrainer auf der Bank saß, haben teure Nachwuchsbereiche mit genügend Mitteln, junge Spieler zu fördern und auszubilden. Mourinho hat mit diesen Teams Meisterschaften, Ligapokale und die Champions League geholt; nur einen einzigen Jugendspieler zum Topstar zu formen ist ihm trotzdem nicht gelungen. Anders Klopp. Der hat eine ganze Mannschaft aus Nachwuchshoffnungen geformt und daraus ein halbes Dutzend Stars gewonnen. Was im Gegenzug und im Nachhinein die interessante Frage aufwirft: Kann Jürgen Klopp, der in Dortmund wie jetzt in Liverpool gern junge Spieler um sich schart, überhaupt mit älteren Spielern?

111. GRUND

Weil das Ergebnis ganz cool geworden ist.

Dass Menschen in verantwortungsvollen Ämtern große Opfer bringen müssen, ist eine abgetragene Weisheit. Dennoch, rollen wir sie noch einmal auf: Familie, Freunde, Nerven, alles muss leiden. Der Körper verändert sich, der Dauerstress zehrt an ihm. Nehmen wir Barack Obama. 2008 als Senator von Illinois im Wahlkampf vitaler, spritziger Hoffnungsträger. Vier Jahre später bei der Wiederwahl zum US-Präsidenten noch ein bisschen hagerer, auf dem Kopf inzwischen so grau wie eine Kirchenmaus. Vollkommen verständlich, dass die Wichtigen und Mächtigen bei all der Belastung versuchen, sich irgendwie wohlzufühlen in ihrer Haut. Tony Blair beispielsweise soll Unsummen für Make-up ausgegeben haben. Von 1999 bis 2005 seien für die Medienauftritte des damaligen britischen Premierministers mehr als 1000 Pfund für Kosmetika im Etat verbucht worden, wie die BBC zu berichten wusste.

Wie man das Selbstwertgefühl viel preisbewusster herausputzen kann, bewies Jürgen Klopp. Ein Haarschnitt und markante Brille tun es nämlich auch. Klopp, der Zwölftagebartträger, kannte man in Dortmund seit seiner Verpflichtung mit einer kinnlangen Gardinen-Matte: Das Haupthaar mit einem Mittelscheitel getrennt, die langen Strähnen rechts wie links hinters Ohr geklemmt. Mit einem Mal präsentierte sich Dortmunds Trainer im Frühjahr 2013 dann mit hipper Brille und neuer Frisur – im Nacken und an den Seiten deutlich kürzer, am Stirnansatz jetzt seitengescheitelt und schön wuschelig. Klopp wirkte gleich mindestens sieben Monate jünger als der älteste Spieler in seinem Kader, also geschätzt nicht einmal 25 ½ Jahre.

Potztausend, wie macht Klopp das, so jugendlich auszusehen, fragten sich nicht wenige. Sein auf superlocker getrimmter Hang zum Joggingzwirn konnte es allein nicht sein. Lag es denn ausschließlich an der Sehhilfe und den gestutzten Konturen? Nun. Ersetzt man »schön wuschelig« mit »auffällig verdichtet«, kommt man seinem Verjüngungszauber verdächtig nahe. Tauscht man anschließend »auffällig« noch gegen »artifiziell«, trifft man den Nagel auf den Kopf beziehungsweise packt man das Haar bei der Wurzel.

Die angesehene Klatschgazette *Closer* hatte exklusiv auf ihrer Titelseite marktgeschrien, dass neben Optiker und Friseur bei Klopp zusätzlich jemand Hand angelegt haben musste: »ENTHÜLLT! Star-Trainer Jürgen Klopp: Verrückte BEAUTY-OP!«

Verrückt passte vorzüglich. Der ehemalige Geheimrat gab zu, sich den zurückgehenden Stirnansatz aufgefüllt zu haben. »Ja, es stimmt«, sagte er der BILD, »ich habe mich einer Haartransplantation unterzogen.«[36]

In Dortmund war unter Klopp alles durch und durch auf jugendlich getrimmt. Spieler, Spielweise, die Philosophie. Dass der Architekt dieses Jungbrunnens lieber als Vater und nicht als Großvater des Erfolgs gefeiert werden möchte, um weiter als der Kraftmeier im Gefüge des Vereins schlechthin zu gelten, kann man durchaus nachvollziehen. Ob es für den auf Authentizität bedachten Klopp nun ehrlicher gewesen wäre, zu der lichter werdenden statt der operierten Matte zu stehen, ist weniger Diskussionsbestand. Frisuren sind bei Spielern ein simples Stilmittel, sich aus der in Trikots uniformierten Mannschaft herauszuheben. Bei Trainern schaut da normalerweise niemand hin, die müssen ihre Arbeit machen, allenfalls seriös wirken. Bis Joachim Löw fliederblaue Kaschmir-Pullover bei der WM in Südafrika unterm Sakko trug und so aus dem geschmacklosen Übungsleiter einen Modevorreiter machte.

Umso lässiger wie Klopp ohne Ausschweifen eingestand, sich als Mann im Fußball, wo Macho-Eitelkeit nicht unbekannt ist und gleichzeitig Homophobie reife Früchte trägt, einer Schönheitsoperation unterzogen zu haben – und gelassen hinterherschob: »Ist ganz cool geworden, oder?«

9. KAPITEL

NACHSPIELZEIT – DIE BONUSGRÜNDE

BONUSGRUND 1

Weil der BVB sich auch mal mit der zweithöchsten Transfersumme zufrieden gibt.

Ähnlich rasant wie die berühmte Schulden-Uhr vom Bund der Steuerzahler rattern eigentlich nur die Transfersummen im Weltfußball in die Höhe. Es gab mal eine Zeit, da war der Wechsel von Henrikh Mkhitaryan von Borussia Dortmund zu Manchester United rekordverdächtig. Die 42 Millionen Euro, die der englische Club ins Ruhrgebiet überwies, war im Sommer 2016 der höchste Betrag, den der BVB mit einem Transfer bis dato erzielt hatte. Nur ein paar Wochen vor der Mkhitaryan-Bekanntgabe hatte ein anderer Wechsel die Bestmarke beim BVB geknackt: Mats Hummels würde für 38 Millionen Euro ab sofort ein rot-weißes Trikot tragen. Von 38 auf 42 Millionen. Neuer Rekord, so schnell kann es gehen.

Spult man noch einmal ein bisschen mehr als zwölf Monate vor, drückt plötzlich der Schuh eines anderen Dortmund-Spielers. Zur Saison 2016/17 hatte die Borussia sich die sogenannten Dienste eines französischen Jungtalents gesichert, das zu dem Zeitpunkt noch bei Stade Rennes spielte. Aber nach nur einer Saison, 32 Spielen, sechs Toren und zwölf Vorlagen wollte Ousmane Dembélé plötzlich nicht mehr BVB-Spieler sein.

»Wir haben den Spieler in Absprache mit dem Trainer zunächst bis nach dem Pokalspiel am Wochenende vom Trainings- und Spielbetrieb suspendiert«, sagte Dortmunds Sportdirektor Michael Zorc. Dembélé hatte unentschuldigt beim Training gefehlt, während in den Medien ein Angebot des FC Barcelona die Runde machte.

Viel wurde bereits über den erstreikten Wechsel geschrieben. Am Ende einigten sich die Verantwortlichen beider Seiten auf die luftige Summe von 105 Millionen Euro plus X, wobei der Platzhalter X erfolgsabhängig sein und dem BVB noch einmal bis zu 42

Millionen Euro einbringen könnte, um das Gemüt des bockigen Kindes Dembélé zu besänftigen.

Ganz richtig ist das nicht. Also, natürlich hatte sich Dembélé infantil verhalten, aber eigentlich war es der FC Barcelona, der das Seelenleben seiner Fans unter allen Umständen aufpolieren wollte: Paris St. Germain hatte tatsächlich im Sommer 2017 die festgeschriebene Ablöse für Barcelonas Superstar Neymar geknackt und ohne viel Gewese 222 Millionen für den Brasilianer nach Spanien überwiesen, woraufhin Barcelona dringend nach Ersatz suchte.

Hoch anrechnen kann man dem BVB das Einknicken im Fall Dembélé trotz gültiger Vertragslaufzeit nur, wenn man die Vorgeschichte kennt: Im Frühjahr 2016, als der Franzose noch für Stade Rennes spielte, hatten sich der FC Barcelona sowie der FC Bayern bereits um Dembélé bemüht. Wohl ahnend, dass er als 18-Jähriger keine Stammplatz-Garantie bekommen würde, entschied er sich für den BVB, der angeblich rund 15 Millionen an den französischen Club überwies.

Innerhalb einer Saison hatte der BVB also das Zehnfache für den Spieler erzielt. Hinter Neymars 222-Millionen-Ablöse bis dahin die zweithöchste Transfersumme aller Zeiten. Inzwischen, wen wundert's, ist Dembélé auf Platz fünf in der Transfertabelle abgerutscht: Bei seinem überraschenden Weggang aus Madrid Richtung Turin war der damals 33 Jahre alte Cristiano Ronaldo im Sommer 2018 immer noch einen dreistelligen Millionenbetrag wert. Zwar etwas preiswerter als Kylian Mbappé und Philippe Coutinho bei ihren Wechseln nach Paris bzw. Barcelona, aber alle drei erzielten höhere Transfersummen als Dembélé. Ganz oben thront immer noch Neymar. Falls Dembélé irgendwann mal an ihm vorbeiziehen will: Seine festgeschriebene Ablösesumme nach dem Wechsel vom BVB ist in Barcelona übrigens bei 400 Millionen Euro taxiert.

Die Transfersummen-Uhr rattert munter weiter.

BONUSGRUND 2

Weil der Verein einen Stachel im eigenen Fleisch willkommen heißt.

Je weniger Worte über die »Ära« Peter Stöger verloren werden, desto besser. Als bereits abzusehen war, dass die seltsame Notlösung mit dem gefeuerten Ex-Köln-Trainer beim BVB nicht fruchten würde, machte die sogenannte sportliche Leitung eine Ankündigung: Mal ein bisschen aufräumen, mal wieder ein bisschen die Perspektive wechseln bzw. eine andere zulassen.

»Umbruch in Dortmund: So planen Sammer und Kehl den neuen BVB«, lautete die Schlagzeile im April 2018, nachdem der Verein verkündet hatte, dass er mit Sebastian Kehl einen neuen Leiter der Lizenzspielerabteilung verpflichtet sowie Matthias Sammer als externen Berater gewonnen hatte. Insbesondere letztere Personalie verspricht erst einmal: Ärger.

Sammer, 1993–98 Spieler sowie 2000–04 im Trainerstab bei Borussia Dortmund, gilt bekanntlich als das, was ein ausgeschlafener Personaler in Unternehmenssprache einen *unbequemen Charakter* nennen würde. Von Sammer darf man Meinung erwarten, die nervt. Oder, anders formuliert: Von Sammer erwartet man Meinung, die nervt. Den Ruf hat er kultiviert. Nur deshalb fragt man ihn um Rat. Haut man ihn also an, fragt man ihn nach seiner Einschätzung, will man genau das: schonungslose Analyse. Ob man die am Ende teilt oder befolgt – andere Geschichte. Aber erst einmal ist Sammer dazu da, um auszumisten. Man wolle »alles kritisch auf den Prüfstand stellen«, erklärte Dortmunds Geschäftsführer Hans-Joachim Watzke nach der Sammer-Verpflichtung, die zeitgleich zum Ende einer für BVB-Standards inzwischen relativ katastrophalen Saison kam.

Dass sich mit Lucien Favre als neuer Dortmund-Trainer Dinge im Verein ändern werden, ist klar. Aber beim BVB hat man anscheinend erkannt, dass das nicht reicht. Die allein drei verschiedenen Cheftrainer, die im Jahr 2017 nacheinander den Verein zurück in die Erfolgsspur bringen sollten, sind das beste Beispiel dafür, dass ein Trainerwechsel oft nur Reflex statt Impuls ist. Anstatt den bequemeren Weg zu beschreiten, setzt der BVB also auf Sammers überkritischen Blick, um von außen neue Denkanstöße zu bekommen.

Kann nur lästig werden, aber auch nicht schaden.

BONUSGRUND 3

Weil Lewandowski in wichtigen Spielen eben doch nur in Schwarz-Gelb traf.

Den Robert Lewandowski, den man in München kennt: ein sehr guter, sich leicht selbstüberschätzender Stürmer, der höchste Ansprüche an seinen Verein stellt und sich zu höherem berufen fühlt, aber ungern im nassen November gegen Nürnberger Abwehrspieler aufreibt, wenn am Mittwoch drauf doch die Champions League nur auf seine Kabinettstückchen wartet.

Den Robert Lewandowski, den man in Dortmund kennt: ein guter Stürmer, der sich schnell vom Lucas-Barrios-Ersatz zum unverzichtbaren Spieler gewandelt hatte und dann ein paar Jahre später durch seine nervtötenden Berater zum verzichtbaren Spieler wurde.

Ist er mit seinem München-Wechsel noch besser geworden? Ja, vielleicht. Aber, und jetzt bitte keine Statistikschlaumeierei anzetteln hier, die wirklich wichtigen Treffer? Hat er für Dortmund geschossen. Bei den Bayern wartet man immer noch auf den *game changer* des Polen in den entscheidenden Partien.

Zugegeben, im München-Trikot hatte Lewandowski einen Geniestreich, der vielleicht unerreicht bleiben wird: fünf Tore in neun Minuten gegen den VfL Wolfsburg im September 2015. Bayern lag 0:1 hinten, als Lewandowski nach der Halbzeitpause eingewechselt wurde. Die fünf Treffer, die er ab Minute 51 erzielte, waren die meisten Tore, die ein Einwechselspieler je in der Bundesliga erzielte, der schnellste Hattrick (3:22 min), das schnellste Vierer- (5:42 min) und Fünferpack (8:59 min). Supergenial.

Aber wichtige, also richtig wichtige Bayern-Tore von ihm? Ja, mei. Nee, nicht, dass wir wüssten. Im BVB-Trikot dagegen? Oh, mehr als genug: Das 1:1 im April 2013, als die Borussia praktisch schon gegen Málaga ausgeschieden war. Der 1:0-Siegtreffer im April 2012 im Heimspiel gegen die Bayern, der die Vorentscheidung im Rennen um die Meisterschaft bedeutete. Die drei Tore wieder gegen die Bayern ein paar Wochen später im Pokalfinale, und natürlich der Abend am 24. April 2013 im Westfalenstadion.

Zwei Spiele trennen den BVB vom Einzug ins Champions-League-Finale. Im Halbfinal-Hinspiel wartet zu Hause Rekordsieger Real Madrid. Doch anstatt mit dem BVB anzutreten, zieht Dortmund es vor, nur mit Robert Lewandowski aufzulaufen. Die anderen zehn Schwarz-Gelben: sind dort, aber nicht da. Allerhöchstens, um viermal ehrfürchtig zu klatschen.

In der 8., 51., 55., und 67. Minute klingelt es in Madrids Netz. Weil es so toll anzuschauen war, hier noch einmal zum Nachlesen:

8.) Das Spiel geht munter los, obwohl beiden Mannschaften anzumerken ist, dass sie wissen, worum es hier geht: den Einzug ins Champions-League-Finale. Heute kaum vorzustellen, aber zu dem Zeitpunkt, im Frühjahr 2013, waren bereits elf Jahre vergangen, seit Real Madrid bis dahin zum letzen Mal das Finale erreicht hatte. Damals, wir erinnern uns, mussten die Spanier in Glasgow gegen Bayer Leverkusen ran. Das Spiel ging bekanntlich 2:1 für Real aus, aber danach reichte es jahrelang nicht mehr fürs Endspiel. Vielleicht auch aus diesem Grunde spürt man an dem Abend im April 2013, dass Madrid Respekt vor Dortmund hat – und andersherum. In den ersten Minuten wird der Ball hin- und hergeschoben, ein paar zaghafte Vorstöße Richtung Strafraum auf beiden Seiten.

Aber keine brauchbaren Aktionen, die zu einer Torchance führen könnten.

Bis nach siebeneinhalb Minuten Ilkay Gündoğan den Ball auf der linken Seite, kurz vor Madrids Strafraum, abtropfen lässt, Marco Reus noch über ihn streicht, bis er bei Mario Götze landet. Der nimmt den Ball an, legt ihn kurz vor der Seitenauslinie von links auf rechts, guckt kurz hoch, kickt, der Ball segelt in den Sechzehner, wo Lewandowski zwei Schritte für den Antritt braucht, eigentlich gut abgeschirmt von Innenverteidiger Pepe dann sein rechtes Bein ausstreckt, um sich lang zu machen und den Ball, kurz bevor er auftrumpft, hinter die Linie zu drücken. 1:0 Borussia Dortmund.

Wie das Spiel ausgehen würde, konnte man in der ersten Halbzeit nicht ablesen. In der 43. verliert Neven Subotić den Ball auf Höhe der Mittellinie, Mats Hummels ist zur Stelle, will den Ball aus dem Himmel holen, doch anstatt zu klären und ihn Richtung Roman Weidenfeller zu spielen, rutscht er über seinen Schuh, in den Lauf von Gonzalo Higuaín. Der marschiert los aufs Dortmunder Tor, lässt Hummels hinter sich und passt im Strafraum quer auf den heraneilenden Cristiano Ronaldo. 1:1. Rückschlag kurz vor der Pause.

51.) Die beiden Mannschaften sind gerade aus der Kabine zurück, da geht auch schon die Lewandowski-Show los. Sergio Ramos klärt einen harmlosen Dortmunder Angriff innerhalb des eigenen Strafraums. Der Ball fliegt hoch, Jakub Błaszczykowski steigt hoch, köpft ihn aus dem Strafraum, wo Reus wartet und einfach draufhält. Nur trifft er den auftrumpfenden Ball nicht richtig – wie in Zeitlupe kullert er durch den Strafraum. Lewandowski, mit dem Rücken zum Tor, nimmt den Ball mit rechts mit, dreht sich im Fünfer um die eigene Achse, guckt sich die kurze rechte Ecke aus, und BOOM. 2:1.

55.) Jetzt ist Lewandowski wie besessen, haut die Bälle aufs Tor wie ein Flipperstift, der PENG PENG: alles wegknallt. Der Stürmer wartet nur darauf, von den – mit Verlaub zehn Dortmunder Statisten im Strafraum irgendwie und irgendwo angespielt zu werden. Den Gefallen tut ihm Marcel Schmelzer in der 55. Minute. Aus einem Pulk an Spielern in Weiß und Schwarz-Gelb springt der Ball von der Strafraumgrenze auf die linke Seite, trumpft einmal, zweimal auf, Schmelzer hält halt mit links drauf, halb versucht er zu flanken. Beides misslingt ein bisschen, aber aus Schmelzers Mischform macht Lewandowski das, wozu ein Stürmer da ist: eine Torchance. Er holt den schienbeinhohen Ball aus der Luft mit dem linken Fuß, dreht sich wieder um die eigene Achse, im Gegensatz zum 2:1 dieses Mal aber gegen den Uhrzeigersinn, legt ihn also auf rechts, guckt nicht einmal, sondern hievt ihn trocken rechts oben in die kurze Ecke. Jürgen Klopp, im schwarzen Anzug, steht an der Dortmunder Seitenlinie und ballt beide Fäuste. 3:1.

Knapp fünf Minuten später, wie in einer Art Arbeitsnachweis, um zu zeigen, dass wirklich nicht nur Lewandowski für den BVB auf dem Platz steht, tritt Gündoğan kurz hinter der Mittellinie zu einem kurzen Sololauf an: Vorbei an Ramos, an Pepe, zieht er nach links, lässt einen gewissen Xabi Alonso stehen und hält einfach mal drauf. Reals Torwart López, der arme Ersatzmann des mehrfachen Welttorhüters Iker Casillas an diesem Abend, lenkt den Schuss gerade noch so übers Tor.

67.) Dieses Mal kommt der BVB über rechts, Götze bekommt den Ball in den Lauf gespielt, leitet ihn mit der ersten Berührung weiter. Obwohl, eigentlich lupft er ihn mehr in die Höhe, als ihn weiterzuleiten. Im Strafraum wartet Marco Reus, der seine Brust spannt, um den Ball abtropfen zu lassen, als ihn Alonso von hinten ungestüm zu Boden drückt. Der Schiedsrichter zögert nicht, zeigt auf den Elfmeterpunkt. Es tritt an, logo: der Mann mit der Nummer 9 auf dem Trikot, Robert Lewandowski. Er zieht sich noch einmal die Stutzen hoch, nimmt drei Schritte Anlauf, Torwart López springt nach links, der Ball netzt oben rechts ein. 4:1.

Endstand an diesem Abend. Viermal Lewandowski. Da das Rückspiel eine Woche später in Madrid 0:2 verloren ging, waren diese vier Tore der Grund, dass Dortmund ins Finale einzog. Dummerweise traf Lewandowski ausgerechnet in diesem Spiel, vielleicht seinem wichtigsten, nicht für den BVB.

BONUSGRUND 4

**Weil Schalke, selbst wenn der BVB
dem Verein mal den Vortritt lässt, nichts reißt.**

Seit sage und schreibe neun Jahren kam Schalke nicht mehr annähernd so nah dran, die Meisterschaft zu gewinnen, wie im Jahr 2018. Dortmunds Schwäche brutal ausgenutzt (ein Schalker Derby-Heimsieg, und ein 0:4 auswärts in ein 4:4 umgewandelt), Vizemeister geworden. Gar nicht mal so schlecht. Und trotzdem nichts gewonnen, nicht annähernd. Am Saisonende Platz 2 mit 21 Punkten hinter den Bayern.

Ja, gewinnen die Schalker denn irgendwann mal wieder irgendwas?

BONUSGRUND 5

**Weil der BVB sich auch mal vier Pokalfinale
hintereinander Spielpraxis holt.**

Wie es sich anfühlt, in einem DFB-Pokalfinale zu stehen, werden die wenigsten von uns je erfahren. Wie es sich anfühlt, ein DFB-Pokalfinale zu gewinnen, werden noch weniger von uns je erfahren. Aber man kann es ja mal ausprobieren, auch viermal hintereinander.

Unvergessen in Dortmunds Vereinshistorie dürfte das hier an anderer Stelle beschriebene Pokalfinale gegen den FC Bayern sein. Ein 5:2 im Mai 2012, das Double unter Jürgen Klopp ... das waren noch Zeiten. 2013, in der Saison danach, verabschiedete sich die

Borussia als amtierender Pokalsieger dann im Viertelfinale unglücklich, aber gerecht gegen die Bayern, die später das Finale gewannen und noch später das Triple holten.

Nach solch einer Niederlage verliert man schnell den Geschmack, wie es ist, ein Finale zu gewinnen. Also gönnte sich der BVB den Luxus, vier Jahre hintereinander Spielpraxis zu sammeln. In den Jahren 2014 bis 2017 stand Dortmund viermal im DFB-Pokalfinale, nur um dreimal sieglos vom Platz zu trotten. Zuerst unterlag das Team 2014 noch einmal den Bayern, anschließend dem VfL Wolfsburg (das tat weh) und wieder den Bayern, bis das Team es nach vier Anläufen 2017 endlich kapiert hatte, wie man's macht: Der BVB gewann durch ein nicht unverdientes 2:1 gegen Eintracht Frankfurt.

Nicht unverdient, oder auch: überfällig.

BONUSGRUND 6

Weil man in Dortmund mit 13 schon beinah ein altes Eisen ist.

Den Namen Youssoufa Moukoko können Sie sich schon mal bitte merken. Von dem Jungen werden wir noch hören. Wieso?

Weil der Stürmer, der in Kamerun zur Welt kam und später in Hamburg aufwuchs, mit 13 Jahren (Stand Sommer 2018) bereits Fußball wie ein 17-, 18-Jähriger spielt. Körperlich ist er den meisten Spielern überlegen, spielerisch ebenfalls. Moukoko spielt als einziger 13-Jähriger in der U17-Mannschaft des BVB und der deutschen U16-Nationalmannschaft. Er tritt derart reif und überlegt auf dem Platz auf, dass manch ein Beobachter, Gegenspieler und Teamverantwortliche am tatsächlichen Alter des Spielers zweifelt. Seine beglaubigte Geburtsurkunde sagt: 20. November 2004.

Und trotzdem gibt es im Spätsommer 2017 Hickhack um das Jungtalent. Ingo Preuß, der sportliche Leiter der U23 beim BVB, sagt in einem Interview mit *SPOX*, auf die Statur des Spielers und Zweifel an dessen Alter angesprochen: »Ich bin zunächst kein Experte, was das Alter von Kindern angeht. An meiner Schule gibt es über die Jahre immer wieder Jungs, die erheblich älter aussehen oder einen stärkeren Bartwuchs haben als andere. Ich könnte mir bei Youssoufa vorstellen, dass sein Alter lediglich geschätzt worden ist. Vielleicht ist er in Wirklichkeit ein, zwei Jahre älter. Er ist aber mit Sicherheit noch nicht 17.« Für Moukoko sei die Situation »natürlich ganz schwierig«: »Er hat sich nichts vorzuwerfen, denn er betrügt ja nicht.«[40]

Moukokos Vater erklärt der Presse, alles sei mit rechten Dingen zugegangen nach der Geburt seines Sohnes in Kameruns Hauptstadt Jaunde. Gleich nachdem er auf die Welt gekommen sei, habe er seinen Sohn beim deutschen Konsulat angemeldet: »Wir haben eine deutsche Geburtsurkunde.«

Der Verein stellt sich vor den jungen Spieler. Lars Ricken, der Nachwuchskoordinator der Dortmunder Jugendabteilung, sagt zu dem Zeitpunkt mit Hinweis auf die beglaubigte Geburtsurkunde: »Wir glauben, dass er sportlich in diese Altersklasse gehört. Er ist zwölf. Das ist einfach Fakt. Daran gibt es keinen Zweifel.«

Monate später, im Frühsommer 2018, äußert Ricken sich noch einmal in einem Interview mit dem *Kicker*. Moukoko sei fußballerisch extrem weit, sei schnell und habe eine hohe Spielintelligenz. »Er geht in die 7. Klasse, wie ein ganz normaler 13-Jähriger.« Letzte Zweifel an seinem Alter sieht er aus dem Weg geräumt: »Es gibt eine deutsche Geburtsurkunde. Deren Rechtmäßigkeit erkennt auch der DFB an.«[41]

Moukokos DFB-Trainer Michael Feichtenbeiner, der ihn mit nur zwölf Jahren zum U16-Nationalspieler machte, sagt der *BILD*: »Youssoufa hat etwas Außergewöhnliches. Anders als andere junge Überflieger kommt er nicht nur über das Körperliche. Er kann unfassbar gut Fußballspielen, antizipieren und ist extrem handlungsschnell.«[42]

Im Fußball muss man ja immer abwägen: Lässt man sich komplett vereinnahmen – oder bewahrt man einen gewissen Abstand, um die wirklich wichtigen Dinge nicht aus dem Auge zu verlieren? Einerseits ist es geradezu verrückt, dass Vereine sich um 12, 13 Jahre junge Spieler bemühen, sie umwerben und mit Verträgen ausstatten. Auf der anderen Seite steht das leuchtende Beispiel namens Lionel Messi. Er war klein und schmächtig, als er mit 13 in Barcelona ankam, wo man sein außergewöhnliches Talent erkannt hatte und von da an förderte. Er hat es dem Verein gedankt mit unglaublichen Toren und zahlreichen Trophäen. Beide, Verein und der Junge aus Argentinien, den sie aufgrund seiner mangelnden Statur nur den Floh nannten, profitierten voneinander.

Wahrscheinlich muss man sich entscheiden: Diese frühe Talentsuche gutheißen oder geißeln. Im Fall Moukoko wäre es schade, wenn der offensichtlich Hochveranlagte keine gezielte Förderung bekäme. Und gleichzeitig wäre es schade, wenn man ihn hochstilisiert und ihm eine ganz normale Jugend nimmt. In Dortmund sagt Lars Ricken: »Wir werden ihm alle Zeit für nötige Entwicklungen geben. Bevor er 17 ist, kann er nicht bei den Profis spielen. Deshalb muss heute wegen ihm niemand schon Schnappatmung bekommen.«

Offene Münder hinterlässt Moukoko allemal. In der Saison 2017/18 erzielte er 40 Tore in 28 Spielen in der Staffel West der B-Junioren. Bei den BVB-Profis dürfte er erst nach seinem 16. Geburtstag mit Sondergenehmigung mitspielen. Bis dahin sollte man ihm also Zeit geben, um sich zu entwickeln – und ein Junge zu sein.

BONUSGRUND 7

Weil Pierre-Emerick Aubameyang seine Rechnungen begleicht.

Diese Frage ist gar nicht so bedeutungsschwer aufgeladen, wie sie klingen mag, weshalb man sie ruhig stellen kann: Ist Pierre-Emerick Aubameyang ein Teamplayer? Als er im Sommer 2013 in Dortmund ankam, musste man kein spirituelles Medium sein, um vorherzusagen, dass dieser Spieler nicht beim BVB in Rente gehen würde.

Warum? Weil Brackel eben doch nicht Barcelona ist. Das Geckenhafte eines Aubameyang, die Frisuren, die Outfits, die bunten Sportwagen, all das trainiert man sich in der Provinz an, um es dann in die große weite Welt hinauszutragen. Zuerst muss man die Dorfälteren ein bisschen schocken, damit man anschließend in der Großstadt mit Selbstbewusstsein auftrumpfen kann.

Insofern mochte man Aubameyang Anfang November 2016 seinen kleinen Abstecher in die Modemetropole Mailand auch bereitwillig verzeihen: Kurz vorm Champions-League-Gruppenspiel gegen Sporting Lissabon hatte der Gabuner mit Freunden einen Privatjet Richtung Italien genommen, um an einer Geburtstagsfeier teilzunehmen. Ja warum denn nicht? Von irgendwas und irgendwem müssen Privatjet-Piloten schließlich auch leben.

Bei dem Mailand-Aufenthalt handelte es sich um einen Trip, der nicht mit dem Verein abgesprochen war. Aber natürlich nicht. Am nächsten Tag erschien Aubameyang obendrein verspätet am vereinbarten Mannschaftstreffpunkt. Die Reise kam raus, weil einer der Freunde ein Foto der fröhlichen Runde auf Instagram hochgeladen hatte. Beim Lissabon-Spiel saß Aubameyang mit Hut und Mantel auf der Tribüne. Suspendiert.

Macht man so was als Teamspieler? Wohl kaum. Macht man das, wenn man sich seiner eigenen Genialität gewiss ist? Schon eher.

So oder so, alles egal, wenn man sich anschließend mannschaftsdienlich zeigt. Am darauffolgenden Samstag ließ ihn Dortmunds damaliger Trainer Thomas Tuchel wieder gegen den HSV auflaufen.

In der 4. Minute rannte er auf ebenjenen Tuchel zu, der an der Seitenlinie stand, breit grinsend. Aubameyang hatte soeben das 1:0 erzielt und wollte sich bei seinem Trainer entschuldigen, der danach erzählte, auf dessen »Sorry again« habe er nur entgegnet: »Two more goals!«

Es wurden noch drei weitere Tore an diesem Nachmittag. Vier Tore nach keinen 24 Stunden Mailand. Die Mannschaft wird es Aubameyang hoffentlich gedankt haben.

BONUSGRUND 8

Weil Batshuayi auch kein schlechter Batman-Ersatz war.

Wir erinnern uns noch gern an Pierre-Emerick Aubameyangs Batman-Masken-Jubel nach dem 1:0 gegen Schalke im März 2015. Inzwischen hat Aubameyang Borussia Dortmund Richtung London verlassen, er spielt jetzt für Arsenal London. Weil aber in Dortmund ein Batman fehlte, verpflichtete der BVB netterweise einen anderen, nämlich Michy Batshuayi. Batshuayi, wie Batman. Na ja, fast.

Batshuayi kam im Januar 2018 auf Leihbasis von Chelsea London, nachdem Aubameyang im Dezember nach Nordlondon zu Arsenal gewechselt war. Und dass er kein schlechter Ersatz sein würde, bewies der belgische Nationalspieler in seinem ersten Spiel: Am 2. Februar erzielte Batshuayi gleich zwei Treffer beim Dortmunder 3:2-Sieg über den FC Köln. Schnell, ballsicher, trickreich und mit guter Übersicht belebte Batshuayi das Dortmunder Angriffsspiel von seinem ersten BVB-Spiel an. Bei Chelsea saß er zumeist auf der Bank, nachdem Olivier Giroud von Arsenal als zusätzliche Sturmkonkurrenz für Alvaro Moraga verpflichtet wurde. In Schwarz-Gelb ließ man ihn von Anfang an auflaufen. Der Belgier zahlte es sofort gegen Köln zurück mit einer trockenen Direktannahme nach einem flachen Pass in den Strafraum von Shinji Kagawa und einem sehenswerten Soloantritt, die er in den oberen linken beziehungsweise rechten Winkel zimmerte.

Die Bilanz nach den ersten Wochen nach seinem Wechsel zum Winter 2017/18 las sich mehr als beachtlich: Sechs Tore in sieben Bundesligaspielen und zwei Treffer in der Europa League.

»Fragen Sie mich nicht nach meiner Zukunft«, sagte Batshuayi dem Sender Sky Sports. »Ich hatte eine schwierige Zeit bei Chelsea. Es ist gut, wieder auf dem Platz zu sein. Ich bin hier in Dortmund toll aufgenommen worden, vom ganzen Verein. Ich habe viel Zuneigung erfahren [nach meiner Ankunft], und ein Fußballer ist bekanntlich stärker, wenn er Vertrauen verspürt.« Dass er sich derart schnell eingewöhnen würde, habe er nicht erwartet, sagte Batshuayi. »Die Fans sind der Wahnsinn, und das Stadion ist unglaublich. Ich hätte nicht gedacht, dass ich meine Treffsicherheit nach so kurzer Zeit zurückerlangen würde. Was Sie sehen, ist der wahre Michy. Ich will noch mehr.«

Das hätte Borussia Dortmund auch gern gewollt. Noch mehr Batshuayi, noch mehr Tore. Aber nach einem halben Jahr war die Leihgabe beendet. Inzwischen steht der Stürmer wieder im Chelsea-Kader. Was bleibt, ist die Tatsache, dass Michy Batshuayi der erste Bundesliganeuling war, der mehr als ein Tor in seinem Debütspiel erzielte – der erste seit Pierre-Emerick Aubameyang, um genau zu sein.

BONUSGRUND 9

Weil Mario Götze für den BVB sogar seine Hochzeit verschiebt.

Mit wie viel Vorlauf muss man ein WM-Finale planen? Und mit wie viel eine Hochzeit?

Das Fußballerleben des Mario Götze ist mehr als eigentümlich. Im November 2009, im Alter von 17 Jahren und fünf Monaten, feiert er sein Debüt als Profispieler bei Borussia Dortmund. Er wird 2010 und 2011 mit der Fritz-Walter-Medaille in Gold als bester U17- und U18-Spieler ausgezeichnet. Der Verein lässt ihn spielen, Interviews darf er nicht geben. Er soll sich in Ruhe entwickeln, nicht zu früh zu hoch gelobt werden. Das Wort »Ausnahmetalent« ist schließlich schnell dahingesagt. Aber Anfang der 2010er sind sich die Fußballexperten, und davon hat Deutschland ja so einige, etwa 80 Millionen, einig: Mario Götze ist außergewöhnlich begabt.

Er gewinnt mit dem BVB die deutsche Meisterschaft, zweimal, wird Pokalsieger. Im Champions-League-Finale 2013 fehlt er verletzungsbedingt, wechselt dann für 40 Millionen zu Bayern München. Dort sitzt das Genie drei Jahre lang aber meistens auf der Bank – und verschenkt sein Talent, wie viele sagen. 2016 wechselt er zurück zum BVB. Aber die Form von einst sucht er noch, wird immer wieder von Verletzungen und zuletzt einer Muskelerkrankung aufgrund einer Stoffwechselstörung zurückgeworfen. Zum Saisonauftakt 2018/19 sagte Dortmunds Geschäftsführer Hans-Joachim Watzke, dass diese Spielzeit unter Dortmunds neuem Trainer Lucien Favre »jetzt für ihn eine ganz entscheidende Saison« sein werde.

Dass er nicht wie jeder x-beliebige Fußballer ist, beweist Götze am 13. Juli 2014 in Rio. WM-Finale, es steht 0:0 zwischen Deutschland und Argentinien. In der 88. Minute kommt Götze für Miroslav Klose. Joachim Löw steht vor der Einwechslung mit Götze an der

Seitenlinie. Er gibt ihm letzte taktische Anweisungen, dann sagt er: »Zeig der Welt, dass du besser als Messi bist.«

Mit wieviel Vorlauf muss man ein WM-Finale planen? Und mit wieviel eine Hochzeit? Auf beides hatte sich Götze, der Finalentscheider von Rio, wohl mental eingestellt: *Wenn ich zur Weltmeisterschaft nach Russland fahre, bekomme ich anschließend erst einmal Urlaub. Wenn wir ins Finale kommen, ist der lang genug, damit ich ein paar Tage später meine Verlobte heiraten kann.*

Und wieder nimmt das Fußballerleben des Mario Götze eine eigentümliche Wendung. Der Held von Rio wird nicht vom Bundestrainer für den Russland-Kader berücksichtigt. Ihm fehlt die konstante Form, Löw verzichtet auf den Siegtorschützen von 2014.

Plötzlich musste Götze umplanen: Anstatt wie geplant im Sommer 2018 nach der WM auf Mallorca seiner Verlobten das Jawort zu geben, reiste Götze zum Trainingsbeginn mit dem BVB in die USA. Als Nicht-Nationalspieler muss er diesen Sommer pünktlich zum Trainingsauftakt erscheinen. Die Hochzeit: nichts für ungut, wird verschoben. Lucien Favre, Dortmunds neuen Cheftrainer, freute Götzes Einsicht. Ann-Kathrin Brömmel, Götzes Verlobte, wahrscheinlich eher weniger.

Ständig an der Karriere und der Beziehung arbeiten – uns geht's da nicht viel anders.

BONUSGRUND 10

Weil Marco Reus für den einzigen schönen WM-Moment 2018 gesorgt hat.

Man tut ihm kein Unrecht, wenn man behauptet, dass Marco Reus' Nationalmannschaftskarriere bislang unglücklich verlief: Jeder weiß, was für ein sensationeller Spieler der gebürtige Dortmunder sein kann – wenn er denn nicht verletzt ist. Genau daran kränkelt

Reus' Länderspielbilanz. Seine erste A-Länderspielberufung 2010 im WM-Vorbereitungsspiel gegen Malta musste Reus, man ahnt es bereits: verletzungsbedingt absagen. Erst im Oktober 2011 kam er zu seinem DFB-Debüt.

Bei der unglücklichen EM 2012 wurde er nach der Vorrunde zweimal eingewechselt, musste ansonsten Lukas Podolski den Vortritt lassen. Vor der WM 2014 stand Reus im vorläufigen Kader, wäre mit hoher Wahrscheinlichkeit auch mitgefahren, wenn er sich nicht im letzten WM-Test einen Teilriss der linken vorderen Syndesmose und einen knöchernen Bandausriss an der Fersenbein-Vorderseite zugezogen hätte. Vor der EM 2016 wurde Reus erneut von Joachim Löw ins Aufgebot berufen, verpasste das Turnier jedoch wegen einer Schambeinentzündung.

2014 war Lukas Podolski nicht mehr unumstritten, Reus wäre womöglich als Ersatz oder sogar erste Wahl nach Brasilien mit der Nationalmannschaft gereist. Reus' Verletzungspech hat ihn den Eintrag ins Geschichtsbuch gekostet. Weltmeister wurden 23 andere deutsche Spieler.

Im Frühsommer 2018 nun war Reus fit. Er hatte bis dahin eine gute Saison gespielt. Es hätte seine WM werden können.

Aus deutscher Sicht gab es schlussendlich wenig sogenannte Lichtblicke bei der Weltmeisterschaft in Russland. Julian Brandt und ein wieder genesener Manuel Neuer vielleicht. Auch nicht so schlecht: Marco Reus, übrigens der einzige BVB-Spieler im Kader des DFB. Nach der Pleite gegen Mexiko stellte sich in der deutschen Presse die Frage, warum Joachim Löw mit Reus' Einwechslung bis zur 60. Minute gewartet hatte.

Also, die deutsche Presse stellte sich die Frage – und Marco Reus auch. Seine Antwort in der DFB-Pressekonferenz nach der peinlichen und peinvollen Mexiko-Niederlage verriet, rückblickend betrachtet, eine ganze Menge über die Überheblichkeit der deutschen Nationalmannschaft im Juni 2018: Bundestrainer Löw habe Reus schon im Trainingslager in Eppan mitgeteilt, dass er nicht von Beginn an spielen würde, »weil wir davon ausgehen, dass das Turnier sehr lang geht und ich vor allem in den wichtigen Spielen ...« – an dieser Stelle unterbrach Reus sich selbst. Natürlich sei das Mexiko-Spiel wichtig gewesen. »Wir haben einen breiten Kader, da wird jeder gebraucht, deshalb war das abgesprochen«, fügte er hinzu.

Löw hatte bei dem Spiel statt Reus auf der linken Offensivseite Weltmeister Julian Draxler vorgezogen. In der Zentrale spielte Mesut Özil, auf rechts Thomas Müller. Im zweiten Spiel gegen Schweden durfte Reus dann von Anfang an ran, um das Offensivspiel ähnlich zu beleben wie gegen Mexiko. Das glückte hier und da, aber viel wichtiger war der alles entscheidenden Moment in der 94. Minute.

1:1, Sekunden vor Abpfiff, es läuft bereits die Nachspielzeit. Deutschland braucht einen Sieg, sonst ist das Turnier für den DFB beendet. Da kommt der Freistoß am linken Rande des schwedischen Sechzehners gerade recht. Toni Kroos und Marco Reus legen den Ball zurecht, besprechen sich kurz. Flanke in den Strafraum oder direkt aufs Tor? »Wir haben uns die Situation angeschaut. Im Spiel war es ja so, dass die hohen Flanken relativ einfach von den Schweden herausgeköpft wurden«, berichtete Kroos nach dem Spiel. »Dann wollte Marco erst direkt schießen. Da habe ich gesagt: ›Bin ich nicht so überzeugt von.‹«

Für Kroos ist der Winkel zu spitz. Die beiden einigen sich auf einen Kompromiss, um den Ball ein bisschen vorzurücken: »Du tippst den Ball an«, sagt Reus, »ich stoppe ihn, dann hältst du drauf.«

Zwei Sekunden später ist der Ball drin. Am Ende ein wertloses Tor, wie wir wissen. Deutschland schied nach der Südkorea-Niederlage als Gruppenletzter in der Vorrunde aus. Was von der WM 2018 bleibt: ein Freistoß für die Ewigkeit.

BONUSGRUND 11

ERMÜDUNGSBECKEN

Der Anschlag

Kein Grund zur Freude in der Dortmunder Vereinsgeschichte war der 11. April 2017: Am Abend des Champions-League-Heimspiels gegen die AS Monaco fuhr der Mannschaftsbus des BVB in Richtung Westfalenstadion. Gegen 19:15 Uhr explodierten im Vorbeifahren drei mit Metallstiften bestückte Sprengsätze, die in einer Hecke versteckt waren. Dortmunds Mittelfeldspieler Marc Batra erlitt einen Speichenbruch und wurde von umherfliegenden Splittern getroffen. Ein begleitender Motorradpolizist musste wegen Knalltrauma behandelt werden. Tödlich verletzt wurde niemand, zum Glück.

Es ist nicht ganz einfach, solch einem Ereignis in einem Buch gerecht zu werden, das sich damit brüstet, Gründe zu finden, warum der BVB so großartig ist. Im Oktober 2000 ging Borussia Dortmund als erster deutscher Fußballverein an die Börse. Es war ein Schritt, den man erfolgstrunken Ende der 90er-Jahre für als notwendig ansah. *Neue Erlösquellen finden*, wie es im Finanzjargon so schön heißt, also Geld generieren, damit sich die Mühle immer weiter dreht.

Aus einer ähnlichen, aber dann doch gänzlich anderen Gier heraus handelte der mutmaßliche Tatverdächtige, gegen den die Dortmunder Staatsanwaltschaft Ende August 2017 Anklage erhob: Mit den Anschlag soll er versucht haben, den Börsenkurs des BVB zu beeinflussen, um durch einen Kurssturz hohe Gewinne zu erzielen. Das ist ihm nicht geglückt, aber der Versuch allein ist schon irre genug.

Natürlich funktioniert Fußball auf diesem Niveau nicht ohne Profit. Millionentransfers im hohen zweistelligen Bereich sind alles andere als eine Seltenheit. Wer den Sport liebt, will spektakuläre Spiele und Superstars im Kader seiner Lieblingsmannschaft sehen. Ohne Geld geht das nicht. Und ein börsennotiertes Unternehmen ist weder Einladung noch Rechtfertigung für einen derartigen Anschlag.

Vielleicht ist dieses Ereignis immerhin ein guter Augenblick, sich noch einmal darauf zu besinnen, dass uns der Fußball zumindest eins nicht machen sollte: verrückt.

ANMERKUNGEN

1 DFL: »Friedel Rausch und der Biss von Schäferhund Rex«. www.50jahre.bundesliga.de/de/kurioses/0000243341.php (17. Februar 2013)
2 DER SPIEGEL 12/1999, S.144, »Daum wäre der Richtige«
3 KICKER ONLINE: »Sammer: Kohler hätte einen besseren Abgang verdient«. www.kicker.de/news/fussball/uefa/startseite/265339/artikel_sammer_kohler-hatte-anderen-abgang-verdient.html (22. April 2013)
4 Rafael Buschmann, SPIEGEL ONLINE: »Nur Scholl war noch ansprechbar«. www.spiegel.de/sport/fussball/bundesliga-ex-schiedsrichter-strampe-ueber-duell-bayern-gegen-dortmund-a-870363.html (09. Januar 2013)
5 TZ ONLINE: »Hoeneß: ›Lehmann hat nicht alle Tassen im Schrank‹«. www.tz-online.de/sport/fussball/hoeness-der-lehmann-nicht-alle-tassen-schrank-zr-766173.html (09. Januar 2013)
6 Joachim Schuth, BILD.DE: »Dedê: ›Ich habe eine Stunde lang allein im Stadion geweint‹«. www.bild.de/sport/fussball/dede/dortmund-artikel-16893402.bild.html (21. April 2013)
7 DFL: »Bis nach China-Town hat mich der Pfostenschuss verfolgt«. 50jahre.bundesliga.de/de/kurioses/0000238232.php (15. Januar 2013)
8 Ralf Piorr, REVIERSPORT ONLINE: »Ohne Harmonie bist Du auf dem Platz verloren!«. www.reviersport.de/82831---bvb-legende-alfred-niepieklo-erinnert.html (26. Februar 2013)
9 ebda.
10 Dietrich Schulze-Marmeling und Gerd Kolbe: Ein Jahrhundert Borussia Dortmund, 1909-2009, Verlag Die Werkstatt, Göttingen 2009, S. 57
11 ebda.
12 Oliver Volmerich, DER WESTEN: »Rauball will ›null Toleranz‹ für Rechtsextreme«. www.derwesten.de/staedte/dortmund/rauball-will-null-toleranz-fuer-rechtsextreme-id7781939.html (07. April 2013)
13 Felix Seidel, Jörg Weiler, BILD.DE: »Wir werden Dortmund zur Weißglut bringen!«. www.bild.de/sport/fussball/uli-hoeness/dortmund-zur-weissglut-bringen-27476390.bild.html (19. Dezember 2012)

14 SPIEGEL TV, KICKER.TV: »Klopps Grüße an Hoeneß«. www.youtube.com/watch?v=8UNjdUBQctM (19. Januar 2013)
15 Stephan Reich, 11FREUNDE.DE: »Was ist eigentlich eine Schutzschwalbe«. www.11freunde.de/artikel/199495-als-dirk-schuster-andi-moeller-nicht-foulte (11. März 2013)
16 »Mutter aller Schwalben«: Dirk Gieselmann, SPIEGEL ONLINE: »Die Mutter aller Schwalben«. www.spiegel.de/sport/fussball/moellers-legendaerer-strafraum-fall-die-mutter-aller-schwalben-a-692140.html (18. Februar 2013 / »Glasklarer Betrug« zit. nach »Andy Möllers Schutzschwalbe«. www.youtube.com/watch?v=AvJ0PaxtUtE (18. Februar 2013) / »Schwalbe des Jahrhunderts«: Dirk Gieselmann, SPIEGEL ONLINE: »Die Mutter aller Schwalben«. www.spiegel.de/sport/fussball/moellers-legendaerer-strafraum-fall-die-mutter-aller-schwalben-a-692140.html
17 DER SPIEGEL 32/1994, S.138, »Möller muss wachsen«
18 DER SPIEGEL 2/2011, S. 93, »12 Freunde«
19 Frankfurter Allgemeine Zeitung, Nr. 83, 10. April 1997, Borussia Dortmund will Manchester United nacheifern
20 FAZ.NET: »32 europäische Clubs an der Börse: ManU erfolgreich«. www.faz.net/aktuell/sport/boerse-32-europaeische-clubs-an-der-boerse-manu-erfolgreich-111812.html (04. Februar 2013)
21 SPIEGEL ONLINE: »Uefa erwägt Abschaffung der Europa League«. www.spiegel.de/sport/fussball/uefa-erwaegt-abschaffung-der-europa-league-a-869803.html (19. April 2013)
22 Süddeutsche Zeitung, 11. Mai 2004, Borussia Dortmund vor dem Finanzcrash
23 Christoph Heymann, ZEIT ONLINE: »Das Wembley-Tor hat mein Leben geprägt«. www.zeit.de/sport/2010-05/tilkowski-wembley-1966 (21. März 2013)
24 Sven Goldmann, Michael Rosentritt, TAGESSPIEGEL.DE: »Wer ist Matthias Sammer?«. www.tagesspiegel.de/zeitung/portraet-wer-ist-matthias-sammer/684032.html (27. März 2013)
25 BILD.DE: »FC Bayern präsentiert Matthias Sammer«. www.bild.de/video/clip/matthias-sammer/sammer-vorstellung-24987894.bild.html (28. März 2013)
26 SPIEGEL ONLINE: »Dortmund jubelt über Rekordsaison«. www.spiegel.de/sport/fussball/dortmund-kroent-die-rekord-saison-mit-der-meisterschale-a-831560.html (29. April 2013)

27 SPORTBILD.DE: »Sport-Bild-Fragebogen«, www.sportbild.bild.de/ SPORT/bundesliga/vereine/borussia-dortmund/2010/02/17/bvb-star-kevin-grosskreutz/fragebogen-in-sport-bild.html, (01. Februar 2013)

28 WELT.DE: »Reus scherzt mit Journalisten über seine Haare«. www.welt.de/sport/fussball/em-2012/article107255504/Reus-scherzt-mit-Journalisten-ueber-seine-Haare.html (01. Februar 2013)

29 Thomas Hennecke, KICKER ONLINE: »Sammer gerät bei Götze ins Schwärmen«. www.kicker.de/news/fussball/bundesliga/startseite/541080/artikel_Sammer-geraet-bei-Goetze-ins-Schwaermen.html (21. Februar 2013)

30 Walter M. Straten, BILD.DE: »Reus und Götze sind das beste Paar der Welt«. www.bild.de/sport/fussball/franz-beckenbauer/interview-reus-und-goetze-sind-das-beste-paar-der-welt-27455790.bild.html (06. Januar 2013)

31 Borussia Dortmund, BVB.DE: »BVB verpflichtet Japaner Shinji Kagawa«. www.bvb.de/?%87%ECZ%1B%E7%F4%9CYl%E0%8C%95 (09. Januar 2013)

32 KICKER ONLINE: »Renato Augsto schaltet den Turbo ein«. www.kicker.de/news/fussball/bundesliga/spieltag/1-bundesliga/2010-11/1/1013229/spielanalyse_borussia-dortmund-17_bayer-leverkusen-9.html (17. März 2013)

33 zitiert in RP ONLINE: »BVB-Profi Piszczek gesteht Mittäterschaft«. www.rp-online.de/sport/fussball/bundesliga/bvb-profi-piszczek-gesteht-mittaeterschaft-1.1702551 (14. April 2013)

34 Oliver Müller, WELT.DE: »Klinsmann wollte mich nicht bei Bayern haben«. www.welt.de/sport/fussball/bundesliga/borussia-dortmund/article12644286/Klinsmann-wollte-mich-nicht-bei-Bayern-haben.html, (17. April 2013)

35 Günter Bork, SID, zitiert in SPIEGEL ONLINE: »Schwerstes Auswärtsspiel seit 1986«. www.spiegel.de/sport/fussball/bvb-boss-rauball-schwerstes-auswaertsspiel-seit-1986-a-346402.html (27. April 2013)

36 Jörg Weiler, BILD.DE: »Dortmund-Trainer Klopp: Ich habe mir Haare einpflanzen lassen«. www.bild.de/sport/fussball/juergen-klopp/ich-habe-mir-haare-einpflanzen-lassen-29966928.bild.html (17. April 2013)

37 sportbild.bild.de/bundesliga/vereine/bundesliga/reus-verschiebt-fuer-bvb-rettung-sogar-fahrstunden-39529262.sport.html

38 www.welt.de/wirtschaft/article141224942/Das-essen-die-Deutschen-in-der-Kantine-am-liebsten.html
39 www.spiegel.de/sport/fussball/marcel-schmelzer-hat-bei-borussia-dortmund-alte-form-wiedergefunden-a-1055735.html
40 www.spox.com/de/sport/fussball/regionalliga/1710/Artikel/ingo-preuss-interview-bvb-borussia-dortmund-u23-amateure.html
41 www.kicker.de/news/fussball/bundesliga/startseite/726248/artikel_ricken_wegen-moukoko-muss-niemand-schnappatmung-bekommen.html)
42 www.bild.de/sport/fussball/borussia-dortmund/dfb-trainer-tritt-auf-moukoko-bremse-55976374.bild.html)

LITERATUR

- Eduard Augustin, Philipp von Keisenberg und Christian Zaschke: *Fußball unser – Was man nicht alles wissen muss*, Süddeutsche Zeitung Edition, München 2005
- Christoph Biermann: *Die Fußball-Matrix. Auf der Suche nach dem perfekten Spiel*, Kiepenheuer & Witsch, Köln 2010
- Christoph Biermann und Philipp Köster: *Fast alles über 50 Jahre Bundesliga*, Kiepenheuer & Witsch, Köln 2013
- Lewis Caroll: *Alice im Wunderland*, Insel Verlag, Frankfurt am Main 2010
- Charles Dickens: *Oliver Twist*, Penguin Classics, London, 2007
- Alex Feuerherdt und Heinz Novak: *Tore, Punkte, Spieler – Die komplette BVB-Statistik*, Verlag Die Werkstatt, Göttingen 2007
- Gerd Kolbe: *Der BVB in der NS-Zeit*, Verlag Die Werkstatt, Göttingen 2002
- Felix Meininghaus: *Helden in Schwarz-Gelb – Borussia Dortmunds größte Spieler*, Delius Klasing, Bielefeld 2011
- Ruhr Nachrichten und Borussia Dortmund GmbH & Co. KGaA (Hrsg.): *Borussia Dortmund – Deutscher Meister 2011. Das offizielle Meisterbuch*, Verlag Die Werkstatt, Göttingen 2011
- Ruhr Nachrichten und Borussia Dortmund GmbH & Co. KGaA (Hrsg.): *Borussia Dortmund – Das Double*, Verlag Die Werkstatt, Göttingen 2012

- Gregor Schnittker: *Revier-Derby. Schalke 04 – Borussia Dortmund, Die Geschichte einer Rivalität*, Verlag die Werkstatt, Göttingen 2011
- Dietrich Schulze-Marmeling und Werner Steffen: *Borussia Dortmund – Der Ruhm, der Traum und das Geld*, Verlag Die Werkstatt, Göttingen 1994
- Dietrich Schulze-Marmeling und Gerd Kolbe: *Ein Jahrhundert Borussia Dortmund, 1909–2009*, Verlag Die Werkstatt, Göttingen 2009
- Arnd Zeigler: *Keiner verliert ungern – Neue Sprüche und Weisheiten der Fußballstars*, Humboldt Verlag, Hannover 2010

MAGAZINE UND ZEITUNGEN

- DER SPIEGEL 32/1994, *Möller muss wachsen*
- DER SPIEGEL 40/2000, *Der Ost-Wessi*
- DER SPIEGEL 44/2000, *Etwas für Zocker*
- DER SPIEGEL 2/2011, *Zwölf Freunde*
- DER SPIEGEL 50/2011, *Pedant im Dschungel*
- DER SPIEGEL 19/2012, *Die Botschaft der Wade*
- DER SPIEGEL 34/2012, *Der Specht*
- Der Tagesspiegel, 26. März 2013, *Vielleicht wollte mir das Schicksal was Gutes tun*
- DIE ZEIT, Nr. 44, 22. Oktober 1998, *Meister der Börse*
- FourFourTwo, Nr. 225, März 2013, *Lauf! Lauf! Lauf!*
- Frankfurter Allgemeine Zeitung, Nr. 83, 10. April 1997, *Borussia Dortmund will Manchester United nacheifern*
- Frankfurter Allgemeine Zeitung, Nr. 40, 16. Februar 2007, *Riskantes Spiel mit Fußballaktien*
- Kicker, Nr. 104/105, 24. Dezember 2012, *Rangliste des deutschen Fußballs*
- Süddeutsche Zeitung, 11. Mai 2004, *Borussia Dortmund vor dem Finanzcrash*
- Süddeutsche Zeitung, 18. Februar 2013, *Tausend Hymnen*
- Süddeutsche Zeitung, 04. März 2013, *Über China nach Donezk*
- Süddeutsche Zeitung, 02. April 2013, *Warum Klopps China-Vergleich hinkt*

WEBSEITEN

- 11freunde.de
- bbc.co.uk
- bild.de
- boerse.de
- bundesliga.de
- bundeswahlleiter.de
- bvb.de
- derwesten.de
- de.fifa.com
- de.statista.com
- dfb.de
- fanfiktion.de
- faz.net
- forum.derwesten.de
- ftd.de
- fussballdaten.de
- handelsblatt.com
- horizont.net
- infratest-dimap.de
- kicker.de
- reviersport.de
- rp-online.de
- ruhrnachrichten.de
- schwatzgelb.de
- spiegel.de
- sportbild.bild.de
- stadionwurst.net
- tagesspiegel.de
- telegraph.co.uk
- transfermarkt.de
- welt.de
- zeit.de

VERLÄNGERUNG

Dank für Ideen und Anregungen: Dr. Thomas Andre, Dr. Martin Brinkmann, Jan Bruland, Caitlin Cusati, Steffen Görsdorf, Philip Kuhn, Simon Meinert, Daniel Riedel, Julia Schmidt, Henri Souchon, Viola Zacharias und besonders meinen Oldies.

DER AUTOR

DANIEL-C. SCHMIDT, Jahrgang 1984, früher Libero beim TuS Porta/Kleinenbremen, heute freier Journalist und Autor in Berlin, dazwischen Studium in Manchester und London. »111 Gründe, Borussia Dortmund zu lieben« ist sein erstes Buch.

Daniel-C. Schmidt
111 GRÜNDE, BORUSSIA DORTMUND ZU LIEBEN
Eine Liebeserklärung an den großartigsten Fußballverein der Welt
Aktualisierte und erweiterte Neuausgabe mit elf Bonusgründen

ISBN 978-3-86265-735-3

ZWÖLFTER MANN – Das Programm für Fußballfans von Schwarzkopf & Schwarzkopf | Die Reihe ZWÖLFTER MANN wird von Martin Brinkmann und Oliver Schwarzkopf herausgegeben | Aktualisierte und erweiterte Neuausgabe | © Schwarzkopf & Schwarzkopf Verlag GmbH, Berlin 2018 | Alle Rechte vorbehalten. Dieses Werk ist urheberrechtlich geschützt. Jede Verwendung, die über den Rahmen des Zitatrechtes bei korrekter und vollständiger Quellenangabe hinausgeht, ist honorarpflichtig und bedarf der schriftlichen Genehmigung des Verlages. | Illustrationen im Innenteil: © Christos Georghiou/www.shutterstock.com

VERLAG

Schwarzkopf & Schwarzkopf Verlag GmbH
Kastanienallee 32, 10435 Berlin
Telefon: 030 – 44 33 63 00
Fax: 030 – 44 33 63 044

INTERNET | E-MAIL

www.zwoelftermann.de
www.schwarzkopf-schwarzkopf.de
www.facebook.com/schwarzkopfverlag
info@schwarzkopf-schwarzkopf.de